CÁNDIDO DE DALMASES
IGNATIUS VON LOYOLA

Cándido de Dalmases

Ignatius von Loyola

Versuch einer Gesamtbiographie
des Gründers der Jesuiten

VERLAG NEUE STADT
MÜNCHEN · ZÜRICH · WIEN

Ein Buch aus der Reihe:
Große Gestalten der Christenheit

Titel der Originalausgabe:
El Padre Maestro Ignacio
© 1979 Biblioteca de Autores Cristianos,
de La Editorial Católica, S.A., Madrid
© 1985 für die deutschsprachige Übersetzung:
St. Benno-Verlag GmbH, Leipzig
Übersetzung aus dem Spanischen: Pia Feßler I.B.M.V.

CIP-Titelaufnahme der Deutschen Bibliothek
Dalmases, Cándido de:
Ignatius von Loyola: Versuch einer Gesamtbiographie
des Gründers der Jesuiten / Cándido de Dalmases.
[Übers. aus d. Span.: Pia Feßler].
– 1. Aufl. – München; Zürich; Wien: Verl. Neue Stadt, 1989
(Große Gestalten der Christenheit)
Einheitssacht.: El padre maestro Ignacio ‹dt.›
ISBN 3-87996-235-9

1989, 1. Auflage
Lizenzausgabe des Verlags Neue Stadt GmbH, München 83
Umschlaggestaltung: Wolfgang Bader
Satz: Maristen Druck und Verlag GmbH, Furth bei Landshut
Druck und Bindung: Mühlberger GmbH, Gersthofen
ISBN 3-87996-235-9

Vorwort

Jedes kirchengeschichtliche Werk, das Reformation und Gegenreformation behandelt, wird der Gestalt des Gründers der Gesellschaft Jesu breiten Raum widmen. Dennoch wird man sagen müssen, daß wir noch keine vollständige Biographie des hl. Ignatius besitzen. Hervorragende Spezialisten wie der Spanier Pedro de Leturia oder der Deutsche Hugo Rahner haben die Aufgabe in Angriff genommen, aber sie starben zu früh. Heute wäre die Zeit zu einem neuen Versuch gekommen. Denn in den 26 Bänden der *Monumenta Historica Societatis Jesu* zu Ignatius sind praktisch vollständig die in den Archiven erhaltenen Dokumente, die ihn betreffen, veröffentlicht worden.

Während man noch auf den geduldigen und geschickten Verfasser einer Gesamtbiographie wartet, könnte man ihm den Weg bereiten durch Monographien zu Teilaspekten oder auch durch Gesamtversuche wie den vorliegenden.

In knapper und klarer Form wird hier zusammengestellt, was es nach dem gegenwärtigen Stand der Forschung an historischen Daten zu Ignatius zu berichten gibt. Die kritische Sichtung der Fakten ist heute um so notwendiger, als noch immer viele Irrtümer und Fehlinterpretationen weitergegeben werden. Zum Beispiel schreibt jemand Ignatius fälschlich den Familiennamen Recalde zu; andere irren sich in den Angaben über seine Verwandtschaft. Weithin wird auf der Vorstellung von Ignatius als Soldat insistiert, während es objektiv viel begründeter wäre, ihn als Mann des Hofes zu verstehen, der seine Jugend im Dienst hoher staatlicher Amtsträger verbracht hat. Auch über seine kulturelle und geistliche Ausbildung werden oft ungenaue Aussagen gemacht. Man betont den »militärischen« Charakter, den er der Gesellschaft Jesu aufgeprägt habe, und sieht in ihm selbst den Anti-Luther schlechthin. In Wirklichkeit war sein einziges

Bestreben, eine Gemeinschaft zu gründen, um den Menschen und der Kirche zu dienen; sie sollte dem Papst, den er als den Stellvertreter Christi auf Erden ansah, zur Verfügung stehen. Man meint, als Oberer und Leiter des Ordens sei Ignatius unbeugsam und hart gewesen und habe von seinen Untergebenen »blinden Gehorsam« verlangt (ein Ausdruck, den nicht er erfunden hat, sondern der aus der monastischen Tradition stammt). In Wahrheit war seine Weise der Leitung väterlich und menschlich, wie er sie auch von den Oberen der Gesellschaft verlangt. In bezug auf sein inneres Leben hat man ihn als einen kalten und berechnenden Menschen ausgegeben. Seine Spiritualität wurde als asketisch bezeichnet. Heute jedoch hat sich – vor allem seit der vollständigen Veröffentlichung des erhaltenen Teils seines Geistlichen Tagebuchs – das Bild von Ignatius völlig gewandelt. Man hat in ihm den Mystiker entdeckt, der in einer tiefen Gottverbundenheit lebte und hohe Gebetsgaben besaß. Für die deutschsprachigen Leser wird die Darstellung seiner Maßnahmen zugunsten von Mitteleuropa von besonderem Interesse sein. Zwar ist es falsch, die Gesellschaft Jesu als gegen den Protestantismus errichtet anzusehen; aber Ignatius war sich der religiösen Spaltung voll bewußt und versuchte mit allen Mitteln, ihr abzuhelfen. Wahrscheinlich hat er nie einen Text von Luther gelesen. Der Tod des Reformators im Jahre 1546 wird in der ignatianischen Korrespondenz nicht erwähnt. Das heißt jedoch nicht, daß er überhaupt keine Kenntnis des Protestantismus besaß, da er ja dessen Ausbreitung in Paris, Venedig und Rom selbst erlebt hat. Wenn er anfänglich für die Gesellschaft Jesu den Schwerpunkt in der Missionsarbeit gesehen hatte, bestimmte er doch bald auch die Verteidigung des Glaubens als eine ihrer Hauptaufgaben. Zur Arbeit in den deutschen Landen sandte er drei seiner ersten neun Gefährten: P. Petrus Faber, der sich nach seiner eigenen Aussage mehr dazu hingezogen fühlte, in Deutschland als in Spanien zu arbeiten, und der Petrus Canisius, den späteren »zweiten Apostel Deutschlands«, für den Orden gewann; P. Claude Jay, der seine letzten Jahre in Deutschland verbrachte und in Wien starb;

schließlich P. Nicolás Alonso Bobadilla, der bis zum »Interim«, dem vorläufigen Religionsfrieden von 1548, in Deutschland blieb. Diese Jesuiten und andere, die sich ihnen anschlossen, gründeten noch zu Lebzeiten von Ignatius zwei Provinzen des Ordens in Deutschland. In Deutschland, Österreich und Böhmen wurden bald Kollegien eröffnet, das erste davon in Köln bereits im Jahre 1544. Von besonderer Bedeutung für Deutschland war auch die Gründung des Collegium Germanicum in Rom, das ausgewählte Studenten für die verschiedenen Diözesen des Landes ausbilden sollte.

Die Haltung des Ignatius zur Lehre der Kirche findet sich am Schluß seines Exerzitienbuches zusammengefaßt in den Regeln für das wahre Gespür in der Kirche, von der er sagt, der Heilige Geist sei derselbe in Christus und ihr. Aber seine praktischen Verhaltensregeln finden wir auch in den Unterweisungen, die er seinen Untergebenen in Deutschland schickte, oder in Briefen an kirchliche und staatliche Autoritäten.

Diese und ähnliche Themen aus dem Leben von Ignatius werden in der vorliegenden Biographie, die ursprünglich als Einzelband einer Sammlung von Biographien auf spanisch erschienen ist, in der gebotenen Kürze behandelt.

Möge das Buch eine ähnliche Aufnahme finden wie in den spanischsprachigen Ländern und wie die Übersetzungen in andere Sprachen.

P. Cándido de Dalmases SJ

Sohn des Herrn von Loyola

Der hl. Ignatius wurde vermutlich 1491 in Azpeitia im Baskenland geboren. In der dortigen Pfarrkirche steht noch heute das Taufbecken, über dem der Rektor Juan de Zabala den jüngsten Sohn der Familie Loyola auf den Namen Iñigo[1] taufte. »Ignatius« nannte sich der Heilige erst später. Er hat sich nie über diese Namensänderung geäußert. Ribadeneira, sein erster Biograph, vermutet, er habe den Namen Ignatius angenommen, »weil er auch unter anderen Völkern bekannt und gebräuchlich« sei. Vielleicht hat ihn auch seine große Verehrung für den urkirchlichen Märtyrer Ignatius von Antiochien zu dieser Wahl bewogen. Wie dem auch sei, bereits 1535 steht der neue Magister Artium als »Dominus Ignatius de Loyola, dioecesis Pampilonensis« in den Akten der Universität Paris verzeichnet.

Der Vater des hl. Ignatius, Beltrán Ibáñez de Oñaz (um 1439–1507), hatte 1467 Marina Sánchez de Licona geheiratet.[2] Von ihm wissen wir, daß er an der Seite der Katholischen Könige von Kastilien kämpfte. Im Krieg um die Thronfolge nach dem Tod Heinrichs IV. unterstützte Alfons V., König von Portugal, Johanna Beltraneja und drang in Kastilien ein. Er besetzte die Stadt Toro und belagerte Burgos. An der Gegenoffensive, die zur Rückeroberung Toros und zur Befreiung von Burgos führte, nahm Beltrán teil. Kurz danach war er auch an der Verteidigung von Fuenterrabía gegen die Franzosen beteiligt. In einem Privilegienbrief aus Córdoba vom 10. Juni 1484 erinnert der König an die Haltung Beltráns und erneuert dem Herrn von Loyola das Patronat über die Kirche von Azpeitia, »womit Wir die Uns von Euch erwiesenen vielen guten und treuen Dienste vergelten, so diejenigen bei der Besetzung der Stadt Toro durch den König von Portugal, ebenso diejenigen bei der Belagerung der Festung Burgos und bei der Verteidigung des von den Franzosen belagerten Fuenterrabía, wo Ihr und die Euren lange eingeschlossen wart und selbst alle Kosten trugt und Euch oft Gefahren für Leib und Leben ausgesetzt habt; so auch wegen anderer Dienste, die Ihr Uns geleistet habt, und die Ihr, wie Wir hoffen, noch leisten werdet«.

Als Schutzherr der Pfarrkirche von Azpeitia ordnete Beltrán 1490 im Einvernehmen mit dem Rektor und den sieben Benefiziaten die Verteilung des Zehnten, den die Pfarrei einnahm.

1499 verfügte er, daß die im gleichen Jahr auf der Synode von Pamplona erarbeiteten Satzungen auch für die Kirche in Azpeitia Geltung hatten. 1506 regelte er nach Absprache mit dem Klerus die Zulassung zu den heiligen Weihen neu. Das wohl Wichtigste daran war, daß niemand mehr geweiht werden sollte, der nicht Studien von wenigstens vier aufeinanderfolgenden Jahren absolviert hätte, »so daß niemand Kleriker werden konnte, der kein guter Grammatiker und Kantor« war. Diese Verfügung wurde dem Generalvikar von Pamplona vorgelegt, der sie zunächst für nichtig erklärte, »weil sie von einer Person stamme, welche die Vollmacht und das Recht dazu weder besitze, noch je besessen habe«. Dennoch bestätigte er sie am 20. Februar 1507 und übernahm sie mit geringfügigen Änderungen.

Am 23. Oktober 1507 ließ Beltrán durch den Notar Juan Martínez de Egurza sein Testament aufstellen. Vermutlich starb er noch am gleichen Tage. Iñigo, sein jüngster Sohn, zählte damals 16 Jahre.[3] Über die Mutter, wie auch über ihre Vorfahren, wissen wir nur wenig. 1467, zum Zeitpunkt der Hochzeit, war sie vermutlich etwa 20, auf alle Fälle über zehn Jahre alt.

Für ihre charakterlichen Eigenschaften sind wir auf die sehr allgemeinen, lobenden Aussagen angewiesen, die von den Zeugen 1595 im Seligsprechungsprozeß ihres Sohnes gemacht wurden. Dort heißt es, sie sei standhaft im Glauben und gehorsam gegenüber der heiligen Kirche gewesen. In diesem Sinne hat sie wohl auch ihre zahlreichen Kinder erzogen. Wir wissen nicht, wann sie starb, sicher vor 1508.

Unklarheit herrscht auch über Zahl und Namen der Geschwister des hl. Ignatius. Ein Testament des Vaters hätte alle Zweifel beseitigt; da jedoch keines erhalten blieb, sind wir auf andere Zeugnisse angewiesen. In dem bereits erwähnten Seligsprechungsprozeß heißt es, Ignatius sei »das letzte und jüngste von 13 Kindern gewesen, welche diese beiden großherzigen Edelleute – Beltrán und Marina – hatten«. Die gleiche Zahl gab bereits zuvor Pedro de Ribadeneira an. Er schreibt, daß die Eltern des Ignatius acht Söhne und fünf Töchter hatten.[4]

Gleich ihren Vorfahren traten die Söhne in den Dienst der Könige von Kastilien. Sie leisteten Kriegsdienst oder beteiligten sich an der Eroberung Amerikas. Eine Ausnahme machte lediglich Pero López, der den geistlichen Stand wählte und Rektor von Azpeitia wurde. Die Töchter heirateten alle »standesgemäß«, wobei es bezeichnend ist, daß längst nicht alle Frauen aus einer so vornehmen und altadligen Familie lesen und schreiben, ja nicht einmal mit ihrem bloßen Namen unterschreiben konnten.[5]

Azpeitia, eine Stadt im Herzen Guipúzcoas

Die Stadt Azpeitia liegt eingebettet in das Tal von Iraurgui. Von Süden nach Norden durchzieht es der Urola, der Hauptfluß Guipúzcoas[6]. Auf schmalem Raum windet er sich zwischen den Bergen Elosua und Pagotxeta hindurch. Vor Azcoitia weitet sich der Fluß plötzlich und zieht weiter nach Azpeitia. Zwischen diesen beiden Städten steht das Schloß Loyola, beherrscht von den Bergketten des Izarraitzgebirges. Hinter Azpeitia verengt sich das Tal wieder, und der Urola fließt durch Cestona und Iraeta, bis er schließlich bei Zumaya ins Meer mündet.

P. Pedro de Tablares besuchte 1550, noch zu Lebzeiten des hl. Ignatius, das Schloß Loyola. Am stärksten beeindruckte ihn in diesem Tal die »Frische, die wohl nirgendwo lieblicher anzusehen sei«. Loyola schien ihm »ganz umringt von Hainen und Obstbäumen verschiedenster Art, so dicht, daß man das Schloß erst richtig zu sehen bekommt, wenn man vor seinen Pforten steht«.

Die Gründungsurkunde der Stadt Azpeitia wurde von König Ferdinand IV. am 20. Februar 1310 ausgestellt. Darin heißt es, jeder, der Garmendia, »in Iraurgui gelegen«, besiedeln wolle, würde »Freizügigkeit und Freiheit behalten, wie er sie an seinem bisherigen Wohnsitz hatte«. In einem Schriftstück aus dem Jahre 1311 wird die neue Ortschaft Salvatierra de Iraurgui genannt. Diesen Namen behielt sie bis ins 16. Jahrhundert, wo sich allmählich der Name Azpeitia durchsetzte. Der König gewährte den Einwohnern von Salvatierra das Patronat über die Kirche St. Sebastian von Soreasu. Sie hatten das Recht, beim Bischof von Pamplona, dem sie in kirchlichen Angelegenheiten unterstellt waren, den Rektor und die Benefiziaten vorzuschlagen.

Im Baskenland besaß der Gutshof große Bedeutung. Zusammen mit dem umliegenden Land bildete er den Herrensitz, »casa y solar« (Haus und Gebiet), von dem auch der Besitzer und seine Kinder ihre Namen empfingen. Da der Familie des hl. Ignatius die Schlösser Loyola und Oñaz gehörten, wechseln beide Namen.

Während Loyola im Tale lag, stand Schloß Oñaz auf einem Hügel. Sie waren die Sitze der sogenannten Hauptfamilien, der »parientes mayores«.[7] Die baskische Gesellschaft war auf die einzelnen Adelsgeschlechter gegründet, deren Zusammenhalt in der Blutsverwandtschaft begründet lag. Die »Hauptfamilien« übten in ihren jeweiligen Gebieten quasi Herrscherrechte aus, die sie oft gegen die jüngeren und daher schlecht organisierten Ortschaften mißbrauchten.

Um ihre Macht und ihren Einfluß zu vergrößern, bemühten sich diese Hauptfamilien, immer mehr Geschlechter ihres Bundes durch Eheschließungen stärker an sich zu binden. Zuweilen schlossen sie auch mit anderen Nachbarn Verträge, worin diese sich zu Beistandsleistungen verpflichteten.

Die Geschichtsschreiber jener Zeit berichten ausführlich von diesen Ritterbünden, ihren Fehden und von dem Unheil, das sie mit sich brachten. Bei der Lektüre dieser Chroniken gewinnt man leicht den Eindruck, das Leben des baskischen Volkes sei von diesen Machtkämpfen beherrscht gewesen. Vermutlich aber war die Wirklichkeit nicht so einseitig geprägt. Im 15. und 16. Jahrhundert ebbten diese Fehden allmählich ab, und weder der Vater noch der Bruder des hl. Ignatius waren in sie verwickelt. Allerdings verstand sich Martín García, der Bruder des Ignatius und Familienoberhaupt, noch als Herr einer Hauptfamilie und bezeichnete sich selbst auch dementsprechend.

Die Kluft zwischen den Städten und den Hauptfamilien blieb noch lange bestehen. 1518 erließ der Richter von Guipúzcoa, Pedro de Nava, eine Verordnung, worin er die Hauptfamilien von der Teilnahme an Beratungen und Versammlungen des Stadtrats von Azpeitia ausschloß. Ebenso erging es der Familie Balda in Azcoitia. Als die Verordnung 1519 auf den Bruder von Ignatius angewandt werden sollte, wurde sie teilweise entschärft: Martín und seine Nachfolger durften, »wenn sie wollten, an den Ratssitzungen teilnehmen..., doch weder besagter Herr Martín García noch seine Nachfolger, die Herren des besagten Sitzes (von Loyola), sollen und dürfen in diesen allgemeinen Ratsversammlungen mehr zu sagen haben als irgendein anderer aus dieser Gegend«. Damit wurde der Herr von Loyola jedem anderen Bürger von Azpeitia gleichgestellt.

Die soziale, wirtschaftliche und religiöse Situation der Oñaz-Loyola

In politischer Hinsicht waren die Loyolas stets treue Diener der Krone von Kastilien. Die kastilischen Könige des Hauses Trastámara – von Johann I. bis zu Isabel der Katholischen und ihrem Mann Ferdinand – vergalten diese Treue vor allem durch zwei Privilegien, die durch wiederholte Bestätigungen erneuert wurden: das erste war die Verleihung eines Erbzinses auf ewige Zeiten durch König Johann I. am 15. März 1377 an Beltrán Yáñez de Loyola. Er belief sich jährlich auf 2000 Maravedís und »beruhte auf den Steuern für Amtsschreiben sowie auf den alten Zehnten, die bei der Eisenbearbeitung in den Hämmern von Barrenola und Aranaz« zu entrichten waren. Beide Hütten lagen auf dem Gebiet von Azpeitia. Der Guthof Barrenola steht heute noch am Rande der Landstraße von Régil nach Azpeitia, und in der Erde finden sich noch Reste des alten Eisenwerkes.

Bedeutender war die Verleihung des Patronats über die Kirche von Azpeitia, »Königliches Kloster zum hl. Sebastián von Soreasu« genannt, am 28. April 1394 durch König Heinrich III. Diese Kirche war königlicher Besitz und wurde dem Herrn von Loyola überlassen, der sie fortan als sein Eigentum betrachtete und zu seinen Besitztümern zählte. Statt als Schirmherr kann Loyola wohl zutreffender überhaupt als Herr dieser Kirche bezeichnet werden. P. Pedro de Tablares schrieb 1550, daß er »wie ein Bischof war, der die Benefizien verleiht und über alles verfügt, was in der Kirche ist«. Er hatte in der Kirche nicht nur einen bevorzugten Platz und besaß in ihr eine Gruft, sondern er hatte außerdem das Recht, den Rektor und die sieben Benefiziaten vorzuschlagen, er stellte zwei Kapläne und empfing dreiviertel des Zehnten, den die Gläubigen für die Kirche gaben, und ein Viertel aller übrigen Einnahmen, »Altarpfründe« genannt.[8] Beide Privilegien wurden 1484 dem Vater des hl. Ignatius ausdrücklich durch die kastilische Krone erneuert.

Über den Besitz der Loyolas gibt uns der Geschichtsschreiber Lope García de Salazar Mitte des 15. Jahrhunderts glaubhafte Auskunft: »Dieser Herr von Loyola aus dem Geschlecht der Oñaz ist, abgesehen von der Familie de Lascano, der mächtigste an Einkünften, Geld und Beziehungen.«

Quellen, die direkt aus der Lebenszeit des hl. Ignatius stammen, zeigen, daß der Herr von Loyola ein beträchtliches Familienerbe besaß. Es bestand aus den Sitzen Oñaz und Loyola, vier Häusern in Azpeitia, einschließlich der sogenannten »Insel« am Ortseingang, aus einigen Gutshöfen, zwei Eisenhütten, vielen Weiden und Wiesen, Obsthainen und einer Mühle. Francisco Pérez de Yarza notierte 1569 in seinen »Erinnerungen«, daß zu Zeiten der Lorenza, einer Enkelin von Martín García, 21 Gutshöfe zum Familienbesitz gehörten. Die zeitgenössischen Quellen zählen auch die Kirche von Azpeitia mit ihren Besitzungen dazu.

Konkrete Angaben über den Reichtum des Hauses Loyola können wir einem Brief entnehmen, den P. Antonio de Araoz am 25. November 1552 an Ignatius geschrieben hat. Darin wollte er Gerüchten entgegentreten, die über die Großnichte des Ignatius, Lorenza de Oñaz, und deren Mann, den Sohn des Herzogs von Gandía, Juan de Borja, umliefen. Er stellte in dem Brief richtig, daß nicht der Gemahl finanziell besser gestellt sei, der außer der Komtur des Jakobsordens nichts besitze, sondern die Gattin, die nach dem Tode des Vaters, Beltrán de Oñaz, bereits Herrin von Loyola sei. Bei dieser Gelegenheit teilt Araoz mit, die Besitzungen der Loyolas würden auf einen Wert von mehr als 80 000 Dukaten geschätzt.

Über die jährlichen Einkünfte gibt der bereits erwähnte Pérez de Yarza Auskunft: Das Patronat über die Kirche von Azpeitia brachte dem Schutzherrn 1000 Dukaten, die übrigen Besitzungen 700 und die angekaufte Hälfte eines Notariats weitere 200, das heißt, daß sich die jährlichen Gesamteinnahmen des Herrn von Loyola auf 1900 Dukaten beliefen. Dazu kamen noch einige andere kleinere Einkünfte.

Aus diesen Angaben können wir schließen, daß die Einnahmen des Herrn von Loyola zwar nicht so groß waren wie die einiger anderer Adelshäuser, die sich auf 10 000 und sogar auf 20 000 Dukaten beliefen, daß sie aber für einen Adligen um die Mitte des 16. Jahrhunderts recht zufriedenstellend waren. Vermutlich waren die Einnahmen der anderen Hauptfamilien in Guipúzcoa nicht höher.

Das religiöse Leben der Loyolas verlief im großen und ganzen so, wie es in Spanien damals üblich war. Ein tiefer, ehrlicher Glaube und eine grundsätzliche Treue zur kirchlichen Praxis schlossen moralische Verfehlungen nicht aus. Diese wurden freimütig zugegeben. Die Testamente bieten gerade dafür sinnfällige Beispiele: Sie beginnen stets mit einem glühenden Glaubensbekenntnis; darauf folgt die Bitte um reichliche Gebete wegen der »übergroßen Sünden«, und schließlich folgen die Stiftungen für fromme Zwecke. Daneben aber gab es auch in dieser Familie entschieden nach Vollkommenheit strebende Menschen; so spricht sich Ignatius z. B. lobend über seine Schwägerin Magdalena de Araoz und seinen Neffen Beltrán aus.

Kirchliche Angelegenheiten spielten im Leben der Herren von Loyola eine gewichtige Rolle. Als Schirmherren der Pfarrkirche hatten sie das Recht und die Pflicht, in das kirchliche Leben von Azpeitia einzugreifen.[9] So verwundert es nicht, daß die Familie Loyola offenbar eng mit dem Leben der Pfarrei verbunden war.

Der jüngste Sohn des Herrn von Loyola

In diese Welt hinein wurde Iñigo aller Wahrscheinlichkeit nach 1491 geboren.[10] Kurz vor oder nach dem Tode des Vaters, also um 1507, verließ er das Elternhaus. Er muß damals etwa 16 Jahre alt gewesen sein.

Welche Prägungen durch die Landschaft und durch die Familie mag er bis dahin erfahren haben? Die Psychologie ist der Ansicht, daß die Umweltbedingungen der ersten Lebensjahre und die erblichen Faktoren große Bedeutung für die seelische Entwicklung eines Menschen haben.

Da die göttliche Gnade die menschliche Natur nicht zerstört, blieb Ignatius zeit seines Lebens ein Baske und ein Loyola. Aus den biographischen Quellen wird deutlich, daß Ignatius die typischen Verhaltensweisen seiner Landsleute bewahrt hat. Zwei nebensächlich erscheinende, aber aussagekräftige Beispiele mögen das belegen: Gegen Ende seines Lebens zeigt Ignatius, sei es aus Abtötung, sei es wegen seiner Krankheit, keinerlei Vorliebe für eine bestimmte Speise mehr, fast, als hätte er den Geschmackssinn verloren. Wollte man ihm aber eine besondere Freude bereiten, bot man ihm vier gebratene Kastanien an. Die schmeckten ihm, »weil es Früchte seiner Heimat waren und er mit ihnen aufgewachsen war«.

Einmal konnte er jemandem, der bei ihm Trost gesucht hatte, den Kummer nicht abnehmen. Er fragte ihn, womit er ihn erfreuen könnte. Als der Trostsuchende um einen baskischen Tanz bat, fand es Ignatius nicht unter seiner Würde, ihm diesen Wunsch zu erfüllen, und er tanzte vor ihm. Allerdings sagte er danach, ein zweites Mal wolle er nicht darum gebeten werden.

P. Leturia führt das feste In-sich-Ruhen, den nachdenklichen Sinn, die langsame, aber mutige und selbstsichere Ausdrucksweise, die ohne viel schmückendes Beiwerk auskommt, auf die baskische Herkunft zurück, und als Frucht von alledem jene außerordentliche Willensstärke, die der Portugiese Simon Rodrigues im Sinn hatte, als er 1553 zu P. Gonçalves da Câmara sagte: »Ihr müßt wissen, daß Ignatius ein guter und sehr tugendhafter Mensch ist; aber er ist ein Baske, und wenn er sich einmal etwas in den Kopf gesetzt hat...« Rodrigues beendete den Satz nicht, aber es fällt nicht schwer, das von ihm Verschwiegene zu ergänzen. Von Kardinal Rodolfo Pio di Carpi, dem Protektor der Gesellschaft, ist folgender Ausdruck überliefert: »Er hat den Nagel schon eingeschlagen«, womit auf die Zähigkeit hingewiesen werden sollte, mit der Ignatius an seinen Entscheidungen festhielt.

Auch die Reinheit und Unversehrtheit seines Glaubens sind Erbteil der baskischen Heimat, ebenso die schwerfällige Sprache. Wahrscheinlich hat Ignatius zu Hause Baskisch gesprochen, die unter seinen Landsleuten übliche Sprache. Wollte P. Araoz in einem Brief einen nur ihm verständlichen Ausdruck gebrauchen, so benutzte er manchmal ein baskisches Wort.

Mit 16 Jahren war sich Ignatius durchaus bewußt, einer bedeutenden Familie Guipúzcoas zu entstammen, die sich im Dienst der Könige von Kastilien ausgezeichnet hat. Sein Vater und sein älterer Bruder werden nicht versäumt haben, ihm von den Taten der Vorfahren und von den Privilegien zu erzählen, die ihnen die Könige zugestanden hatten. Noch als General der Gesellschaft Jesu fand er es nicht unter seiner Würde, sich dieses »menschlichen Mittels« zu bedienen. So riet er 1551 P. Jay, der mit dem spanischen König über die Gründung eines Kollegs der Gesellschaft in Löwen reden sollte, darauf hinzuweisen, »wie treu P. Ignatius und seine Angehörigen der Krone gedient hätten«.

In einem Brief an seinen Neffen Beltrán, der bereits Herr von Loyola war, schrieb er: »... und wie unsere Ahnen sich um andere Dinge bemüht haben – unser Gott und Herr gebe, daß sie nicht eitel und unnütz waren –, so sollt Ihr Euch in dem auszeichnen, was für immer und ewig Bestand hat.«[11]

Es unterliegt wohl keinem Zweifel, daß sich bereits in diesen ersten 16 Jahren jene Persönlichkeit ausgebildet hat, von der P. Polanco schrieb, sie sei »stark und tapfer, mehr noch«, sie sei »voller Mut, große Dinge zu unternehmen«.

Im Dienste eines irdischen Königs

Vermutlich hat Iñigo bereits als Kind die Tonsur erhalten; ob damit allerdings eine Entscheidung seiner Eltern oder auch seiner selbst hinsichtlich des künftigen Berufes verbunden war, bleibt fraglich. Die Ereignisse scheinen eher das Gegenteil zu belegen.

Der Großschatzmeister Kastiliens, Juan Velázquez de Cuéllar, hatte den Herrn von Loyola gebeten, ihm einen seiner Söhne nach Arévalo zu schicken. Er wollte ihn in seinem Hause aufziehen und wie einen eigenen Sohn halten. Die Wahl fiel auf Iñigo, den jüngsten Sohn, der sich auch bald nach Arévalo aufmachte.[12]

Dort, im Herzen Kastiliens, zwischen Valladolid und Avila, an den Ufern des Flusses Adaja, eröffneten sich dem jungen Loyola glänzende Zukunftsaussichten. Seine Zukunft sollte nicht – wie für einige seiner Brüder – der Kriegsdienst in Neapel oder Flandern sein, nicht die Teilnahme an der Eroberung Amerikas und wohl auch nicht der geistliche Stand, den sein Bruder Pero López ergriffen hatte. Vielmehr würde ihm die Zukunft zuerst Leben und Dienst an den Höfen des Hochadels und später eine Stelle in Verwaltung, Politik oder Heer bringen.

Das genaue Datum von Iñigos Übersiedlung nach Arévalo kennen wir nicht; am wahrscheinlichsten sind die Jahre 1504–1507. Da er bis zum Tode des Großschatzmeisters 1517 dort blieb, können wir gut zehn Jahre für den Aufenthalt in Arévalo annehmen, zehn Jahre, in denen aus dem Knaben Iñigo ein Mann wurde.

Über Juan Velázquez de Cuéllar gibt der Geschichtsschreiber Karls V., der Mönch Prudencio Sandoval, Auskunft: »Dieser Edelmann war Großschatzmeister von Kastilien; er war ein Sohn des Lizentiaten Gutierre Velázquez, der in Arévalo für die Königin Johanna (Juana) arbeitete, die Mutter der Königin Isabella (Isabel). Er stammte aus Cuéllar und war sowohl mit dem Prinzen Johann (Don Juan) als auch mit der Königin Isabella so vertraut, daß er zu ihrem Testamentsvollstrecker eingesetzt wurde. Er war ein einsichtiger, tugendreicher und edelmütiger Mensch, glaubensstark, von gutem Aussehen und großer Rechtschaffenheit. Juan Velázquez war praktisch Herr über die Festungen von Arévalo und Madrigal mit dem dazugehörigen Gebiet, so als wäre es sein Eigentum.« Sein Amt als Großschatzmeister hatte er 1495 unter dem Prinzen Johann angetreten, und er behielt es fast bis zu seinem Tode. Ab 1497 war er Mitglied des Kronrats. Wenn das Königspaar mit dem Hofstaat auf Reisen ging, mußte er es begleiten. Dennoch blieb der königliche Palast in Arévalo sein ständiger Wohnsitz.

Seine Frau, María de Velasco, war eine vertraute Freundin von Germaine de Foix, der zweiten Frau Ferdinands des Katholischen, »und sie war es mehr, als gut ist«, wie ihr Zeitgenosse Carvajal sagt. Als Juan Velázquez kurz vor seinem Tode in Ungnade fiel, verließ sie ihn.[13]

Nichts macht die Stellung, die Juan Velázquez am Hofe der Katholischen Könige einnahm, so deutlich wie die Tatsache, daß Isabella und Ferdinand ihn zu einem ihrer Testamentsvollstrecker erwählten. In ihrem Testament schrieb Isabella, er sei einer von denen gewesen, die »mir viel und sehr treu gedient haben«. »Auch für Ferdinand muß er der Mann seines größten Vertrauens gewesen sein.« Er verfügte nach dem Tode der Königin am 26. 11. 1504, daß große Teile ihrer Hinterlassenschaft zur Inventarisierung in das Haus des Schatzmeisters gebracht würden. Juan Velázquez und seine Frau ersteigerten bei einer Auktion, der Teile dieses Erbes anheimfielen, wertvolle Stücke, wovon die Bücher für uns von besonderem Interesse sind. So kaufte María de Velasco unter anderem »ein gedrucktes Büchlein mit der Ordnung des Psalmengebets« und »ein anderes kleines im Oktavformat, auf spanisch, das mit einem Gebet des hl. Augustinus beginnt«, ferner »ein Buch im Quartformat vom hl. Chrysostomus«, »einige handgeschriebene Pergamente mit dem Stundengebet, mit dem Anfang des Martyrologiums und mit der Geschichte des Königs David«, weiter »kleine Horen mit der Überschrift *De imitatione Christi* auf Druckpapier«.

Zweifellos las Iñigo viele Bücher aus der Bibliothek des Juan Velázquez, teils um seine Neugier zu befriedigen, teils um sich eine gewisse Bildung anzueignen. Wenn er später, während seiner Genesung, um die »weltlichen und falschen Bücher« bat, »die man Ritterromane zu nennen pflegt«, so ist anzunehmen, daß er in Arévalo mit ihnen ausreichend Bekanntschaft geschlossen hatte. Auch hatte er wohl die klassischen Werke des »Kartäusers« Juan de Padilla gelesen, »Gemälde des Lebens Christi« und »Die zwölf Siege der zwölf Apostel«, da er nach seiner Bekehrung in die Kartause »Maria von den Grotten« bei Sevilla eintreten wollte.

In Arévalo bildete sich die Persönlichkeit Iñigos, die uns sein erster Biograph Ribadeneira so zeichnet: »ein kraftvoller und weltgewandter junger Mann, ein Freund eleganter Kleidung und gepflegter Umgangsformen«. Ignatius selbst schrieb später über den jungen Iñigo: »Bis zum Alter von 26 Jahren war er ein den Eitelkeiten der Welt ergebener Mensch und vergnügte sich hauptsächlich mit Waffenübungen in dem heftigen und eitlen Verlangen, Ehre zu gewinnen.«

Der spätere Sekretär des hl. Ignatius, P. Juan de Polanco, stellte fest, daß sich »seine Ausbildung damals stärker am Geist der Welt als am Geist Gottes ausrichtete; als Knabe habe er nur lesen und schreiben gelernt, um sofort Pagendienste annehmen zu können; danach wurde er Offizier in der Leibgarde des Herzogs von Nájera, bis sich in seinem 26. Lebensjahr eine entscheidende Wende vollzog«. Bis dahin aber erfüllten ihn nur die Eitelkeiten der Welt und dabei besonders das Streben nach Ruhm. In Arévalo verbesserte er auch seine Handschrift. Ribadeneira nennt sie »vorzüglich« und fügt hinzu: »denn er war ein sehr guter Schreiber«. Das Gedicht, das er nach P. Polancos Zeugnis zu Ehren des hl. Petrus verfaßt hat, ist in dieser Zeit anzusetzen. Schon damals verehrte Iñigo den Apostel Petrus besonders.

In Arévalo erhielt seine Liebe zur Musik entscheidende

Impulse. Diese Liebe hat ihn sein ganzes Leben lang begleitet, wenngleich er ihr später um seiner apostolischen Aufgaben willen nicht mehr nachgehen konnte. Am Hofe von Arévalo war zu der Zeit, da auch Iñigo dort lebte, der berühmte Musiker Juan de Anchieta aus Urrestilla Kapellmeister des Prinzen Johann.

In dieser Umgebung eignete sich Iñigo die vornehmen Umgangsformen an, die ihm später in Rom den Ruf des »zuvorkommendsten und höflichsten Menschen« eintrugen. Selbst bei seinen kargen Mahlzeiten blieb er stets der vornehme Herr. In Arévalo lernte er, mit den Großen der Welt zu verkehren. Diese Fähigkeit kam ihm später zustatten, als er mit Fürsten, Kardinälen und Päpsten umgehen mußte. In Arévalo und später im Dienste des Herzogs von Nájera kam es zu den Jugendsünden, auf die Ignatius in den oben zitierten Worten aus seiner Autobiographie anspielt und die P. Polanco eindeutig benennt: »Bis zu dieser Zeit (d. h. bis zu seiner Bekehrung) bewahrte er sich zwar seinen angestammten Glauben, lebte aber keineswegs dementsprechend. Er hütete sich nicht vor Sünden, sondern war besonders ausgelassen im Spiel und in Frauenabenteuern, in Raufereien und Waffenhändeln. Das waren die üblichen Laster eines Ritters. Trotz allem besaß er viele natürliche Tugenden.«

Sein ganzes Leben lang bewahrte Ignatius den Freunden in Arévalo und überhaupt der dort verbrachten Zeit ein treues Gedenken. So hatte ihm 1548 der Lizentiat Mercado aus Valladolid einen Brief geschrieben, in dem es hieß: »Juan Velázquez, Ratsherr dieser Stadt und Sohn des Herrn Gutierre de Velázquez (d. h. des Sohnes des Schatzmeisters) küßt Euch, ehrwürdiger Vater, die Hand und empfiehlt sich Euren Gebeten.« Ignatius antwortete ihm: »Die Erinnerung an Herrn Juan Velázquez war für mich ein großer Trost im Herrn, und so bitte ich Euer Gnaden, meine demütigen Empfehlungen entgegenzunehmen, da ich sein und seines Herrn Vaters und Großvaters und seines ganzen Hauses Diener war und noch immer bin. Darüber freue ich mich heute und werde mich all meine Lebtage darüber freuen im Herrn.«

Ob Iñigo Page bei Ferdinand dem Katholischen war, steht nicht fest. Wenn die Meinungen darüber auch auseinandergehen, können wir doch als selbstverständlich annehmen, daß er während eines Aufenthalts bei Juan Velázquez ihn selbst oder aber seine Söhne einige Male auf ihren Reisen mit dem Hof begleiten mußte.

Der Tod Ferdinands des Katholischen am 23. Januar 1516 hatte indirekt den Ruin des Juan Velázquez zur Folge: Von Flandern aus legte Karl I. fest, daß die Königinwitwe Germaine de Foix die kastilischen Städte Arévalo, Madrigal, Olmedo und Sta. María de Nieva als persönlichen Besitz erhalten sollte. Mit Arévalo und Madrigal war bis dahin jedoch Juan Velázquez belehnt gewesen. Nun sollte Juan Velázquez diese Städte für die Königinwitwe verwalten und ihr selbst untertan sein. Wenngleich für den Schatzmeister aus dieser Entscheidung kein materieller Schaden entstanden zu sein scheint, so litt doch sein Ansehen darunter; und seine Stellung denjenigen Städten gegenüber, die vom königlichen Erbgut abgetrennt und der kastilischen Krone entzogen worden waren, hatte sich gründlich verändert.[14] Als gebrochener Mann starb er am 12. August 1517 in Madrid, bedrückt durch eine Schuld von 16 Millionen Maravedís und zutiefst betroffen vom Tode seines ältesten Sohnes Gutierre.

Iñigo erlebte alle diese Vorgänge aus nächster Nähe mit; er sah, wie Ansehen und Besitz seiner Gönner verlorengingen: Dies waren wohl seine ersten harten Erfahrungen, und mit diesem ersten Scheitern auf seiner weltlichen Laufbahn begann für ihn, den 26jährigen, ein neuer Lebensabschnitt.

Junker beim Vizekönig von Navarra

Nach dem Tode des Großschatzmeisters war Iñigo ohne Dienstherrn. María de Velasco, die Witwe Juan Velázquez de Cuéllars, gab ihm 500 Escudos und zwei Pferde; damit sollte er nach Pamplona zu Antonio Manrique de Lara, dem Herzog von Nájera, gehen. Seit Mai 1516 war de Lara Vizekönig von Navarra. Die Empfehlung hatte Erfolg. Er nahm Iñigo in seine Leibgarde auf, so daß dieser nach zehn Jahren bei einem hohen Adligen am Hof von Kastilien wiederum einer hochgestellten Persönlichkeit des Reiches unterstellt war.

Um einer verbreiteten Darstellung zu begegnen, sei hier angemerkt, daß weder Iñigo noch sein Vater noch sein ältester Bruder Martín García jemals den Kriegsdienst zu ihrem Beruf gemacht haben. Iñigo begleitete den Vizekönig von Navarra als dessen Vertrauter, er erledigte seine Aufträge und griff, wenn es erforderlich schien, auch zu den Waffen und nahm an Kriegszügen teil. Das widerspricht nicht seiner eigenen Aussage, wonach er »sich hauptsächlich an Waffenübungen vergnügte«. Denn dabei leitete ihn, wie er selbst erklärte, vor allem ein »heftiges und eitles Verlangen nach Ehre«. Er erstrebte eine glänzende weltliche Karriere, die aber in der Gesellschaft seiner Zeit nicht ohne Übung und Erfolg im Waffengebrauch möglich war.

Wahrscheinlich hat Iñigo seinen neuen Herrn nach Valladolid begleitet, als dort im Februar 1518 die offiziellen Anerkennungsfeiern für Karl I. als König von Kastilien stattfanden. Auch sein Bruder Martín García de Loyola war dort, dem bei dieser Gelegenheit vom König das Privileg eingeräumt wurde, auf Loyola das Majorat (das Erbrecht des ältesten Sohnes) einzuführen. Vermittelnd hatte hierbei der Herzog von Nájera eingegriffen.

Als sich bald darauf viele kastilische Ortschaften, darunter die Stadt Nájera, gegen den Herzog erhoben, nahm Iñigo an dem Feldzug teil, der am 18. September 1520 die aufständischen Bürger unterwarf. Dabei bewies er, nach den Worten von P. Polanco, »seine hohe, vornehme und großzügige Gesinnung«. Während andere Teilnehmer des Feldzugs die Städte plünderten, bereicherte sich Iñigo nicht an fremdem Besitz, das war ihm zu »würdelos«.

Im Jahre 1521 bediente sich der Vizekönig von Navarra Iñigos bei einer schwierigen Angelegenheit: Die Ortschaften der Provinz Guipúzcoa waren wegen der Anerkennung von Cristóbal Vázquez de Acuña als Richter der Provinz zerstritten. Einige Städte, darunter auch Azpeitia und Azcoitia, sahen die Sonderrechte von Guipúzcoa durch die Verleihung dieses Amtes an Cristóbal Vázquez verletzt. Andere hingegen, an ihrer Spitze die Stadt San Sebastián, anerkannten den neuen Provinzrichter. Dies führte zu Auseinandersetzungen, die sich zu einem Bürgerkrieg auszuweiten drohten. Von beiden Seiten kam es zu Brandstiftungen und zu Verwüstungen von Wäldern. Die Lage war um so gefährlicher, als diese Ereignisse zeitlich mit dem Krieg der kastilischen Orte zusammenfielen. Außerdem drohte Frankreich mit einer Invasion in Navarra, um dort die Familie d'Albret wieder an die Macht zu bringen.

Da Karl V. von Spanien abwesend war, suchte der kastilische Kronrat durch Verhandlungen mit den verfeindeten guipúzcoanischen Städten zu einer Lösung zu gelangen. Fortún García de Ercilla wurde mit den Verhandlungen betraut, während der Herzog von Nájera mit Waffengewalt intervenieren sollte, falls die Mission de Ercillas scheitern würde. In einem Brief vom 17. Januar 1521 schrieb der Herzog von Nájera: »Ich habe mich daran gemacht, ihre Streitigkeiten zu schlichten, indem ich Leute aus meinem Haus dorthin sandte.« Er sagt nicht, wer diese Leute waren; aber wenn wir P. Juan de Polanco glauben dürfen, hat Iñigo López de Loyola zu ihnen gehört. Da er aus der Gegend stammte und ihre Traditionen kannte, schien er für diese Aufgabe sehr geeignet. Zwar ist nicht anzunehmen, daß er bei den Verhandlungen eine Hauptrolle gespielt hat, aber er war doch aktiv daran beteiligt. Polanco sagt, er habe sich dabei als »einfallsreich und klug in den Dingen dieser Welt und vor allem im Umgang mit verschieden gearteten Menschen erwiesen, besonders habe er es verstanden, Streitigkeiten und Zwiste zu schlichten«.

Die guipúzcoanischen Ortschaften unterwarfen sich schließlich einem Vermittlungsvorschlag des Vizekönigs, der durch einen Schiedsspruch vom 12. April 1521 rechtskräftig wurde und die Auseinandersetzungen beendete.

Die Verwundung in Pamplona

Schon bald nach dem glücklichen Ausgang dieses Konflikts

nahm Iñigo erneut an einer militärischen Unternehmung teil, von der die Zukunft seines Lebens abhängen sollte: Franz I., der König von Frankreich, hatte sich entschieden, die Ansprüche Henri d'Albrets auf den Thron von Navarra zu unterstützen. Er rechnete dabei mit der Unterstützung durch einen Teil der Bevölkerung, durch die Bergbauern; er wollte sich die Abwesenheit Karls V. und den zu Beginn des Jahres 1521 noch andauernden Bürgerkrieg zunutze machen. Dieser Bürgerkrieg beanspruchte den größten Teil des kastilischen Heeres. Navarra war erst vor neun Jahren Kastilien angegliedert worden, und die Bevölkerung hatte sich noch nicht an die neue Situation gewöhnt.

Trotz wiederholter Bitten des Herzogs von Navarra blieben die Truppenverstärkungen aus, die zur Verteidigung der Grenzen nötig gewesen wären. So konnte die französische Armee unter Führung von André de Foix, dem Herrn von Asparros, am 12. Mai 1521 in Spanien einfallen. Das Heer bestand aus 12000 Infanteristen, 800 Lanzenträgern und 29 Artilleriegeschützen. Am 16. des Monats lagerte es eine halbe spanische Meile vor Pamplona. Um persönlich Verstärkung anzufordern, begab sich der Vizekönig am 17. nach Segovia, wo sich die Statthalter aufhielten: der Admiral von Kastilien, der Kronfeldherr und der Kardinal und Bischof von Tortosa, Adriaan von Utrecht.

Bei seiner Abreise ließ er Francés de Beaumont mit einem Korps von 1000 Kriegsleuten zur Verteidigung Pamplonas zurück. Iñigo hatte er befohlen, sich Beaumonts Befehl zu unterstellen. Am 19. brach in der Stadt ein Aufruhr los: Die Einwohner und ihr Rat nützten die Abwesenheit des Vizekönigs aus und forderten selbst die Befehlsgewalt. Francés de Beaumont und die Seinen gaben dieser Forderung nicht nach; da sie aber nicht Herren der Lage waren, zogen sie ab. Es gab, wie sich der Herzog von Nájera ausdrückte, »heftigen Gegenwind wider die Verteidigung« der Stadt. Inzwischen, vermutlich am 18., waren Martín García de Oñaz und sein Bruder Iñigo mit einer Schar Soldaten aus Guipúzcoa angekommen. Angesichts des Aufruhrs kehrte Martín García mit seiner Truppe zurück, ohne die Stadt auch nur betreten zu haben. Iñigo jedoch folgte ihm nicht. P. Polanco berichtet, daß »besagter Herr Francisco (Francés de Beaumont) die Stadt verlassen wollte, weil er annahm, der französischen Streitmacht nicht widerstehen zu können, und weil ihm die Einwohner von Pamplona selbst nicht zuverlässig genug schienen«. »Iñigo hielt es für eine Schande, die Stadt wie in einer Flucht zu verlassen, und er ritt vor den Augen derer, die fliehen wollten, in die Festung hinein, um sie mit den wenigen, die dort geblieben waren, zu verteidigen. P. Nadal fügt hinzu, er sei in gestrecktem Galopp zur Festung geritten. Am nächsten Tag, dem 19. Mai, einem Pfingstsonntag, schloß sich auch der Burghauptmann Miguel de Herrera in die Burg ein, während am gleichen Tag die Abgesandten von Pamplona in Villava Henri d'Albret die Treue schwuren. Nachdem die Franzosen die Stadt besetzt hatten, begannen sie mit dem Angriff auf die Burg. Deren noch nicht vollendete Verteidigungsanlagen konnten nur geringen Widerstand bieten. So war Iñigos ganzer Einsatz nötig, um eine Kapitulation zu verhindern.

Das folgende ist bekannt: Die Kugel einer Feldschlange oder eines Falkonetts traf Iñigo und brach ihm ein Bein; auch das andere wurde verletzt. Iñigo war außer Gefecht gesetzt, und sein Ausfall bedeutete zugleich das Ende des Widerstands. P. Niccolò Orlandini und die ihm folgende Tradition nennen als Datum der Verwundung den Pfingstmontag, den 20. Mai 1521. Neuere Forschungen allerdings haben bewiesen, daß sich die Festung nicht vor dem 23. oder 24. ergeben hat, was nicht notwendigerweise gegen den 20. Mai als Tag der Verwundung spricht.

Iñigos Verletzung war schwer. Das wird aus dem Verlauf der Krankheit in Loyola deutlich, und es geht zugleich aus dem Zeugnis des Burghauptmanns Miguel de Herrera hervor. In dem Prozeß, der wegen der Kapitulation Pamplonas gegen Herrera angestrengt wurde, bat er die Richter, neben anderen Augenzeugen auch den Herrn von Loyola zu vernehmen.

Er fügte hinzu, man müsse sich allerdings beeilen, denn jener sei schwer verwundet, und vielleicht käme man nicht mehr rechtzeitig, um seine Aussage aufzunehmen. Ob es zur Vernehmung Iñigos kam, wissen wir nicht. Auf alle Fälle wurde Miguel de Herrera in diesem Prozeß freigesprochen. Erste medizinische Hilfe erhielt Iñigo durch die Franzosen. Danach wurde er auf einer Trage von seinen Landsleuten zum Haus Esteban de Zuastis gebracht und von dort nach Loyola. Daheim werden ihn sein Bruder Martín García und seine Schwägerin Magdalena de Araoz empfangen haben. Iñigo mußte dringend behandelt werden. Deshalb rief man aus der ganzen Gegend Ärzte und Chirurgen zusammen, die sofort erkannten, daß die erste, notdürftige Behandlung nicht gelungen war, vielleicht war sie überstürzt oder nicht sachgerecht ausgeführt worden. Ignatius selbst schreibt in seiner Autobiographie darüber, die Ärzte hätten erklärt, »das Bein müsse noch einmal eingerichtet und die Knochen von neuem in die rechte Lage gebracht werden; denn sie befänden sich jetzt nicht an ihrem Platz, entweder weil sie das erste Mal falsch eingefügt worden oder weil sie auf der Reise aus ihrer natürlichen Lage geraten seien. So aber könne das Bein nicht heilen. Er mußte also ein zweites Mal diese Folterqual erdulden. Wie bei allen anderen Qualen, die er vorher erduldet hatte und nachher noch erduldete, kam dabei kein Wort über seine Lippen, und er gab kein anderes Zeichen des Schmerzes, als daß er die Fäuste fest zusammenpreßte.«

Trotzdem ging es ihm immer schlechter, und man mußte für sein Leben bangen. Am Johannistag rieten die Ärzte, er solle beichten und die Sterbesakramente empfangen. Der kritische Tag war der 28. Juni, der Vortag von Peter und Paul; wenn bis Mitternacht keine Besserung eintrete, erklärten die Ärzte, könne man ihn für tot ansehen.

»Nun hatte der Kranke eine besondere Andacht zum heiligen Petrus, und so gefiel es unserm Herrn, daß sich gerade um jene Mitternacht sein Befinden zu bessern begann. Die Besserung schritt so rasch voran, daß man ihn schon nach einigen Tagen außer Lebensgefahr erklären konnte.« Eine spätere Überlieferung, die auch auf Bildern dargestellt worden ist, berichtet, dem Kranken sei in dieser Nacht der hl. Petrus erschienen, um ihm die Gesundheit zurückzugeben.

Doch es war noch nicht alles ausgestanden: Die Knochen wuchsen zwar zusammen, aber unterhalb des Knies hatte sich einer über den andern geschoben, so daß dieses Bein kürzer wurde. Außerdem hatte sich ein Wulst gebildet, der ihn verunstaltete. Ribadeneira erzählt, daß ihn dieser Schönheitsfehler hinderte, einen »eng anliegenden und sehr glatten Stiefel« zu tragen. Er zog aber solche Stiefel besonders gern an und wollte nicht darauf verzichten. »Deshalb erkundigte er sich bei den Wundärzten, ob der Wulst nicht weggeschnitten werden könne. Sie erwiderten, dies könne wohl geschehen, aber die Schmerzen würden noch größer sein als alle, die er schon erduldet habe, weil an jener Stelle schon alles geheilt sei und das Wegschneiden viel Platz erfordere. Trotzdem entschloß er sich, auch diese Marter auf sich zu nehmen, weil es ihm so gefiel, wiewohl sein älterer Bruder sich davor entsetzte und versicherte, er würde es nie wagen, solchen Schmerz auf sich zu nehmen. Der Verwundete jedoch ertrug ihn mit gewohnter Geduld.

So wurde denn das Fleisch und der Knochen, der an jener Stelle hervorstand, weggeschnitten. Dann sann man darauf, verschiedene Mittel anzuwenden, damit das Bein nicht zu kurz bleibe. Man verschrieb ihm mancherlei Salben und streckte das Bein ununterbrochen mit Hilfe von Vorrichtungen, die ihn viele Tage marterten. Doch schließlich schenkte unser Herr ihm die Gesundheit wieder.«

Iñigo war zwar geheilt, aber da er sein Bein noch nicht stark belasten konnte, mußte er längere Zeit das Bett hüten. Gerade aber diese Genesungszeit wurde für sein Leben entscheidend.

Um die Langeweile zu vertreiben, wollte der Kranke seine Zuflucht zur Lektüre von Ritterromanen nehmen; er hatte sie im Schloß von Juan Velázquez kennengelernt. Aber in Loyola gab es keine solchen Bücher. Dagegen besaß man dort die vier Foliobände des »Leben Christi« des Kartäusers Ludolf von Sachsen. Außerdem gab es die »Legenda aurea«

des Jacobus de Voragine, die berühmte Sammlung von Heiligenlegenden. Da nichts anderes aufzutreiben war, nahm Iñigo mit diesen geistlichen Büchern vorlieb. Und diese Lektüre veränderte ihn.

Gelegentlich gingen seine Gedanken freilich noch zu den weltlichen Dingen, aber dann richteten sie sich wieder auf das, was er gelesen hatte.[15] Bei diesem Hin und Her von frommen Gedanken und eitlen Träumereien erkannte er etwas, was nicht nur für seine eigene Entwicklung entscheidend war, nämlich die »Unterscheidung der Geister«, die auch später für die Ausarbeitung seiner »Geistlichen Übungen« richtungweisend werden sollte. Wenn er überdachte, was in seinem Inneren vorging, erlebte Iñigo, daß die Beschäftigung mit Gott und den Heiligen ihn nicht nur für den Augenblick erfreute und beseligte, sondern daß die getroste und heitere Stimmung anhielt; dagegen gingen ihm die Gedanken der Welt zwar sanft ein, aber nach seinen schönen Träumereien war er unzufrieden und enttäuscht. Anfangs dachte er über diesen Unterschied nicht nach, aber allmählich öffneten sich ihm die Augen, und er erkannte, daß das, was in seinem Inneren vorging, ein Kampf zwischen zwei entgegengesetzten Mächten war, zwischen einer guten und einer bösen. »Das war die erste Erwägung, die er bezüglich der göttlichen Dinge anstellte. Als er dann später die ›Geistlichen Übungen‹ verfaßte, begann er aus jener Erfahrung Licht zu schöpfen für die Lehre von der Verschiedenheit der Geister.«

Seine »guten« Gedanken hatten folgenden Inhalt: »›Wie wäre es, wenn auch ich das ausführte, was der heilige Franziskus tat und was der heilige Dominikus tat?‹ So ging er manche Dinge durch, die er für gut hielt, und nahm sich selbst stets schwierige und harte Aufgaben vor. Und jedesmal, wenn er solche Entschlüsse faßte, glaubte er in seinem Innern auch die Leichtigkeit zu spüren, sie ins Werk zu setzen. Doch bestand sein ganzer Gedankengang nur darin, daß er sich sagte: ›Der heilige Dominikus hat es getan, deshalb muß auch ich es tun; der heilige Franziskus tat es, deshalb werde auch ich es tun.‹«

Das gründliche Nachdenken und das Licht der Gnade gewannen bei dem Genesenden allmählich die Oberhand. Immer klarer sah er, daß er mit seinem bisherigen Leben brechen und ein grundlegend anderes beginnen müsse. Die Entscheidung fiel, und Iñigo brauchte nur noch die Form seines neuen Lebens zu bestimmen. Zwei Dinge nahm er sich vor allem vor: Sobald er das Haus würde verlassen können, wollte er eine Pilgerfahrt nach Jerusalem unternehmen. Und nach dem Beispiel der Heiligen wollte er ein Leben strengster Buße führen. Wie es auch sonst bei neu Bekehrten oft der Fall ist, maß er die Heiligkeit an der Strenge der körperlichen Abtötungen. Die Macht dieser Gedanken war so groß, daß die Träume von einem weltlichen Leben nach und nach verblaßten.

Seine guten Vorsätze wurden durch ein Ereignis bestärkt, das er als »Heimsuchung« bezeichnete und so beschrieb: »Eines Nachts lag er wach und sah deutlich ein Bild unserer Herrin mit dem heiligen Jesuskind. Aus ihrem Anblick, dessen er eine ganze Zeitlang gewürdigt wurde, empfing er Trost über Trost.«

Eine unmittelbare Folge dieser Heimsuchung war ein »Ekel gegen sein ganzes vergangenes Leben und besonders gegen Fleischesdinge, so daß er annahm, ihm seien alle Vorstellungsbilder aus der Seele genommen, die er zuvor in ihr getragen hatte«. Von jenem Augenblick an bis zum Jahr 1553, als er dies berichtete, hatte er »niemals mehr auch nur das geringste Zugeständnis an fleischliches Verlangen gemacht«.

Die Veränderungen in Iñigos Verhalten waren so offensichtlich, daß sie seinem älteren Bruder und den übrigen Bewohnern des Schlosses Loyola nicht verborgen bleiben konnten. Inzwischen gewannen seine Pläne immer konkretere Gestalt. Iñigo begann aufzustehen und konnte wieder schreiben. Da kam ihm der Gedanke, aus den Büchern, die er las, Auszüge zu machen. Er nahm ein Heft von etwa 300 Seiten und begann zu schreiben. Die Worte Christi schrieb er mit roter Tinte, die der Gottesmutter mit blauer; und alles in einer schönen Schrift, »denn er konnte vorzüglich schreiben«.

Während draußen die Welt ihren Lauf nahm, gingen Iñigos Gedanken in die Zukunft. Was sollte er nach der Rückkehr aus Jerusalem tun? Sollte er sich in der Kartause Unserer Lieben Frau von den Grotten, nahe bei Sevilla, einschließen, ohne zu sagen, wer er sei, damit er geringgeachtet würde? Er beauftragte einen Diener, der nach Burgos reiste, im Kloster von Miraflores Erkundungen über die Kartäuserregel einzuziehen. Sie gefiel ihm; aber er verfolgte diesen Gedanken nicht weiter, teils, weil das Ziel doch noch zu weit entfernt lag, teils, weil ihm schien, daß er in der Bindung an eine Regel nicht mehr die Freiheit besäße, ein Leben der Buße nach seinem Wunsch zu führen. Der entscheidende Augenblick nahte: Iñigo sagte seinem Bruder, er müsse nach Navarrete, wo sich der Herzog von Nájera aufhielt. Wir werden sehen, daß es sich nicht nur um einen Vorwand handelte, er wollte seinen ehemaligen Dienstherrn wirklich treffen. Martín García erriet aber auch sofort, worum es eigentlich ging. Mit den übrigen Familienangehörigen vermutete er, daß Iñigo »irgendeine große Veränderung vornehmen wollte«.

Unruhig und verwirrt durch die Pläne seines Bruders führte er ihn von einem Zimmer zum anderen und ermahnte ihn eindringlich, »er solle sich doch nicht ins Verderben stürzen, sondern bedenken, was für große Hoffnungen die Leute auf ihn setzten und wie weit er es bringen könne«. Das waren gewiß Worte brüderlicher Verbundenheit; uns zeigen sie die Meinung, die man von Iñigo hatte, und die Hoffnungen, die man auf ihn setzte. Er aber blieb seinen Vorsätzen treu; mit seinen Antworten »wich er dem Bruder aus«. Gegen Ende Februar durchschritt er das Schloßtor von Loyola und trat seinen langen Pilgerweg an.

Vor der Beschreibung seiner Pilgerschaft scheint es angebracht, einen Blick auf die äußere Lage Spaniens zu werfen, so wie sie sich zu Anfang des Jahres 1522 darstellte. Die Besetzung Navarras durch die Franzosen hatte nur wenig mehr als einen Monat gedauert. Sie wurde durch die Schlacht von

Noáin beendet. Aber im September und im Oktober versuchten die Franzosen einen neuen Angriff, diesmal gegen die Festung Fuenterrabía, die sich am 28. Oktober ergab. Diese gefährliche Situation ließ es den drei Statthaltern, die das Reich während der Abwesenheit Karls V. verwalteten, ratsam erscheinen, sich nach Vitoria, der Hauptstadt Alavas, zu begeben. Am 24. Januar 1522 kam die erste Nachricht davon nach Vitoria, daß einer der drei Statthalter zum Papst gewählt worden sei, nämlich Kardinal Adriaan von Utrecht. Am 9. Februar folgte die amtliche Mitteilung, und am 10. nahm Adriaan die Wahl an.

Als Statthalter befand sich auch der Kronfeldherr von Kastilien, Iñigo Fernández de Velasco, in Vitoria. Dieser hegte seit langem eine ausgesprochene Feindschaft gegen den Herzog von Nájera, Iñigos einstigen Dienstherrn. Der Herzog hatte sich, gedemütigt und finanziell benachteiligt, auf seine Besitztümer in der Rioja, Nájera und Navarrete zurückgezogen. Seit 20 Monaten hatte er keine Einkünfte mehr empfangen, und als Folge der Unruhen von 1521 hatte er »alles, was er besaß, verloren oder ausgegeben, und sein Schloß war geplündert«. Um sein Unglück vollständig zu machen, wurde er am 27. August 1521 seines Amtes als Vizekönig von Navarra enthoben; Nachfolger wurde der Graf von Miranda.

Daß der Herzog sich in Navarrete aufhielt, wußte Iñigo; denn er hatte einige Male in Loyola anfragen lassen, wie es dem Verwundeten gehe. Die Nachricht von der Wahl des neuen Papstes muß noch vor Iñigos Abreise nach Loyola gelangt sein. Er traf nämlich alle Vorsichtsmaßregeln, um nicht mit der Begleitung des Papstes zusammenzutreffen. Der Weg, den er nach Montserrat und Barcelona nehmen wollte, war derselbe, auf dem der Papst kommen mußte: über die Rioja und die Küste von Navarra nach Zaragoza und Barcelona. Iñigo wollte in dem Papstgefolge nicht Leuten begegnen, die ihn hätten erkennen können. Wenn er seine Pläne noch geheimhalten wollte, mußte er dem Papst voraus sein, der am 12. März von Vitoria aufbrach und am 15. in Nájera haltmachte.

Pilger in Montserrat

Auf einem Maultier ritt Iñigo Ende Februar 1522 von Schloß Loyola fort. Einer seiner Brüder begleitete ihn; Iñigo nennt ihn zwar nicht, aber es wird wohl Pero López de Oñaz, der Rektor von Azpeitia, gewesen sein. Diesen überredete er, in Aránzazu Halt zu machen. Er wollte dort eine Nachtwache vor dem Gnadenbild Unserer Lieben Frau halten. Viele Jahre später wird er in einem Brief an Francisco de Borja der Gnaden gedenken, die er in jener denkwürdigen Nacht empfangen hatte. Wahrscheinlich legte er hier das Gelübde der Keuschheit ab. Er selbst sagt nur, daß er es auf dem Weg nach Montserrat abgelegt und der Gottesmutter dargebracht habe. Wie P. Laínez bemerkt, wußte Iñigo noch nicht, daß man Gelübde nur Gott macht.

Die Gottesmutter muß ihn wohl unter ihren besonderen Schutz genommen haben. Derselbe P. Laínez berichtet nämlich, daß Iñigo, der »bis dahin von den Lüsten des Fleisches angefochten und besiegt worden war, von nun an vom Herrn die Gabe der Keuschheit empfangen hatte, und dies, wie es scheint, in hohem Maße«.

In Anzuola verabschiedete er sich von seiner Schwester Magdalena. Hier oder in Oñate ließ er auch seinen Bruder zurück und reiste allein weiter nach Navarrete in der Rioja. Er wollte von seinem Dienstherrn Abschied nehmen und außerdem »einige Dukaten« einfordern, »die man ihm im Hause des Herzogs schuldete«. So ließ er dessen Schatzmeister eine Rechnung überbringen. Dieser antwortete ihm, er habe kein Geld in der Kasse. Als der Herzog selbst von Iñigos Forderungen hörte, erklärte er, »auch wenn es an allem fehle, so dürfe es doch für Loyola an nichts fehlen. Er war auch bereit, ihm eine einträgliche Statthalterei zu übertragen, wenn er sie annehmen wolle, wegen des Vertrauens, das er in der Vergangenheit gewonnen habe.«

Nachdem Iñigo sein Geld erhalten hatte, ließ er es verteilen: einen Teil »für Personen, denen er sich verpflichtet fühlte, und einen Teil für ein Marienbild, das in schlechtem Zustand war, damit man es herrichten und schmücken könne«. Von Navarrete zog er weiter nach Montserrat; dem Gefolge des Papstes war er um acht Tage voraus.

Von der Rioja aus ging der Weg über Tudela, Pedrola, Zaragoza, Lérida, Cervera und Igualada. In der Einsamkeit der Pilgerreise waren seine Gedanken ständig bei Gott, und er überlegte, was er in seinem Dienst tun könnte. Und da er von Tugenden wie Demut, Nächstenliebe und Geduld und der dafür erforderlichen Klugheit noch nichts verstand, richtete er seine ganze Aufmerksamkeit auf die schweren Bußübungen, die er sich auferlegen wollte und an denen er die Heiligkeit maß. So tief er seine Sünden auch verabscheute, so hatte er sie bei seinen Bußübungen doch weniger vor Augen als die großen äußeren Dinge, die er sich vorgenommen hatte, weil die Heiligen solche zur Ehre Gottes geleistet hatten.

Ein besonderes Erlebnis unterbrach die Ruhe der Pilgerreise: Ein Maure auf einem Maultier begleitete Iñigo ein Stück weit. Die beiden kamen ins Gespräch und langten schließlich bei der Jungfräulichkeit Mariens an. Der Maure gab zu, daß sie vor der Geburt jungfräulich gewesen sein könnte, daß sie es aber auch bei der Geburt geblieben sei, könne er nicht glauben. So viel Argumente Iñigo ihm auch brachte, der Maure ließ sich nicht überzeugen. Als sich ihre Wege wieder trennten, ritt der Maure so rasch davon, daß Iñigo ihn bald aus den Augen verlor. Alleingeblieben überfielen ihn Zweifel: Hatte er alles aufgeboten, was er konnte, um die Jungfräulichkeit Mariens zu verteidigen? Er selbst schreibt, daß »seine Seele unzufrieden war, weil er seine Pflicht nicht getan hatte«. So kam ihm das »Verlangen, den Mauren suchen zu gehen und ihm einige Dolchstiche für seine Reden zu verabreichen«. Lange war er sich darüber im unklaren, was er zu tun hätte. Die Lösung, die er fand, bestand darin, daß er seinem Maultier die Zügel bis zu einer Weggabelung hängen ließ. Der eine Weg führte in ein nahes

35

Dorf (wahrscheinlich Pedrola), wohin der Maure geritten war, der andere war der Königsweg, d. h. eine Heerstraße. Gott wollte, daß das Maultier den Königsweg nahm, obwohl der Weg zum Dorf besser und breiter war. So verlor der Pilger die Spur des Mauren, und sein Gewissen beruhigte sich.

Vor Montserrat gelangte er in ein großes Dorf, wahrscheinlich Igualada. Dort kaufte er ein Paar Bastschuhe und ein Stück Sackleinen, um sich ein Pilgergewand nähen zu lassen. Von den Schuhen zog er nur den rechten an, denn dieser Fuß hatte durch die Verwundung am meisten gelitten. Iñigo hatte sein rechtes Bein mit der Binde umwickelt; obwohl er ein Maultier ritt, war es jeden Abend angeschwollen.

Endlich kam er in Montserrat an. Den genauen Tag wissen wir nicht. Das einzige sichere Datum ist das seiner Nachtwache vom 24. zum 25. März vor dem Gnadenaltar. Dieser Nachtwache war eine dreitägige Beichte vorausgegangen.

Wallfahrten nach Montserrat waren in jener Zeit sehr beliebt. So war Iñigo auf den Gedanken gekommen, dorthin zu pilgern, zumal das berühmte Marienheiligtum nicht weit von seinem Weg nach Barcelona entfernt lag. In Barcelona fuhren die Schiffe nach Rom ab, wohin sich Iñigo zuerst wenden mußte. Für eine Fahrt nach Jerusalem mußte man damals die Erlaubnis des Papstes einholen. Wie bereits in Aránzazu wollte er auch jetzt seine Pläne der Muttergottes anempfehlen. Er beabsichtigte, hier die Waffen für seinen neuen geistlichen Kriegsdienst anzulegen, wie es die Ritter am Beginn ihrer weltlichen Karriere zu tun pflegten, wenn sie den Ritterschlag empfingen. Dieser Zeremonie pflegte eine Nacht vorauszugehen, während der die jungen Ritter Waffenwache hielten. Das schrieben die »Siete partidas« vor, ein Gesetzbuch Alfons des Weisen aus dem 13. Jahrhundert; und so kannte es Iñigo auch aus den Ritterromanen.

Vor der Wache wollte er seine Seele in einer Generalbeichte reinigen. Sein Beichtvater war der französische Mönch Jean Chanon, der im Kloster für die Pilger zuständig war. Er war der Erste, dem Iñigo seine Pläne eröffnete, die er bis dahin geheimgehalten hatte. Der Beichtvater wird ihm eines der damals üblichen Beichtbücher gegeben haben. Wahrscheinlich hat Chanon damals oder bei weiteren Gelegenheiten Iñigo auch in die verschiedenen Gebetsweisen eingeführt. Er wird ihm auch das »Übungsbuch für das geistliche Leben« zu lesen gegeben haben, das der Reformator des Klosters von Montserrat, García Jiménez de Cisneros, verfaßt hatte und das im eigenen Kloster 1500 gedruckt worden war. Der Vollständigkeit halber schrieb Iñigo seine Beichte nieder und verwandte drei Tage dafür.

Am Vorabend des Festes Mariä Verkündigung, am 24. März also, suchte er einen Armen auf, entledigte sich seiner Kleider und gab sie ihm. Er selbst zog sein Pilgergewand an. So hielt er seine Wache zu Füßen der Schwarzen Madonna. Teils stehend, teils knieend verbrachte er die ganze Nacht im Gebet.

Manresa, die Urkirche des Ignatius

Über seinen Aufbruch am Morgen nach der Nachtwache schreibt Ignatius: »Als der Morgen anbrach, zog er weiter, um nicht erkannt zu werden. Er schlug aber nicht den geraden Weg nach Barcelona ein – denn da hätte er viele Leute getroffen, die ihn erkannt und ehrenvoll behandelt hätten –, sondern er bog auf ein Städtchen zu namens Manresa. Hier nahm er sich vor, einige Tage im Hospiz zu verbleiben und sich auch einiges in seinem Buche aufzuzeichnen, das er wohlverwahrt mit sich führte und das ihm auf seiner Reise großen Trost gewährte.«

Durch diese genauen Angaben wissen wir über das Datum gut Bescheid, wann Iñigo Montserrat verlassen und wohin er seine Schritte gelenkt hat. Die Gründe, warum er nach Manresa abbog, und vor allem, warum er so lange in der Stadt am Cardoner blieb, sind uns weniger bekannt. Der Heilige spricht von der Furcht, Personen zu treffen, die ihn kennen könnten. Da er aber in Katalonien kaum Bekannte gehabt haben dürfte, spielt er sicher auf Personen im Geleit des neuen Papstes Hadrian VI. an; unter ihnen gab es zweifellos Beamte vom kastilischen Hof, die Iñigo kannte. Aber diese Gefahr war nicht sehr wahrscheinlich, denn, wie oben bemerkt, kam Iñigo am 25. März nach Manresa, während das päpstliche Gefolge sich am 29. noch in Zaragoza befand.

Zunächst hatte er vor, sich ein paar Tage in Manresa zurückzuziehen, »um einiges in seinem Buche aufzuzeichnen«. Es wird sich um die in Montserrat empfangenen Erleuchtungen gehandelt haben. Aus den beabsichtigten wenigen Tagen wurden elf Monate. Warum? Eine ausdrückliche Erklärung dafür hat Iñigo nicht gegeben. So bleiben uns nur Vermutungen. Ein Grund konnte die Pest sein. Im Fürstentum Katalonien wurden einige Fälle bekannt, was die Behörden von

Barcelona veranlaßte, Fremden den Zutritt zur Stadt zu verwehren. Wir wissen, daß es tatsächlich einige Verfügungen dieser Art gegeben hat, eine auch vom 2. Mai 1522, einen guten Monat nach Iñigos Ankunft in Manresa. So konnte es bereits nach den wenigen Tagen, die er in Manresa zu bleiben gedachte, schwierig geworden sein, nach Barcelona zu kommen, um sich dort einzuschiffen.

Es gibt aber noch einen anderen, wahrscheinlicheren Grund: Wallfahrten nach Jerusalem waren nur zu einer bestimmten Jahreszeit möglich. Denkbar wäre, daß Iñigo diese Gelegenheit für das Jahr 1522 verpaßt hatte. Denn für die Wallfahrt benötigte er die Erlaubnis des Papstes, die dieser den Pilgern am Osterfest zu erteilen pflegte. Ostern fiel in jenem Jahr auf den 20. April. Einige Tage Verspätung in Manresa, dazu die Tage, die nötig waren, um in Barcelona eine Gelegenheit zur Einschiffung zu finden, konnten genügen, um die Ewige Stadt nicht mehr rechtzeitig zu erreichen. So mag Iñigo sich entschlossen haben, in Manresa zu bleiben. Außerdem ist sicher, daß der neue Papst nicht vor August in Rom angekommen ist.

Auch die Krankheiten, die Iñigo in Manresa erlitt, können seine Entscheidung beeinflußt haben. Vielleicht bewog ihn auch einfach die Tatsache, daß er dort günstige Voraussetzungen für ein Leben in Gebet und Buße vorfand, seine Wallfahrt auf später zu verschieben. Große Eile bestand für seine Pläne ohnehin nicht mehr.

Wie dem auch sei, die Monate in Manresa wurden für Iñigo zu einer Gnadenzeit. Durch innere Prüfungen und göttliche Erleuchtungen vollzog sich seine geistliche Wandlung. Diese Wandlung gipfelte in den Erfahrungen, wie sie in den »Geistlichen Übungen« Gestalt wurden. Mit einem geglückten Wort bezeichnete der Heilige die Zeit in Manresa als seine »Urkirche«. Damit meint er sowohl den außerordentlichen Eifer dieser Anfangsperiode als auch sein beginnendes Apostolat unter den Menschen, die ihn umgaben.

Die äußere Lebensweise

Iñigos äußere Lebensweise war die eines armen Pilgers. Gekleidet in ein Gewand aus grobem Stoff, hatte er bald den Spitznamen »der Sackmann« (l'home del sac) bekommen, der aber sehr bald von dem weniger auf Äußeres gerichteten »der heilige Mann« (l'home sant) abgelöst wurde. Anfangs fand er im Hospiz »Santa Lucía« Unterkunft, wo man Arme und Kranke aufnahm. Aber die meiste Zeit wohnte er im Konvent der Dominikaner. Dort lebte P. Galcerán Perelló, den Iñigo zum Beichtvater erwählte, wenngleich er seine Gewissensangelegenheiten zuweilen auch mit anderen Priestern besprach. Während der »sehr heftigen« Krankheiten, unter denen er in Manresa zu leiden hatte, fand er liebevolle Aufnahme bei verschiedenen Wohltätern.

Aus den Prozeßakten wissen wir, daß sich Iñigo zum Gebet oft in eine der Höhlen zurückzog, die am Berghang des Flusses Cardoner liegen. Außer seinen Andachtsübungen widmete er sich Liebeswerken an Armen und Kranken. Sein wichtigstes Apostolat bestand aber im Gespräch, womit er die Zuneigung der Bewohner von Manresa gewann. Es verlangte ihn danach, Menschen zu finden, mit denen er ausführlicher über geistliche Themen sprechen konnte; aber die fand er weder in Manresa noch in Barcelona. Es gab nur eine Dienerin Gottes, die sogar über Manresa hinaus bekannt war. Nach einem Gespräch mit Iñigo rief sie aus: »Oh, möchte es meinem Herrn Jesus Christus gefallen, euch eines Tages zu erscheinen!« Das erfüllte den Heiligen mit Entsetzen.

Wahrscheinlich ist er manchmal zum Kloster Montserrat hinaufgestiegen, um seine Anliegen mit P. Jean Chanon zu besprechen, dem Mönch, bei dem er seine Generalbeichte abgelegt hatte. Daß er bei diesen Gesprächen mit dem frommen Benediktiner in die Übung methodischen Betens eingeführt wurde, liegt nahe. Jedenfalls war Montserrat der einzige Ort methodischer Gebetspraxis, mit dem Iñigo damals Kontakt hatte. Der Heilige nennt das »Ejercitatorio« nicht unter seiner Lektüre; dagegen findet er großes Lob für die »Nachfolge Christi« von Thomas von Kempen, ein Buch, für dessen Verfasser damals viele den Pariser Universitätskanzler Jean Gerson hielten. In spanischer Übersetzung hieß das Buch sogar »Gersoncito«. Es gefiel ihm so sehr, daß er danach kein anderes geistliches Buch mehr suchte. Er nahm dessen Lehren so tief in sich auf, daß von ihm gesagt werden konnte, seine Worte und Handlungen seien »ein in die Tat umgesetzter Gerson«. Noch als er General der Gesellschaft war, hatte er auf seinem Tisch kein anderes Buch liegen als das Neue Testament und die »Nachfolge Christi«, die er »das Rebhuhn unter den geistlichen Büchern« nannte.

Mehr als durch Menschen und Bücher wurde Iñigo aber von Gott geführt. Er selbst sagt, Gott habe ihn behandelt wie ein Schulmeister ein Kind behandelt, wenn er es unterrichtet. Davon war er fest überzeugt; und es wäre ihm wie eine Beleidigung Gottes vorgekommen, hätte er Zweifel daran gehegt.

Die drei Abschnitte seiner inneren Entwicklung

Iñigos innere Entwicklung, die er während der elf Monate in Manresa durchmachte, läßt sich in drei Abschnitte einteilen. Der erste war der ruhige: Der Heilige befand sich »immer in ungefähr demselben inneren Zustand mit einem hohen Gleichmaß an Fröhlichkeit, ohne irgendeine Kenntnis von inneren geistlichen Dingen zu besitzen«. Der zweite Abschnitt ist gekennzeichnet durch einen sehr harten inneren Kampf mit Zweifeln und Skrupeln. Im dritten empfing er große göttliche Erleuchtungen und verfaßte die »Geistlichen Übungen«.

Über den ersten Abschnitt gibt es wenig zu sagen. Iñigo lebte von Almosen, nahm weder Fleisch noch Wein zu sich, auch dann nicht, wenn man es ihm anbot. Nur sonntags unterbrach er sein Fasten. Er ließ die Haare ungekämmt wachsen, die er bislang nach dem Brauch seiner Zeit sehr gepflegt hatte. Die Nägel an Händen und Füßen schnitt er nicht, worauf er früher sehr geachtet hatte. Jeden Tag hörte er die

Messe im Münster oder bei den Dominikanern, er ging in die gesungenen Vespern und empfand großen Trost dabei. Während der Messe pflegte er die Leidensgeschichte zu lesen. Seine Hauptbeschäftigung war das Gebet, dem er täglich sieben Stunden widmete, einige davon bei Nacht. Mit den Menschen, denen er begegnete, suchte er über geistliche Dinge zu sprechen. Den Rest des Tages verbrachte er mit Nachdenken über das, was er betrachtet oder gelesen hatte.

Die heitere Ruhe jener ersten Monate verwandelte sich mehr oder minder plötzlich in einen furchtbaren inneren Kampf. Mit Schrecken fragte er sich: »Was ist das für ein neues Leben, das wir jetzt beginnen?« Wenn er es mit seinem vergangenen verglich, meinte er, dieses neue Leben habe keinen Sinn. Ein anderer »heftiger« Gedanke peinigte ihn: »Und wie wirst du dieses Leben die siebzig Jahre lang aushalten, die du noch zu leben hast?« Dieser Frage konnte er kraftvoll entgegentreten, da er erkannte, daß sie ihm vom Feind gestellt worden war: »O du Erbärmlicher! Kannst du mir auch nur eine einzige Stunde Leben versprechen?« So überwand er diese Versuchung und fand Ruhe.

Härter und länger war der Kampf mit seinen Skrupeln. Die Zweifel bezogen sich auf seine früheren Beichten. Obwohl er in Montserrat die Generalbeichte mit viel Eifer abgelegt und in Manresa die Beichten öfter wiederholt hatte, war er in Sorge, daß er entweder einige Sünden ausgelassen oder die gebeichteten nicht in aller Schonungslosigkeit dargelegt habe. Er beichtete nochmals, fand aber keinen Frieden. Ein Doktor im Münster empfahl ihm, seine Beichte schriftlich abzulegen. Iñigo tat es, aber es half ihm nichts. In der Autobiographie erzählt er, daß die »Skrupel wiederkehrten und die Bedenken sich jedesmal vermehrten«.

Eines Tages kam ihm der Gedanke, ob es ihm nicht helfen könnte, wenn ihm sein Beichtvater verbieten würde, Vergangenes erneut zu beichten. Doch er wagte es ihm nicht zu sagen, weil ihm schien, wenn dieser Vorschlag von ihm selbst komme, sei er kein gültiges Heilmittel. Da geschah es, daß ihm der Beichtvater von sich aus verbot, Vergangenes zu wiederholen, wenn die bisherige Beichte nicht eindeutig unzureichend war. Diese Einschränkung bewirkte sofort, daß Iñigo keinen Nutzen davon hatte, denn ihm schien dieser Fall immer gegeben.

Inmitten dieser ihn so bedrängenden Lage hörte er nicht auf, täglich sieben Stunden zu beten, noch gab er die anderen geistlichen Übungen auf, die er begonnen hatte. Eines Tages brach er in einem Augenblick der Bedrängnis in den lauten Ausruf aus: »Komm mir zu Hilfe, Herr, denn ich finde keine Abhilfe bei den Menschen und bei keinem Geschöpf. Denn wenn ich sie irgendwo zu finden vermutete, wäre mir keine Mühe zu groß. Zeige du mir, Herr, wo ich Hilfe finden soll. Denn selbst wenn es nötig wäre, hinter einem Hündlein herzulaufen, damit es mir Hilfe brächte: Ich wollte es tun.«

Manchmal geriet er in solche Erregung, daß er versucht war, »sich durch ein großes Loch seiner Zelle hinauszustürzen und sich selbst das Leben zu nehmen«. Weil er aber auch wußte, daß es eine Sünde sei, sich selbst zu töten, schrie er: »Herr, ich werde nichts tun, was dich beleidigt!« Und er wiederholte diese Worte wie das Gebet viele Male.

Eines Tages erinnerte er sich, von einem Heiligen gelesen zu haben, der so lange nichts aß, bis er eine heißersehnte Gnade erlangt hatte. Derartiges ist vom Apostel Andreas und von Paulus dem Einsiedler überliefert. Vielleicht entsann sich Iñigo eines dieser beiden. Entschlossen, ihrem Beispiel zu folgen, begann er sein Fasten an einem Sonntag nach der Kommunion. Er verbrachte die ganze Woche, ohne einen Bissen zu sich zu nehmen, wobei er fortfuhr, täglich sieben Stunden zu beten und seine übrigen geistlichen Übungen zu absolvieren. Als aber am folgenden Sonntag sein Beichtvater davon erfuhr, befahl er ihm, dieses übertriebene Fasten abzubrechen.

Was all seine Bemühungen nicht erreicht hatten, wurde ihm von Gott geschenkt. »Der Herr wollte, daß er wie aus einem Traum erwachte. Und da er durch die Lehren, die Gott ihm erteilt hatte, bereits einige Erfahrungen bei der Unterscheidung der Geister besaß, begann er auch zu erkennen, woher jener Geist der Skrupel kam. Er entschloß sich mit großer Klarheit, nichts mehr aus seinem vergangenen Leben zu beichten, und so blieb er von jenem Tag an frei von Skrupeln. Er hielt es für ausgemacht, daß Gott, unser Herr, ihn um seiner Barmherzigkeit willen hatte befreien wollen.« Die Heilung von den Skrupeln war eine Frucht der Unterscheidung der Geister, die schon in Loyola begonnen hatte. Jene schreckliche Prüfung machte seine Läuterung vollkommen, und Iñigo wurde ein erfahrener Meister bei der Heilung von Skrupeln. So beruhen die Regeln in den Exerzitien, »um Skrupel und Überredungskünste unseres Feindes zu verspüren und zu verstehen«, die so vielen Seelen den Frieden wiedergegeben haben, auf persönlichen Erfahrungen Iñigos.

Der dritte Abschnitt in Manresa ist eine Zeit geistlicher Tröstungen und göttlicher Erleuchtungen. Ihr Gegenstand war sehr unterschiedlich. Iñigo betete jeden Tag zur heiligsten Dreifaltigkeit. Eines Tages saß er in der Dominikanerkirche und betete die marianischen Tagzeiten. »Da begann sich sein Verstand zu erheben, es war, als sähe er die Dreifaltigkeit in Gestalt von drei Tasten. Dabei weinte und seufzte er so heftig, daß er nicht an sich halten konnte. Und während er an jenem Morgen in einer Prozession mitging, die in der Dominikanerkirche begann, konnte er sich bis zum Essen der Tränen nicht erwehren. Auch nach dem Essen konnte er nicht aufhören zu weinen; er redete nur von der heiligsten Dreifaltigkeit, und dies mit vielen und sehr unterschiedlichen Vergleichen.« Seitdem bewahrte er eine große Andacht zum Geheimnis der Dreifaltigkeit, wofür er uns in seinem Geistlichen Tagebuch bewegende Zeugnisse hinterlassen hat. »Einmal erkannte er im Geiste, begleitet von größter innerer Freude, in welcher Weise Gott die Welt erschaffen hatte.« In einer anderen Vision sah er ganz klar, wie Jesus Christus im heiligen Altarsakrament zugegen war. Manchmal sah er mit dem inneren Auge die Menschheit Christi und seine Gestalt, die ihm als weißer Körper erschien, ohne daß die einzelnen Gliedmaßen streng voneinander unterschieden gewesen wären. Diese Vision hatte er oft in Manresa; sie wiederholte sich auch während der

Pilgerreise nach Jerusalem und einmal unterwegs in der Gegend von Padua. Zu wiederholten Malen sah er auch die Muttergottes in ähnlicher Weise ohne deutliche Unterscheidung.

Alle diese göttlichen Erleuchtungen hatten eine solche Festigung von Iñigos Glauben zur Folge, »daß er oft bei sich gedacht hat: Wenn es keine Schrift gäbe, die uns im Glauben unterrichtete, wäre er dennoch entschlossen, für den Glauben zu sterben, um dessentwillen, was er gesehen hat«.

Eine Erleuchtung wirkte ganz besonders nachhaltig auf ihn und hatte für seine Zukunft außerordentliche Bedeutung. Sie wird für gewöhnlich als seine »eximia ilustración«, seine »einzigartige Erleuchtung« bezeichnet. Hier folgt sein eigener Bericht:

»Einmal ging er voll Andacht zu einer Kirche, die etwas mehr als eine halbe Meile von Manresa entfernt lag – ich glaube, sie heißt St. Paul –, und der Weg geht den Fluß entlang. Während er so in seiner Andacht dahinging, setzte er sich nieder, mit dem Blick auf den Fluß Cardoner. Da begannen die Augen seines Geistes sich zu öffnen. Nicht als ob er irgendein Gesicht geschaut hätte, sondern es wurde ihm die Erkenntnis und das Verständnis vieler Dinge über das geistliche Leben, über Glaube und Theologie geschenkt. Das war von einer so großen Erleuchtung begleitet, daß ihm alles neu schien. Es ist unmöglich, im einzelnen anzugeben, was er damals begriff. Nur das eine läßt sich sagen, daß er eine große Klarheit in seinem Verstand empfing. Wenn er im ganzen Verlauf seines Lebens nach mehr als zweiundsechzig Jahren alles zusammennimmt, was er von Gott als Gnadenhilfe empfangen und was er jemals gewußt hat, und dies alles in eins zusammenfaßt, so hält er dies doch nicht für so viel, wie er bei jenem einmaligen Ereignis empfangen hat. Dieses Erlebnis war so eindrucksvoll, daß sein Geist wie erleuchtet blieb. Und es war ihm, als sei er ein anderer Mensch geworden und habe einen anderen Verstand bekommen, als er zuvor gehabt hatte.«

Der Bericht des Heiligen ist deutlich genug, um uns die

Größe der am Fluß Cardoner empfangenen Gnaden erkennen zu lassen.[16] Dabei hat es sich nach seinen eigenen Worten nicht um eine Vision gehandelt, sondern um eine geistige Erleuchtung. Sie hatte kein einzelnes Glaubensgeheimnis zum Gegenstand, vielmehr öffneten sich ihm die Augen des Geistes, und »er verstand und erkannte vieles sowohl auf geistlichem Gebiet als auch auf dem Gebiet des Glaubens und der theologischen Wissenschaft«. Die Erleuchtung war solcher Art, »daß ihm alle Dinge neu erschienen«. Das bedeutet, daß er innerlich ganz verwandelt daraus hervorging. Welche Bedeutung dieser Erleuchtung zukommt, sagt Iñigo selbst, wenn er im Alter von über 62 Jahren auf sie zurückschaut und sie über alle anderen Gnaden stellt, die er in seinem Leben empfangen hat.

Bedenkt man, wie vieler mystischer Gnaden er in seinem Leben gewürdigt wurde, dann gewinnt die Erleuchtung von Manresa angesichts einer solchen Bewertung eine außerordentliche Wichtigkeit. Ein solches Gewicht kommt ihr nicht nur für das weitere Leben des Ignatius zu, sondern wohl auch für den künftigen Orden der Gesellschaft Jesu. Denn darauf spielte er zweifellos an, als er auf die Frage nach dem neuen Orden entgegnete, darauf könne man »mit einer Erfahrung, die ich in Manresa hatte«, antworten.[17]

Zweifellos erkannte Iñigo in jener Erleuchtung die neue Richtung seines weiteren Lebens. Er würde nicht mehr jener einsame Pilger sein, der nur in Gebet und Buße das Beispiel der Heiligen nachzuahmen suchte; er wird sich von nun an viel mehr um das Wohl des Nächsten bemühen und Gefährten suchen, die sich ihm anschließen wollen und mit denen er eine apostolische Gemeinschaft bilden kann. Ohne eindeutig zu erkennen, was er im Laufe der Jahre zu tun hätte, orientierte er sich doch in der Richtung seiner späteren Lebensaufgabe. In diesem Sinne kann man zwischen der Gründung der Gesellschaft Jesu und der »einzigartigen Erleuchtung« von Manresa eine Verbindung sehen.

Die »Geistlichen Übungen«

Die Frucht seiner ständigen Meditationen und geistlichen Betrachtungen einerseits und der besonderen Erleuchtung durch den Heiligen Geist andererseits war das Exerzitienbuch, die »Geistlichen Übungen«, die Ignatius nach übereinstimmendem Bericht der Zeugen in Manresa geschrieben hat, nachdem er die Übungen selbst gemacht hatte. Allerdings schrieb er sie nicht sogleich in der uns heute vorliegenden Form nieder, sondern korrigierte und vervollkommnete sie entsprechend seinen jeweiligen Erfahrungen auch noch in Paris und in Rom.

Es fällt auf, daß Ignatius, der in seiner Autobiographie einzelne Episoden, wie z.B. die seiner Skrupel, mit so vielen Einzelheiten erzählt, die Abfassung des Exerzitienbuches in Manresa überhaupt nicht erwähnt. Erst am Ende seines autobiographischen Berichtes und auf Bitten seines Gesprächspartners, P. Luis Gonçalves da Câmara, gab er einen knappen, zusammengedrängten Bericht davon. P. da Câmara schreibt: »Nachdem der Pilger dieses erzählt hatte – es war am 20. Oktober –, befragte ich ihn über die Exerzitien und die Konstitutionen; ich wünschte nämlich zu hören, wo er sie abgefaßt habe. Er antwortete mir, die Exerzitien habe er nicht alle auf einmal geschrieben, sondern immer nur einige Sachen, die er in seiner Seele beobachtete und für nützlich befand, von denen er glaubte, daß sie auch anderen von Nutzen seien; und so habe er sie schriftlich niedergelegt, wie z. B. die Art, das Gewissen nach der Methode der Linien zu erforschen, und anderes mehr. Die Abschnitte über die Wahl im besonderen, so bemerkte er, habe er aus dem Wechsel in Stimmungen und Gedanken geschöpft, den er einst in Loyola in sich wahrgenommen, als er noch wegen seines Beines darniederlag. Er sagte dann noch, über die Konstitutionen würde er mit mir am Abend reden.«

Daraus ergeben sich zwei wichtige Tatsachen: daß die »Geistlichen Übungen« das Ergebnis langer Bearbeitungen waren und daß der hl. Ignatius sie selbst praktiziert hat, ehe er sie niederschrieb. Denn seine ersten Erfahrungen über die Verschiedenheit der Geister, die er während seiner Genesung gemacht hatte, lagen ja noch in Loyola, und so kann man die ersten Anfänge der Exerzitien bis in jene Zeit zurückverfolgen.[18]

Seine tiefsten und wichtigsten Erfahrungen und vor allem die Abfassung der entsprechenden Abschnitte für das künftige Exerzitienbüchlein entstammen jedoch der Zeit von Manresa. P. Diego Laínez, dessen Zeugnis besondere Beachtung verdient, meint, Ignatius habe in Manresa »das Wesentliche« des Exerzitienbuches geschrieben. Und P. Polanco fügt hinzu, Gott habe ihn dort »die Betrachtungen, die wir ›Geistliche Übungen‹ nennen, und deren Methoden« gelehrt, »wenn auch ihre Ausübung und die Erfahrungen seines weiteren Lebens ihn seine ursprünglichen Einsichten noch vervollkommnen ließen. Denn weil die Exerzitien viel in seiner Seele gewirkt hatten, wollte er auch anderen Menschen damit helfen.«

In Manresa entstanden auch die beiden Gewissenserforschungen: die besondere, die der Heilige wohl von Beginn seines Apostolats an gelehrt hat, und die allgemeine zusammen mit den moralischen Grundsätzen zur Unterscheidung von Todsünden und läßlichen Sünden.[19]

Der erste Exerzitant

Ignatius war der erste Exerzitant. Die Niederschrift der Exerzitien war die Frucht seiner persönlichen Erfahrung in Manresa. Damit, daß er die Gedanken und Gefühle mitteilte, die ihn verändert hatten, hoffte er, anderen zu helfen. Denjenigen, die sich zu diesen Exerzitien entschließen und die die Kraft dazu haben, sie vollständig zu machen, legte er ein Programm für einen Monat intensiver Übungen vor: vier bis fünf Stunden Betrachtung täglich, Gewissenserforschungen und Nachbereiten der Betrachtungen. Damit die Übungen möglichst großen inneren Gewinn bringen, sind sie gründlich durch »Anmerkungen«, »Zusätze« und »Regeln« geordnet.

Der Heilige sagt uns nicht, wann er selbst die Exerzitien

gemacht hat; es werden wohl die letzten ruhigen Monate in Manresa gewesen sein. Seine Seele war für göttliche Erleuchtungen gut vorbereitet: In Montserrat hatte er sich in einer dreitägigen Generalbeichte gereinigt; die schwere Prüfung durch die Skrupel in Manresa hatten den Prozeß der Läuterung vollendet. Seine Seele war ruhig geworden. Mit großer Gelassenheit konnte er sich der Betrachtung göttlicher Dinge und ihrer geistigen Durchdringung widmen.

Was er seit Loyola suchte, war, Ordnung in sein Leben zu bringen. Jetzt erkannte er, daß er zuerst das Ziel erkennen mußte, zu dem hin er geschaffen war. Um die Pläne, die Gott mit ihm hatte, erfüllen zu können, mußte er sie erst einmal kennenlernen. Ein Hindernis dabei waren die »ungeordneten Neigungen«, die das Auge des Geistes verdunkelten und den Willen zur Sünde hinlenkten. Gegen diese ungeordneten Neigungen wollte er kämpfen; er wollte sich selbst überwinden. Dabei sollten die Exerzitien helfen; ihr vollständiger Titel gibt dieses Ziel präzis an: »Geistliche Übungen, um über sich selbst zu siegen und sein Leben zu ordnen, ohne sich durch irgendeine Anhänglichkeit bestimmen zu lassen, die ungeordnet ist«.

Die Mühe, die Iñigo im Begriff stand, auf sich zu nehmen, verlangte einen großherzigen und entschlossenen Willen. Er begann die Exerzitien »mit Großmut und Freigebigkeit gegenüber seinem Schöpfer und Herrn«.

Als erstes betrachtete er den Plan Gottes mit der Schöpfung. »Der Mensch ist geschaffen, um Gott, unseren Herrn, zu loben, ihm Ehrfurcht zu erweisen und zu dienen und mittels dessen seine Seele zu retten.« Die irdischen Dinge sollen ihm helfen, dieses Ziel zu erreichen. Daraus ergibt sich, daß er »sie soweit gebrauchen soll, als sie ihm für sein Ziel helfen, und sich soweit von ihnen lösen soll, als sie ihn daran hindern«. Wider den Plan Gottes steht die Auflehnung des Geschöpfes, das heißt die Sünde. Iñigo überdachte sein bisheriges Leben und erinnerte sich der Sünden, die er Jahr für Jahr begangen hatte. Er erinnerte sich der Orte und der Häuser, in denen er gelebt hatte, seines Umgangs mit anderen Menschen und der Ämter, die er innegehabt hatte. Er

fühlte zweierlei: Beschämung wegen der Häßlichkeit seiner Sünden und Schmerz, weil er Gott beleidigt hatte. Aber diese Erkenntnisse führten nicht zur Verzweiflung. Die entsprechende Betrachtung im Exerzitienbuch endet so: »Indem man sich Christus, unseren Herrn, vorstellt, vor einem und ans Kreuz geheftet, ein Gespräch halten: Wie er als Schöpfer gekommen ist, Mensch zu werden, und von ewigem Leben zu zeitlichem Tod, und so für meine Sünden zu sterben. Wiederum das gleiche, indem ich mich selbst anschaue:
– das, was ich für Christus getan habe;
– das, was ich für Christus tue;
– das, was ich für Christus tun soll.«
Iñigos weiteres Leben wird die Antwort darauf sein.

Eine andere Betrachtung über die Sünden gipfelt in einem »Gespräch der Barmherzigkeit«; in Vertrauen und Liebe findet der Sünder seine einzige Zuflucht bei der Barmherzigkeit Gottes.

Nach diesem ersten Teil – oder der ersten »Woche« – der Exerzitien war Iñigo von Liebe zu Jesus Christus erfüllt, der ihm Befreier und Erlöser geworden war. Er will sich nun in allem mühen, ihm zu folgen. Christus steht ihm als ein König vor Augen, dem er mit größerer Treue gehorchen und dienen will als einst seinen irdischen Herren. Jesus ruft ihn zu einer großen Aufgabe: Er soll die verlorene Menschheit zurückgewinnen. Ein heiligmäßiges Leben wird der Eroberung eines Königreiches vergleichbar, um dessentwillen man alle Feinde der göttlichen Pläne besiegen muß. Diese Feinde kannte Iñigo sehr genau, da sie ihn früher selbst oft unterjocht hatten. Es sind die Sinnlichkeit, die fleischliche und die weltliche Liebe. Mit voller Überzeugung entschied sich Iñigo, diesen Kampf aufzunehmen. Er brauchte dazu in allen Dingen nur dem Beispiel Jesu zu folgen, der ihm voranging. Sein Bestreben wird es sein, Jesus Christus ganz kennenzulernen, um ihn mehr zu lieben und ihm treuer nachfolgen zu können. Indem er das Leben Jesu betrachtet, wie es die Evangelien berichten, von der Menschwerdung bis zum Leiden und zur Auferstehung, vertieft er sich in die »Absichten« Christi, in seinen Geist, in seine Grundsätze, die denen der Welt völlig entgegengesetzt sind: Armut und Demut gegen Habsucht und Stolz. Alles findet er in der Bergpredigt zusammengefaßt, in den Seligpreisungen. Iñigo wird die volle Armut und alle Verdemütigungen wählen, um dem armen und verachteten Christus ähnlich zu werden. So stellt er sich unter das Banner Christi. Er wird ihm folgen in sein Leiden und in seinen Tod, um auch an der Herrlichkeit seiner Auferstehung teilzuhaben.

Am Ende seiner Exerzitien bekam Iñigo die Antwort auf die Grundfrage seines Lebens. Gott zu dienen wird sein Ideal sein, Jesus Christus sein Vorbild und die weite Welt sein Arbeitsfeld. Von nun an wird er nicht mehr der einsame Pilger sein, der nur betrachtet und Buße übt, sondern er wird seine ganze Kraft »der Hilfe für die Seelen« widmen, d. h., er will die Menschen befähigen, ihrer Berufung gerecht zu werden.

Bevor er Manresa verläßt, wird er das Münster, die Dominikanerkirche und die Einsiedeleien, wo er mit solcher Hingabe gebetet hatte, noch einmal besucht haben. Gewiß wird er noch einmal auf den Montserrat gestiegen sein, um sich von der Schwarzen Madonna und den Mönchen des Klosters zu verabschieden. Seinen Freunden in Manresa hinterließ er das wenige, was er besaß: seinen Eßnapf, den Strick, mit dem er sich gegürtet hatte, und seinen Pilgerumhang. Dagegen nahm er eine unauslöschliche Erinnerung an all das mit, was er in dieser katalonischen Stadt empfangen hatte. Er war als ein eben bekehrter Büßer gekommen und ging als ein geistlicher Mensch, der seine Berufung erkannt hatte und nun zu großen Taten für die Ehre Gottes bereit war. Der Ausgangspunkt für seine Bemühungen waren die Exerzitien, die er in Manresa selbst gemacht und niedergeschrieben hat.

Später wird der Name dieser Stadt in aller Welt mit dem Andenken des hl. Ignatius verbunden sein. Scharen von Besuchern werden kommen, um in der heiligen Grotte zu beten. Und Manresa wird der Name für nicht wenige Stätten des Gebets werden.

Auf den Spuren Jesu

»Inzwischen nahte die Zeit, die der Pilger für seine Abreise nach Jerusalem festgesetzt hatte. So brach er denn zu Beginn des Jahres 1523 nach Barcelona auf, um hier aufs Schiff zu steigen.« So Ignatius in seiner Autobiographie.

Nach Barcelona mußte er gehen, weil von dort die Schiffe nach Italien abfuhren. Und der Zeitpunkt war dadurch bestimmt, daß der Papst die Erlaubnis für Wallfahrten nach Jerusalem nur zu Ostern erteilte. Ostern fiel in jenem Jahr auf den 5. April, und der Heilige wird Manresa am 18. Februar 1523 verlassen haben.

Barcelona betrat er durch das Neue Tor. Von dort ging er zum Marcúsplatz, um vor dem Bild Unserer Lieben Frau vom Geleit zu beten.[20] Bei Inés Pascual, einer Haus- und Ladenbesitzerin, fand er während jener Tage und auch bei seinem zweiten Aufenthalt in Barcelona Obdach. Iñigo hielt sich nicht länger als 20 Tage in Barcelona auf, gerade die Zeit, die nötig war, um sich eine Überfahrt nach Rom zu organisieren. Er konnte auch hier nicht untätig bleiben. Wie in Manresa suchte er sehnsüchtig Menschen, mit denen er über geistliche Dinge sprechen konnte. Aus den Prozeßakten erfahren wir, daß er häufig das Hieronymitinnenkloster besuchte, das dem hl. Matthias geweiht war und damals am Padró-Platz stand. Außerhalb der Stadt, am Abhang des Collcerola, lag ein Kloster der Hieronymiten, von dem heute nur noch einige Ruinen stehen. Auch dorthin wie zu den benachbarten, im Gebiet von San Ginés dels Agudells verstreuten Einsiedeleien, ging Iñigo mit dem gleichen Ziel. Allerdings wurde sein Wunsch, geistliche Personen zu finden, ebenso ungenügend erfüllt, wie schon in Manresa.

Eines Tages saß er mit Kindern auf den Kirchenstufen von San Justo und hörte der Predigt zu. Da beobachtete eine Frau namens Isabel Ferrer, die Frau des Francisco Roser oder Rosell, wie vom Gesicht des Heiligen gleichsam ein Glanz ausging. Zugleich hörte sie eine innere Stimme sagen: »Ruf ihn! Ruf ihn!« Als sie nach dem Gottesdienst in ihr Haus zurückgekehrt war, das der Kirchentür gegenüberlag, erzählte sie ihrem Mann, was sie erlebt hatte. Sie beschlossen beide, den frommen Pilger zu sich einzuladen. Nach der Mahlzeit baten sie ihn, er möge zu ihnen über Gott sprechen. Seit jener Zeit war Isabel dem Pilger so zugetan, daß sie seine größte Wohltäterin in Barcelona, Paris und Venedig wurde.

Während des Gesprächs erzählte Iñigo von seiner geplanten Romreise, für die er sich auf einem Zweimaster einschiffen wollte. Die Gastgeber rieten ihm zu einem größeren Schiff und empfahlen ihm eins, auf dem ein Verwandter von ihnen reisen wollte. Der Heilige nahm den von der Vorsehung eingegebenen Rat an; der Zweimaster brach kurz nach dem Auslaufen aus dem Hafen von Barcelona auseinander.

Iñigo hatte sich vorgenommen, seine Pilgerfahrt unter gänzlichem Verzicht auf menschliche Hilfe zu machen: allein und ohne Geld. Es boten sich ihm viele Begleiter an, aber er lehnte alle höflich ab. Einem, der es leichtfertig fand, daß er ohne Latein- und Italienischkenntnisse und ohne jegliche Begleitung reisen wollte, antwortete er, daß er sogar den Sohn oder Bruder des Herzogs von Cardona als Begleiter nicht annehmen würde; er suche nämlich, drei Tugenden zu üben: Glaube, Hoffnung und Liebe. Wenn er einen Begleiter hätte, würde er sich bei Hunger an ihn wenden; käme er zu Fall, würde er erwarten, daß er ihm aufhelfe. Er wolle sein Vertrauen jedoch statt auf Geschöpfe auf Gott allein setzen. Aus dem gleichen Grunde wollte er ohne jeglichen Proviant an Bord gehen. Aber in diesem Punkt sah er sich genötigt, wenigstens teilweise nachzugeben. Denn wenn ihm der Schiffsherr gleich kostenlose Fahrt gewährte, stellte er ihm doch die Bedingung, daß er Proviant mitnehmen müsse, und zwar genügend Zwieback, »um damit sein Leben unterhalten zu können; anderenfalls würde man ihn unter keinen Umständen aufnehmen«. Da geriet er in große Zweifel: »Ist das die Hoffnung und der Glaube, den du auf Gott setztest, er werde dich nicht im Stiche lassen?« Er war unschlüssig, wie er sich verhalten sollte. Da er sich nicht entscheiden konnte, überließ er sich dem Urteil seines Beichtvaters. Dieser riet ihm, das Notwendige für die Reise zu erbetteln und es mit aufs Schiff zu nehmen.

Eine merkwürdige Begebenheit ist noch zu berichten: Eine Frau, die er um ein Almosen anging, fragte ihn, wohin er denn reisen wolle. Iñigo zögerte mit der Antwort. Endlich sagte er nur, er wolle nach Rom fahren. Darauf antwortete die Frau: »Nach Rom wollen Sie reisen? Ich weiß nicht, wie diejenigen, die dorthin gehen, wiederkehren.« Damit wollte sie ausdrücken, bemerkt der Heilige, daß man für sein geistliches Leben in Rom wenig gewinne.

Der Grund, weshalb er nicht gern über seine Reisepläne sprach, war seine Angst vor Ruhmsucht. Diese Versuchung begleitete ihn während der ganzen Zeit. Er wagte auch nicht zu sagen, woher und aus welcher Familie er stammte. Das ist ein Zeichen dafür, daß seine Familie über das Baskenland hinaus bekannt war.

Nachdem Iñigo seinen Proviant zusammengebettelt hatte, begab er sich zum Hafen, um an Deck zu gehen. Als er zuvor in seiner Tasche noch einige »Weißpfennige« fand, legte er sie auf eine Sitzbank und bestieg das Schiff.

Auf dem Weg nach Rom

Um den 20. März schiffte sich Iñigo nach Gaëta ein. Bei starkem Rückenwind legte das Schiff die Strecke in fünf Tagen zurück trotz der Stürme, denen es standhalten mußte. An Land gab es für die Reisenden ein neues Problem: die Furcht vor der Pest, die jene Gegend bedrohte. Iñigo machte sich sogleich auf den Weg nach Rom. Von den Schiffsreisenden schloß sich ihm eine Frau mit zwei Kindern an, einem Knaben und einem als Junge verkleideten Mädchen. Sie übernachten in einer Herberge voller Soldaten. Diese gaben ihnen reichlich zu essen und zu trinken, »so daß es den Anschein hatte, als hegten sie die Absicht, sie betrunken zu machen«. Zum Schlafen wiesen sie die Frau und ihre Tochter in das obere Stockwerk und den Pilger mit dem Knaben in einen Stall. Gegen Mitternacht gellten laute Rufe der Frauen durch das Haus. Sie wehrten sich gegen Eindringlinge, die sie vergewaltigen wollten. Der Pilger eilte den Frauen zu Hilfe und schrie: »Kann man solches dulden?« Sein Auftreten war so wirkungsvoll, daß es die Angreifer einschüchterte und sie von ihrem Vorhaben abließen. Noch in der Nacht zog Iñigo mit den Frauen weiter; der Knabe war bereits geflohen.

Zu dritt erreichten sie eine Stadt in der Nähe, höchstwahrscheinlich Fondi. Ihre Tore waren jedoch verschlossen, und draußen wollte ihnen niemand Almosen geben. Nach einem Tag war der Pilger vor Schwäche und von den Mühen der Reise so erschöpft, daß er nicht mehr weiterkonnte. Am folgenden Tag hörte er, daß die Herrin der Stadt, Beatrice Appiani, Gemahlin des Vespasiano Colonna, erwartet werde. Es gelang ihm, sie anzusprechen und um Einlaß in die Stadt zu bitten. Nachdem er die Erlaubnis bekommen und ein paar Tage ausgeruht hatte, setzte er seine Reise fort und kam am Palmsonntag, dem 29. März, in Rom an. Sogleich beantragte er beim Papst die Erlaubnis für eine Pilgerfahrt zum Heiligen Grab und zu den anderen heiligen Stätten. Die Genehmigung trägt das Datum des 31. März 1523.

Die Karwoche, das Osterfest sowie die Osteroktav verbrachte Iñigo in der Ewigen Stadt. Am 13. oder 14. April brach er nach Venedig auf. Er wählte den Weg, der über Orvieto, Spoleto und Macerata ans Ufer der Adria führte. Dann wanderte er die Küste entlang über Pesaro, Rimini und Ravenna nach Comacchio und Chioggia südlich der Lagune von Venedig. Von dort aus hätte er nach Padua gemußt, um ein ärztliches Zeugnis einzuholen, ohne das man Venedig nicht betreten durfte. Mit anderen Reisenden begann er zwar den Weg dorthin, aber er konnte mit ihnen nicht Schritt halten, »weil sie sehr schnell marschierten. So ließen sie ihn mit Anbruch der Nacht auf einem großen Felde zurück.« Als er dort allein war, erschien ihm »Christus auf die gewohnte, oben geschilderte Weise und stärkte ihn gar sehr«. Es war eine ähnliche Erscheinung, wie er sie in Manresa gehabt hatte.

Danach ging alles gut. Während sich die Gefährten die Gesundheitszeugnisse fälschten, wurde der Pilger niemals danach gefragt, und er kam ohne ein Zeugnis nach Venedig. Als die Wachen das Boot bestiegen und kontrollierten, war er der einzige, den sie unbeachtet ließen.

In Venedig lebte Iñigo von Almosen. Er schlief unter den Arkaden, die den Markusplatz umsäumen. Eines Tages stieß ein reicher Spanier auf ihn; er fragte ihn, wohin er reise und zu welchem Zwecke. Als er von seinem Plan hörte, lud er ihn bis zur Abfahrt in sein Haus ein. Dort verhielt sich Iñigo ähnlich wie bereits in Manresa. Während der Mahlzeit sprach er selbst wenig, hörte aber auf das, was die anderen sagten, um es dann zum Anlaß nehmen zu können, von Gott zu reden. »War dann die Mahlzeit beendet, so fing er damit an.« Dieser »wohlhabende Mann« und seine Familie, die ihn beherbergten, wurden dem Pilger so zugetan, daß sie ihn nicht mehr fortgehen lassen wollten.

Auf der Pilgerfahrt ins Heilige Land

Seit ältesten Zeiten waren Pilgerfahrten ins Heilige Land eine fromme Gepflogenheit des christlichen Volkes. Im 15. und 16. Jahrhundert nahmen sie einen großen Aufschwung. Um die Wallfahrt antreten zu dürfen, benötigte man, wie schon gesagt, eine besondere Erlaubnis des Papstes, die er durch ein von ihm selbst oder einem bevollmächtigten Prälaten ausgestelltes Dokument gewährte. Alle Einzelheiten waren festgelegt: die Jahreszeit, das Pilgerkleid, die Kosten und die Herberge. Seit die Türken den Nahen Osten beherrschten, durfte die Signoria von Venedig jährlich eine einzige Pilgerreise organisieren. Von überallher sammelten sich die Pilger zu Pfingsten in Venedig und nahmen dort noch an der Fronleichnamsprozession teil. Sobald sie den Fuß auf palästinensischen Boden setzten, unterstanden sie der Gerichtsbarkeit der Franziskaner, denen seit 1342 die Obhut des Heiligen Landes anvertraut war. Die Franziskaner besorgten den Pilgern die Unterkunft und stellten ihnen ein Programm zusammen.

Über Iñigos Pilgerreise im Jahre 1523 sind wir dank der Tagebücher zweier seiner Reisegefährten gut unterrichtet; das waren Peter Füssly, ein Glocken- und Waffengießer aus Zürich, und Philipp Hagen, ein Straßburger Bürger. Letzterer begann seinen Bericht mit der Bemerkung, jeder, der das Heilige Land besuchen wolle, müsse sich mit drei Säcken versorgen: einen gut gefüllt mit Dukaten, Marcelli und Marchetti (venezianische Silbermünzen); den andern voll Geduld und den dritten voll Glauben. In der Tat erwies es die Erfahrung vieler Reisender, daß man auf einer Pilgerfahrt viel Geld für Fahrt, Lebensmittel, Übernachtung, Führer usw. ausgeben mußte. Aber noch notwendiger war die Geduld, um nicht nur die vielen Unannehmlichkeiten der Reise, sondern auch die Belästigungen durch Türken und Beduinen ertragen zu können. Und ohne einen sehr lebendigen Glauben wären alle diese Schwierigkeiten kaum zu ertragen gewesen. Iñigo verzichtete auf den ersten der drei Säcke, versorgte sich aber um so besser mit den beiden anderen. Er besaß kein Geld, um seine Fahrt zu bezahlen; und für seinen Lebensunterhalt blieb ihm nur die Hoffnung, die er auf Gott gesetzt hatte.

Gewöhnlich waren die Pilgergruppen sehr groß; aber im Jahr 1523 waren viele, die zur Abfahrt nach Venedig gekommen waren, wieder zurückgekehrt, als sie erfahren hatten, daß Rhodos ein Jahr zuvor in die Gewalt der Türken gefallen war. So fuhren nur 21 Pilger mit: vier Spanier, drei Schweizer, ein Tiroler, zwei Deutsche, elf Flamen bzw. Holländer. Iñigo erwähnt nur einen einzigen Namen, den des vornehmen Spaniers Diego Manes, Komtur des Johanniterordens, den ein Diener begleitete. Der andere Spanier war ein Priester, der vierte Iñigo.

Iñigos erste Sorge war, ein Schiff ausfindig zu machen, das ihn mitnähme, obwohl er kein Geld hatte, um die Fahrt zu bezahlen. Er wollte sein ganzes Vertrauen auf Gott setzen und deshalb nicht die Hilfe von Alonso Sánchez in Anspruch nehmen, des kaiserlichen Gesandten in Venedig.

Der gastfreundliche Spanier, der ihn in seinem Haus beherbergte, verschaffte ihm eine Audienz beim eben gewählten Dogen von Venedig, Andrea Gritti. Dieser hörte ihn wohlwollend an und befahl, ihn auf dem Schiff aufzunehmen, das Niccoló Dolfin, den neuen venezianischen Gesandten, nach Zypern bringen sollte. Das Schiff hieß Negrona, und auf ihm fuhren außer Iñigo noch sieben weitere Pilger. Die anderen dreizehn fanden im Pilgerschiff Platz, das früher auslief.

Bevor er sich einschiffte, widerfuhr ihm noch ein Unglück: Ihn befiel »eine schwere Fiebererkrankung. Nachdem ihm das Fieber einige Tage lang zugesetzt hatte, ließ es nach. Das Schiff sollte gerade an dem Tage abfahren, da er ein Abführmittel genommen hatte. Es fragten nun die Hausgenossen den Arzt, ob er sich nach Jerusalem einschiffen könne. Der Arzt erwiderte, wenn er sich dort begraben lassen wolle, könne er freilich an Bord gehen. Gleichwohl ging er aufs Schiff und fuhr am selben Tage ab. Er bekam dann ein so heftiges Erbrechen, daß er sich dadurch erleichtert fühlte und auch allmählich wieder vollkommen genas.«

Die Negrona stach am 14. Juli in See und legte nach einigem Ungemach am 14. August im zyprischen Hafen Famagusta an. In Zypern kamen die Pilger der Negrona mit dem Schiffsherrn des Pilgerschiffes überein, daß er sie um 20 Dukaten nach Jaffa brächte. Von Famagusta wanderten sie bis Salinas (heute Larnaca), wo das Pilgerschiff auslief. Iñigo nahm für seinen Unterhalt nichts mit »als das Vertrauen, das er zu Gott hatte, gerade so, wie er es beim anderen Schiff getan hatte«. Diese ganze Zeit, mitten unter viel Ungemach, »erschien ihm unser Herr sehr oft und schenkte ihm viel Trost und Kraft«. Von Larnaca segelte das Schiff am 19. August ab und kam am 25. in Jaffa an; aber die Pilger erhielten erst am 31. die Erlaubnis, an Land zu gehen. Auf Eseln reitend kamen sie nach Ramla, 20 km südöstlich von Jaffa. Dort übernachteten sie. Zwei Meilen vor Jerusalem forderte der Spanier Diego Manes alle auf, daß sie »ihr Gewissen vorbereiteten und stillschweigend weiterzögen«. Als sie die heilige Stadt erblickten, überkam sie große Freude, wie es allen Pilgern in diesem Moment geht. Iñigo schien diese Freude nicht mehr irdisch. Am Eingang der Stadt kamen ihnen die Franziskaner mit dem Vortragkreuz entgegen. Es war Freitag, der 4. September.

In der Heimat Jesu

Die Empfindungen Iñigos sind leicht zu erraten. Endlich war der Traum von Loyola verwirklicht, wo er sich bei der Lektüre des »Lebens Jesu« zu dieser Pilgerfahrt entschlossen hatte. Für ihn handelte es sich nicht um eine Wallfahrt, die mit der Rückkehr in die Heimat enden sollte, er hatte vielmehr vor zu bleiben.

Die Route, der die Pilger bei ihren Besuchen folgten, war die übliche. Am Morgen des 5. September hörten sie zuerst die Messe im Zionsbergkloster. In Prozession zogen sie dann mit brennenden Kerzen zum Abendmahlssaal, wo sie des Letzten Abendmahls und der Ankunft des Heiligen Geistes gedachten. Von dort gingen sie zur Kirche Mariä Heimgang. Nachmittags besuchten sie das Heilige Grab, wo sie die Nacht durchwachten und bei Tagesanbruch beichteten und die Kommunion empfingen. Um 6 Uhr morgens wurde die Kirche geschlossen, und die Reisenden hatten sich in ihrer Herberge zur Ruhe zu begeben. Am Nachmittag pilgerten sie den Kreuzweg mit den gut gekennzeichneten Stationen entlang. Er begann beim Turm von Antonia und führte bis zum Kalvarienberg und zum Heiligen Grab.

Den nächsten Tag, Montag, den 7., gingen sie nach Betanien und zum Ölberg. Den 8. und 9. September widmeten sie Betlehem. Am 10. und 11. durchwanderten sie das Tal Josafat und überquerten den Bach Kidron, um den Garten Getsemani zu besuchen. Die Nacht des 11. verbrachten sie wieder am Heiligen Grab. Der 12. und 13. waren Ruhetage, und am 14. brachen sie in Richtung Jericho und Jordan auf. Der Weg war schlecht und steinig. Im Jordan, dessen Fluten durch die Taufe des Erlösers geheiligt waren, wollten alle baden; aber die türkischen Führer trieben sie zur Eile an. So konnten einige nur Gesicht und Hände waschen. Auf dem Rückweg nach Jericho kamen sie am Berg des vierzigtägigen

Fastens vorüber; die Schweizer und die Spanier wollten hinaufsteigen, wo Jesus gefastet hatte und vom Teufel versucht worden war, aber die Führer ließen ihnen keine Zeit, so daß sie auf diese Andacht verzichten mußten.

Die Tage vom 16. bis zum 22. September verbrachten sie in Jericho. Iñigo benützte die Pause und bereitete den Plan vor, »in Jerusalem zu bleiben und immer wieder die heiligen Orte zu besuchen. Er hegte ferner den Vorsatz, neben dieser Andachtsübung auch den Seelen zu helfen.« Er begab sich zum Pater Guardian des Zionsbergklosters, um ihm sein Vorhaben zu eröffnen und ihm die mitgebrachten Empfehlungsschreiben vorzulegen. Der Guardian stellte ihm dar, welch große Not die Mönche litten. Darauf konnte Iñigo ohne langes Überlegen antworten, er würde von ihnen nichts erbitten, nur seine Beichte sollten sie von Zeit zu Zeit hören. Angesichts dieser Antwort zeigte sich der Guardian geneigter, aber er fügte hinzu, das letzte Wort habe der Provinzial, der gerade in Betlehem weile. Iñigo sah sich schon am Ziel seiner Wünsche. Während er die Ankunft des Provinzials abwartete, begann er, seinen Freunden in Barcelona Briefe zu schreiben. Wir wissen, daß er Inés Pascual geschrieben hat; aber leider ist uns dieser Brief nicht erhalten geblieben. Er hätte uns Einzelheiten über die Wallfahrt des Heiligen und seine innersten Gefühle während des Aufenthaltes in der Heimat Jesu erschlossen.

Die Antwort des Provinzials fiel anders aus als erwartet. Er habe darüber nachgedacht und glaube, seinem Wunsch nicht entsprechen zu dürfen. Die Erfahrung mit anderen Pilgern habe ihn zu dieser Entscheidung bewogen. Einige, die hatten bleiben wollen, seien in Gefangenschaft geraten; andere seien gestorben. Aber derlei Gefahren konnten einen so entschlossenen Mann wie Iñigo nicht einschüchtern. Der Provinzial zeigte sich jedoch trotz allen Drängens unerschütterlich. Er drohte, er könne ihn exkommunizieren, wenn er ohne Erlaubnis dableibe. Notfalls könne er ihm die Bulle zeigen, die ihn dazu ermächtigte. Da mußte Iñigo sich fügen, und er sah darin den Willen Gottes. Es blieb ihm nichts anderes übrig, als mit den übrigen Pilgern den Rückweg anzutreten.

Vor der Abreise wollte er den Ölberg noch einmal besuchen. Ohne jemandem etwas zu sagen und ohne einen Führer zu nehmen, »trennte er sich heimlich von den übrigen und begab sich allein auf den Ölberg. Die Wächter wollten ihn aber nicht eintreten lassen. Da schenkte er ihnen ein kleines Messer aus der Schreibbüchse, die er bei sich trug. Nachdem er dann sein Gebet unter großem Trost verrichtet hatte, kam ihm noch der Wunsch, nach Betfage zu gehen. Hier angelangt, fiel ihm wieder ein, daß er auf dem Ölberg nicht genau zugeschaut habe, auf welcher Seite der rechte Fuß und auf welcher Seite der linke war. Deshalb kehrte er dahin zurück und schenkte – glaube ich – den Wächtern seine Schere, auf daß sie ihn eintreten ließen.«

Als die Mönche seine Abwesenheit bemerkten, suchten sie ihn und schickten einen Diener aus. Als dieser Iñigo fand, bedrohte er ihn mit einem Stock, packte ihn wütend am Arm und brachte ihn zum Kloster zurück. Iñigo erinnerte sich an Jesus, »es schien ihm, als sehe er Christus immer über sich mitgehen. Und dies dauerte unter großem, überfließendem Trost ohne Unterbrechung an, bis sie das Kloster erreichten.«

Die Rückkehr nach Venedig und Barcelona

Am 23. September, etwa um 10 Uhr nachts, zogen die Pilger auf Seitenwegen, um nicht belästigt zu werden, nach Ramla. Dort kamen sie am nächsten Morgen um 11 Uhr an, hungrig und erschöpft von der Anstrengung und dem fehlenden Schlaf. Damit hörten die Mühsale noch nicht auf. Der Statthalter von Ramla forderte von jedem einen Dukaten und ein Kleidungsstück. Die Pilger mußten mehrere Tage dort verbringen, in einem ungesunden Klima, dessen Wirkung auf die Reisenden durch den Trinkwassermangel noch verschlimmert wurde, so daß einige erkrankten. Endlich gab ihnen der Statthalter den Befehl, am 1. Oktober abzureisen. Das Pilgerschiff lief am 3. Oktober in Jaffa aus. Der Schiffsherr hatte nicht genügend Proviant an Bord genommen, so daß das Essen knapp zu werden begann, zumal die Überfahrt wegen einer Windstille länger dauerte, als geplant war. Schon gab es einige Kranke auf dem Schiff, und einer davon starb. Am 14. endlich gingen sie in Larnaca von Bord.

Für die Pilger war es schwierig, ein Schiff für die Fahrt nach Venedig zu bekommen. Die Negrona war bereits vor etwa 10 Tagen ausgelaufen, ohne auf sie zu warten. Nun lagen noch drei Schiffe dort. Ein großes gehörte der Familie der Contarini, reichen venezianischen Reedern. Der Schiffsführer verlangte von jedem Passagier 15 Dukaten. Zwei Spanier, Diego Manes und sein Diener, nahmen an. Diego empfahl dem Schiffsführer, Iñigo kostenlos mitzunehmen, da er nicht zahlen könne, es jedoch verdiene, weil er ein Heiliger sei. Darauf bekam er die spöttische Antwort, wenn er ein Heiliger sei, möge er über das Meer schreiten, wie es der heilige Jakobus getan habe. Andere Pilger, darunter Füssly und die anderen Schweizer, fanden eine billigere Möglichkeit auf einem anderen Schiff, das Malipiera hieß. Wir wissen nicht, in welches Schiff Iñigo sich einschiffte. Er sagt bloß, daß es sich um ein kleines Schiff handelte, wahrscheinlich eine *marana* (oder *marano*), eine Art Barkasse, die für den Handel oder im Krieg verwendet wurde. Die Zeit bis zum Ende der Verhandlungen nutzten die Pilger, um die Insel kennenzulernen. So besuchten sie unter anderem die Franziskanerkirche in Nikosia. Das Schiff, auf dem Iñigo reiste, stach Anfang November in See, ebenfalls die anderen zwei, von denen Iñigo das eine als »das große« und das andere als das »Türkenschiff« bezeichnete. Sie liefen bei günstigem Wetter aus, aber nachmittags kam ein mächtiger Sturm auf, bei dem das große Schiff noch an der Küste von Zypern unterging; nur die Passagiere wurden gerettet. Das »Türkenschiff« jedoch versank mit seiner ganzen Besatzung und allen Passagieren. Das kleine Schiff dagegen, in dem Iñigo reiste, kam mit viel Mühe heil durch den Sturm; Ende Dezember legte es heil in einem Hafen Apuliens an. Jener Winter war streng, und es schneite. »Der Pilger trug an Kleidern nichts weiter als Beinkleider aus grobem Stoff, die aber nur bis zu den Knien reichten, während die Waden unbekleidet waren, ferner Schuhe und ein Wams aus schwarzem Stoff, das offen war und an den Schultern viele Schlitze hatte; außerdem trug er noch einen kurzen Rock mit etwas Pelzbesatz.«

Mitte Januar kamen sie in Venedig an. Dort traf ihn der Spanier, der ihn vor der Reise bei sich aufgenommen hatte. Dieser gab ihm 15 oder 16 Julier, nach Papst Julius II. benannte Geldstücke im Wert von einem Zehntel Dukaten, und ein Stück Tuch. Das Tuch faltete Iñigo mehrmals zusammen und legte es auf seinen Magen, um ihn bei der großen Kälte zu schützen. Es bestand kein Grund, den Aufenthalt in der Lagunen-Stadt zu verlängern, und Iñigo trat die Reise nach Genua an. Dort wollte er sich nach Barcelona einschiffen. Sein Weg ging durch die Gebiete von Venetien, Emilia, die Lombardei und Ligurien. In Ferrara legte er den ersten längeren Aufenthalt ein. Davon erzählt er folgende Begebenheit: Als er eines Tages in der Kathedrale war, um zu beten, kam ein Armer auf ihn zu. Er gab ihm einen Marchetto, eine Münze im Wert von wenigen Pfennigen. Nach diesem kam ein anderer, und dem gab er eine größere Münze. Es lief ein dritter herbei, und da er keine kleinere Münze mehr besaß, gab er ihm einen Julier. Die Prozession der Armen wurde immer länger, bis der Pilger ihnen sagen mußte, daß er nichts mehr hatte. Wieder erwies sich, daß ihm Geld nichts bedeutete und daß er seine Zukunft der Vorsehung anvertraute.

Auf seinem Weg durch die Lombardei mußte er durch die Feldlager der kaiserlichen und der französischen Truppen. Der Krieg um den Besitz der mailändischen Gebiete war in vollem Gange; im Jahr darauf sollte er zur Gefangennahme von König Franz I. in der Schlacht von Pavia führen. Spanische Soldaten rieten Iñigo, einen Umweg zu machen, um nicht auf kämpfende Truppen zu stoßen. Aber er befolgte ihren Rat nicht. Bei Sonnenuntergang kam er zu einem befestigten Dorf. Die Soldaten hielten ihn für einen Spion und unterwarfen ihn einem strengen Verhör. Als das ohne Ergebnis blieb, führten sie ihn zum Hauptmann. Bei dieser Gelegenheit ging es ihm ähnlich wie in Palästina. Als er von den Soldaten abgeführt wurde, war ihm gegenwärtig, wie Christus zu Beginn seines Leidens gefangengenommen wurde; doch handelte es sich nach seinen eigenen Worten nicht um eine eigentliche Vision. Als er vor dem Hauptmann stand, war er unsicher, ob er ihn mit »Euer Gnaden« anreden sollte. Aber das schien ihm eine Versuchung, und er entschied sich, ihm keinerlei Ehrenbezeugung zu erweisen, nicht einmal das Haupt zu entblößen. Auf die Fragen des Offiziers antwortete er nur mit knappen Worten zwischen langen Pausen. Der Hauptmann hielt ihn für verrückt und ließ ihn gehen. Glücklicherweise nahm ihn ein dort wohnender Spanier bei sich auf und bot ihm Abendessen und Unterkunft für die Nacht.

Am nächsten Tag setzte er seinen Weg fort, bis sich am Abend die Szene vom Vortag wiederholte, aber im französischen Lager. Diesmal hatte er mehr Glück, weil ihn der Hauptmann fragte, woher er sei; als er erfuhr, daß er aus Guipúzcoa stamme, behandelte er ihn gut und sagte, er sei fast ein Landsmann, denn er stammte aus der Nähe von Bayonne. Er befahl seinen Soldaten, ihn gut zu behandeln und ihm zu essen zu geben.

So kam er nach Genua. Dort traf er Rodrigo Portuondo, den Ribadeneira als »General der spanischen Galeeren« bezeichnete. Seine Aufgabe war jedoch, die Schiffe zu schützen, auf denen Truppen in den Hafen kamen. Als er Iñigo sah, entsann er sich seiner von ihrem gemeinsamen Aufenthalt am kastilischen Hof her. Er gab ihm jede Unterstützung zur Reise nach Barcelona, denn sie liefen Gefahr, Andrea Doria in die Hände zu fallen, der damals auf seiten des französischen Königs stand.

Als Student in Barcelona
(1524–1526)

Seitdem der Pilger erkannt hatte, es sei der Wille Gottes, daß er nicht in Jerusalem bleibe, dachte er beständig bei sich darüber nach, was nun zu tun sei. Schließlich neigte er immer mehr dahin, einige Zeit zu studieren, um sich den Seelen nützlich erweisen zu können, und darum entschloß er sich, nach Barcelona zu gehen.«

Der Pilger sah sich also zu einer wichtigen Entscheidung genötigt. Was sollte er tun, da sein Plan, im Heiligen Lande zu bleiben, gescheitert war? Während der langen Rückreise hatte er viel Zeit, darüber nachzudenken, und kam zu folgendem Entschluß: um sein neues Lebensziel, »den Seelen zu helfen«, verwirklichen zu können, glaubte er, trotz seiner 33 Jahre noch studieren zu müssen. Wie alle Studenten damals mußte er mit der Grammatikstufe beginnen und danach die »Artes«, d.h. die Philosophie, studieren. Nur soweit reichte zunächst sein Plan. Es ist aber nicht unbegründet, daß bei der Absicht zu studieren, »um den Seelen zu helfen«, die Berufung zum Priestertum schon eine Rolle spielte. Wann er diese Berufung zu verspüren begann, hat der Heilige nie mitgeteilt. Aber wahrscheinlich war es in diesen ersten Studienjahren.

Wo sollte er studieren? In Manresa hatte er sich mit einem Zisterziensermönch des Klosters San Pablo angefreundet. Ihn hielt er für den geeigneten Mann, ihm behilflich zu sein. Als ihm Isabel Roser anbot, für seine Auslagen aufzukommen, und der Bakkalaureus Jerónimo Ardévol sich bereit erklärte, ihm kostenlos Unterricht zu erteilen, antwortete er ihnen zunächst, er wolle lieber in Manresa studieren. So begab er sich in die Stadt am Cardoner; doch dort erfuhr er, jener Mönch sei gestorben. Nach Barcelona zurückgekehrt, nahm er das Angebot seiner Wohltäter an: Bei Inés Pascual fand er Unterkunft, Isabel Roser trug alle Kosten, und Jerónimo Ardévol war sein Lehrer. Die beiden ersten sind uns schon bekannt. Der Bakkalaureus Jerónimo Ardévol stammte aus dem kleinen Ort Fatarella in der Diözese Tortosa. Als Iñigo nach Barcelona kam, war er einer der Bakkalaurei, die an den Escuelas mayores, den höheren Schulen von Barcelona, Latein lehrten.

Wie stand es um die studentische Ausbildung in Barcelona? König Alfons V. von Aragón hatte 1450 die Einrichtung eines Studium generale in Barcelona erlaubt; noch im gleichen Jahr bestätigte Papst Nikolaus V. dieses Privileg. Dennoch besaß die Stadt bis 1533 kein Studium generale. Dagegen gab es die Escuelas mayores, die durch die Zusammenlegung der städtischen Schulen mit denen der Kathedrale entstanden waren. 1507 kam eine medizinische Lehranstalt hinzu, und 1508 erließ die Stadt eine Studienordnung, die bei der Ankunft von Ignatius noch gültig war.

In dieser Studienordnung werden u. a. auch die für den Lateinunterricht vorgeschriebenen Bücher aufgezählt. Daraus ist zu erkennen, daß Barcelona sich bereits von der mittelalterlichen Tradition gelöst hatte und daß sich die Ansichten des Neuhumanismus durchgesetzt hatten. Latein wurde nicht mehr nach dem »Doctrinale puerorum« von Alexandre de Villedieu gelehrt, nach dem drei Jahrhunderte lang die Studenten des westlichen Europa unterrichtet worden waren. Man lehrte nach den modernen »Introductiones in linguam latinam« des Antonio de Nebrija, die in Barcelona veröffentlicht worden waren. Die bevorzugten Textbücher waren die »Äneis« von Vergil, die »Disticha moralia« von Cato und der »Contemptus« von Bernard de Morlás. So begann Iñigo unter der Leitung seines Lehrers Jerónimo Ardévol, die Grundlagen der lateinischen Sprache nach den »Introductiones« von Nebrija zu lernen. Bald stellte sich ein Hindernis ein: Begann er die Deklinationen oder andere grammatische Regeln zu wiederholen, überkamen ihn große geistliche Erleuchtungen, die ihn am Studieren hinderten. Wie auch sonst bestand seine Abwehr in der Unterscheidung der Geister. Er erkannte, daß jene Eingebungen nicht von Gott kommen konnten, da sie ihn bei etwas so Wichtigem wie dem Studium störten. Er ging sogleich zu seinem Lehrer, der nahe der Kirche Sta. María del Mar wohnte, und bat ihn, mit in die Kirche zu kommen. Als beide in der Bank saßen, eröffnete er Ardévol, was mit ihm vorging, und fügte hinzu: »Ich verspreche Euch, daß ich in den folgenden zwei Jahren Euere Schule nicht versäumen werde, sofern ich nur in Barcelona Brot und Wasser zu meinem Unterhalt finden werde.« Dieses Versprechen, das er »mit großem Nachdruck« abgelegt hatte, bewirkte, daß die Versuchung aufhörte.

Gesundheitlich ging es ihm in Barcelona gut. Er litt nicht mehr an den Magenschmerzen, die ihn vorher geplagt hatten. Das bewog ihn, seine früheren Abtötungen wieder aufzunehmen. Er hatte sich zwar damit abgefunden, Schuhe zu tragen, und er legte sie auch nicht ab; aber er begann nun, Löcher in die Sohlen zu schneiden und sie allmählich so zu vergrößern, daß er bei Winteranbruch »nur mehr das obere Stück der Fußbekleidung trug«.

Der Vorsatz, sich ganz dem Studium zu widmen, konnte sein Verlangen, Gutes zu tun, nicht bremsen. Sein Apostolat bestand vor allem aus dem guten Beispiel; dazu kamen das geistliche Gespräch und Liebeswerke an Armen und Kranken. Dabei gewann er die Sympathie einiger der vornehmsten Damen der Stadt, die mit ihm geistliche Gespräche führen und ihm bei seinen Wohltätigkeitswerken helfen wollten.

Vermutlich fallen in diese Zeit Iñigos erste Versuche, die Exerzitien zu geben; und dadurch hat er wohl auch diejenigen gewonnen, die wir als seine »ersten drei Gefährten« bezeichnen könnten. Polanco erwähnt, »er habe damals angefangen, den Wunsch zu haben, einige Gefährten zu finden, die ihm in seinem Vorhaben folgten; denn er hatte den Plan gefaßt, die für ihn offenkundigen Mißstände im Dienst Gottes zu reformieren; diese Gefährten sollten also gleichsam Fanfaren Jesu Christi sein«. Diese drei Gefährten waren Calixto de Sa, Juan de Arteaga und Lope de Cáceres.

Der Eifer Iñigos erreichte auch die Nonnenklöster. Er war eifrig bemüht, in den Konventen zur so notwendigen Reform beizutragen. In Barcelona zeigten sich Schwierigkeiten schon während des ganzen 15. Jahrhunderts. Vom Hieronymitinnen-Kloster sagte man, seine Insassen glichen Damen und nicht Nonnen. Der wichtigste Streitpunkt war die bis zum Ärgernis gelockerte Klausur. Die Nonnen gingen nicht nur aus, sondern Weltleute, ihre Verwandten und Freunde, durchschritten mit großer Leichtigkeit die Klosterpforten. Von den acht Nonnenklöstern, die es damals in Barcelona gab, stand Iñigo, soweit uns bekannt ist, mit dreien in Verbindung: mit den Hieronymitinnen von St. Matthias, den Benediktinerinnen von der hl. Klara und den Dominikanerinnen Unserer Lieben Frau von den Engeln.[21]

Die Erasmianer

Es ist nicht anzunehmen, daß Iñigo schon damals Kontakt zu den Anhängern des Erasmus von Rotterdam hatte, die es in Barcelona bereits gab. In jenen Jahren, in denen theologische Fragen die Geister ganz Europas erhitzten, hatte eine Gruppe aus Barcelona Gelegenheit gehabt, die Reformideen des Erasmus kennenzulernen. Einige hohe Beamte des Obersten Rates von Aragón waren nämlich 1520 im Gefolge von Kaiser Karl V. erst nach Kastilien und dann nach Flandern und Deutschland gereist. Auch einige Kleriker der Stadt freundeten sich mit der Lehre des Erasmus an.

Ribadeneira behauptet, bereits in Barcelona sei Iñigo empfohlen worden, das »Enchiridion militis christiani« von Erasmus zu lesen. Das ist zwar denkbar, doch bei dieser Empfehlung wird das Gewicht wohl mehr auf dem literarischen Wert des Werkes als auf seinem gedanklichen Inhalt gelegen haben. In Alcalá hatte Iñigo dann mehr Gelegenheit, die Lehren des Erasmus kennenzulernen; dort war diese Bewegung geradezu Mode und hatte zahlreiche Anhänger.

Als Student in Alcalá und Salamanca (1526–1527)

Am Ende der zweiten Lateinklasse sagte ihm sein Lehrer, nun könne er die »Artes«, also Philosophie, studieren, und empfahl ihm, nach Alcalá zu gehen. Iñigo ließ sich, um sicher zu sein, noch von einem Doktor der Theologie prüfen; dieser gab ihm den gleichen Rat. Also begab sich der Pilger nach Alcalá.

Die Studien

Iñigo schreibt, »zu Alcalá studierte er ungefähr anderthalb Jahr«. Wie auch sonst dürften seine Zeitangaben nur annähernd zutreffen. Sein Aufenthalt in Alcalá kann nur von März 1526 bis höchstens Juni 1527 gedauert haben; möglicherweise müssen noch zwei oder drei Monate abgezogen werden.

Zum Bericht über seine Studien genügen ihm wenige Zeilen: »Hier studierte er die Dialektik des Soto (d.h. die ›Summulae‹ oder Logik von Domingo de Soto), die Physik des Albertus (die ›Physicorum libri VII‹ von Albertus Magnus) und den Sentenzenmeister (›Sententiarum libri IV‹ von Petrus Lombardus).« Da dieser Stoff in der von Kardinal Cisneros 1508 gegründeten Universität Alcalá gelesen wurde, ist anzunehmen, daß Iñigo tatsächlich an der Universität studiert hat. Dem steht aber die Aussage eines Zeugen in einem der dortigen Prozesse gegenüber, daß Iñigo und seine Gefährten unter der Leitung eines Lehrers, der ihnen Vorlesungen hielt, privat studierten. So oder so waren es jedenfalls einige Studien »ohne feste Grundlage«, wie der Heilige später selbst feststellt.

Mehr als dem Studium widmete er sich nämlich seiner apostolischen Tätigkeit. »Während seines Aufenthaltes in Alcalá übte sich der Pilger auch im Geben von geistlichen

Übungen und im Erklären der christlichen Lehre. Mit diesen Arbeiten erzielte er reiche Frucht zur Ehre Gottes.« Viele, die unter seiner Anleitung an sich selbst arbeiteten, machten große Fortschritte; andere litten unter lästigen Versuchungen, »wie z. B. eine, die sich geißeln wollte und dies nicht tun konnte, als ob ihre Hand festgehalten würde«. Wo Iñigo im Glauben unterwies, strömten viele Leute herbei.

Nach Ribadeneira war »der erste, auf den er stieß, ein Student aus Vitoria namens Martín de Olabe, von dem er das erste Almosen erhielt«. Dieser junge Vitorianer doktorierte 1544 in Paris. 1552 trat er in die Gesellschaft Jesu ein und war bis zu seinem Tode ein glänzender Lehrer der Theologie im Römischen Kolleg. Er starb 1556, siebzehn Tage nach dem hl. Ignatius.

Iñigo knüpfte Freundschaft mit zwei Priestern, die später ebenfalls in die Gesellschaft eintraten. Einer war der Navarrer Diego de Eguía aus Estella, »der im Hause seines Bruders, eines Buchdruckers in Alcalá, wohnte und der alles besaß, was zum Leben nötig ist«. Es war dies eben jener Miguel de Eguía, der 1526–1527 zwei Auflagen des »Enchiridion militis christiani« von Erasmus herausbrachte. Im selben Jahr 1526 verlegte er auch »Contemptus mundi« oder »Die Nachfolge Christi«, die Ignatius »Gersoncito« nannte.

Der andere Priester war der Portugiese Manuel Miona. Diesen wählte der Pilger als Beichtvater. Er war es, der dem Pilger die Lektüre des »Enchiridion« von Erasmus empfahl. Der Portugiese P. Gonçalves da Câmera, dem wir diese Angabe verdanken, fügt hinzu, daß der Heilige jenes Buch gar nicht erst lesen wollte, weil viele Prediger und andere Autoritäten es ablehnten; es gebe genügend Bücher, die frei von jedem Verdacht seien, und solche wolle er lesen. Als er feststellte, wie die Lektüre – wohl wegen der Kritik am religiösen Leben der Zeit – seinen Geist erkalten ließ, hörte er auf zu lesen. Ansonsten war man jedoch während dieser Jahre in Alcalá von Erasmus hochbegeistert. Ein entschiedener Förderer dieser Bewegung war der Erzbischof von Toledo, Alonso de Fonseca.

Eher als mit den Anhängern des Erasmus bekam es Iñigo jedoch mit einer anderen Gruppe zu tun, die mehr Verdacht erregte, und zwar mit den Alumbrados, den »Erleuchteten«. Sowohl wegen seiner sonderbaren Kleidung als auch wegen der Leute, die sich um ihn scharten, entstanden bald Gerüchte. Sie kamen den Inquisitoren von Toledo zu Ohren. Sein Wirt machte Iñigo darauf aufmerksam, daß er mit seinen Gefährten als »die ›Kittelmänner‹ und, ich glaube, auch als ›Alumbrados‹ « bezeichnet wurde. Diese Bemerkung ist besonders wichtig, wenn man bedenkt, daß die Inquisition erst im September 1525 achtundvierzig verdächtige Sätze der Alumbrados verurteilt hatte.

Die Prozesse

Damals begann die lange Reihe von Verhören und Prozessen, denen Iñigo bis kurz vor der Gründung der Gesellschaft unterworfen wurde. In einem Brief an Johann III. von Portugal zählt Iñigo 1545 im ganzen acht solcher Prozesse auf. Es begann damit, daß sich die Inquisitoren von Toledo, Miguel Carrasco und Alonso Mejía, zu keinem anderen Zweck nach Alcalá begaben, als um eine Untersuchung und einen Prozeß über die Lebensweise des Ignatius einzuleiten.[22] Am 19. November 1526 begannen sie mit der Vernehmung des Franziskaners Fernando Rubio, was er von »einigen jungen Leuten« wisse, »die in der Stadt umhergingen und hellbraune, bis zu den Füßen reichende Gewänder trügen; einige von ihnen gingen barfuß; und sie behaupteten, nach der Weise der Apostel zu leben.« Einer dieser »jungen Leute« war Iñigo, der damals schon fünfunddreißig Jahre alt war. Die anderen waren seine in Barcelona gewonnenen Gefährten: Arteaga, Cáceres und Sa. In Alcalá schloß sich ihnen noch ein junger Franzose namens Jean Reinalde an. Er war Page des Vizekönigs von Navarra, Martín de Córdoba. Wegen einer Verwundung hatte er sich ins Spital von der Barmherzigkeit begeben müssen, wo Iñigo untergebracht war. Er gewann Zuneigung zu ihm und entschloß sich, ihm zu folgen.

Ein ähnliches Verhör stellten die Inquisitoren mit Frau

Beatriz Ramírez sowie mit Julián Martínez, dem Leiter des Spitals von der Barmherzigkeit, und seiner Frau María an. Danach übergaben die Inquisitoren die Sache dem Vikar des Bischofs von Toledo in Alcalá, Herrn Juan Rodríguez de Figueroa. Später konnte Iñigo wahrheitsgemäß behaupten, daß er von der Inquisition nie verurteilt, ja nicht einmal verhört worden sei, höchstens von deren »Vikaren«.

Was an diesen »jungen Leuten« auffiel, war ihre Kleidung: lange, kittelförmige Gewänder aus hellbraunem, rauhem Stoff, »pardillo« genannt, dem billigsten, den es gab. Iñigo war derjenige, der barfuß ging. Sie wohnten in verschiedenen Häusern, Iñigo, wie bereits mehrfach erwähnt, im Spital von der Barmherzigkeit, dessen Leiter bezeugte, daß er dort Essen und Trinken, Bett und Licht erhielt.

Nach den ersten Untersuchungen ließ sie der Vikar Figueroa rufen und eröffnete ihnen, man habe Nachforschungen über sie angestellt und dabei nichts an ihrem Leben und ihrer Lehre zu rügen gefunden; sie könnten also fortfahren wie bisher. Doch da sie keine Ordensleute seien, sei es auch nicht angebracht, ein einheitliches Gewand zu tragen. Deshalb ordnete er an, daß Iñigo und Arteaga ihre Gewänder schwarz färben ließen, die anderen zwei rotbraun, während der kleine Jean gekleidet gehen könne wie bisher. Dieses Urteil wurde am 21. November ausgesprochen, und damit endete, was als der erste Prozeß bezeichnet wird.

Der zweite begann am 6. März des folgenden Jahres 1527 mit dem Verhör von Mencía de Benavente. Hier ging es nicht mehr um die Art der Kleidung, sondern um etwas Wichtigeres. Um mit Iñigo zusammenzutreffen, kamen Leute aller Stände zum Spital: verheiratete und ledige Frauen, ältere und jüngere Männer, Mönche und Studenten. Nach dem Protokoll zu urteilen, waren die Frauen in der Mehrheit. Einzeln oder in Gruppen bis zu zehn oder zwölf Personen belehrte sie Iñigo über geistliche Dinge. Er nannte das Geistliche Übungen oder Christenlehre. Wer die ignatianischen Exerzitien kennt, wird sich denken können, daß das, was Ignatius seinen Zuhörern predigte, eine Art leichter

Exerzitien war, wie er sie in der 18. Anmerkung des Exerzitienbuches beschreibt.

Im Verhör drückte es Mencía de Benavente so aus: »Und zu diesen Frauen hat er gesprochen, indem er ihnen die Todsünden (d. h. die Hauptsünden) und die fünf Sinne und die Seelenkräfte (Gedächtnis, Verstand, Wille) erläuterte, und er erklärte es sehr gut. Er erklärte es nach den Evangelien, mit dem hl. Paulus und anderen Heiligen. Er sagte, daß sie jeden Tag zweimal Gewissenserforschung vor einem Bild halten sollten, wobei sie sich erinnern sollten, worin sie gesündigt hätten; er riet ihnen, alle acht Tage zu beichten und ebensooft das Sakrament zu empfangen.« Ungefähr darauf lief die »Christenlehre« hinaus, wie Ignatius sie in Alcalá verstand.

In der Aussage von María de la Flor finden wir einen noch deutlicheren Hinweis auf die leichten Exerzitien oder auf das, was Iñigo den »Dienst für Gott« nannte. Iñigo sagte ihr, er müsse einen Monat lang mit ihr sprechen. Während dieser Zeit müsse sie wöchentlich beichten und kommunizieren. Zuerst werde sie sehr fröhlich sein und nicht wissen, woher ihr dies käme; die folgende Woche werde sie sehr traurig sein; aber er hoffe in Gott, daß sie davon viel Nutzen gewinnen werde. Er sagte, er müsse ihr die drei Seelenkräfte erläutern, und so erläuterte er sie; weiterhin welches Verdienst man in der Versuchung erlange und wie aus läßlicher Sünde eine schwere wird; auch die Zehn Gebote, die Todsünden (d. h. die Hauptsünden) und die fünf Sinne.

Was Iñigo bei seinen Zuhörern erreichen wollte, war, daß sie ihr Leben erneuerten; sie sollten ihren Fähigkeiten entsprechend nach der in den Exerzitien beschriebenen Art beten, ihr Gewissen erforschen, beichten und kommunizieren. Er erklärte ihnen auch diejenigen Regeln zur Unterscheidung der Geister, die vor allem in das Programm der ersten Woche gehören.

Daß diese Exerzitien solche Wirkung hatten, wird verständlicher, wenn man bedenkt, daß einige Teilnehmer ein schlechtes Leben geführt hatten. Wenn sie Iñigo zuhörten und seinen Empfehlungen folgten, war die Wirkung oft so heftig, daß sie ohnmächtig zu werden drohten. Dann beruhigte Iñigo sie. Nach den Regeln der Unterscheidung erklärte er ihnen, was vorging: Da sie sich entschlossen hätten, ihr Leben zu ändern und sich von ihren Sünden abzuwenden, sei es selbstverständlich, daß sie die Auflehnung der Natur verspürten. Aber er ermutigte sie zu widerstehen. Wenn sie durchhielten, sagte er, würden sie in zwei Monaten keine dieser Versuchungen mehr erleben.

Das Kommen und Gehen in Iñigos Haus und die Zusammenkünfte, die Geheimversammlungen glichen, mußten Aufmerksamkeit der kirchlichen Obrigkeit erregen. Besonderen Anstoß nahm man an »der Tatsache, daß eine verheiratete Dame von Stand eine besondere Verehrung für den Pilger an den Tag legte und daß sie, um nicht erkannt zu werden, in der Morgendämmerung in ein Tuch gehüllt – wie es in Alcalá de Henares Sitte war –, ins Hospital kam, dann beim Eintritt in dasselbe das Tuch abnahm und sich in das Zimmer des Pilgers begab. Aber weder dieses Mal geschah etwas gegen die Gefährten, noch lud man sie vor, als der Prozeß abgeschlossen war; auch ließ man ihnen keinerlei Mitteilung zukommen.«

Aber nach vier Monaten, als Iñigo das Spital verlassen und Unterkunft in einem Häuschen gefunden hatte, kam eines Tages der Gerichtsdiener, sagte: »Kommt ein wenig mit!« und brachte ihn ins Gefängnis. Das war am 18. oder 19. April, dem Donnerstag oder Freitag der Karwoche 1527. Das Gefängnis kann nicht sehr streng gewesen sein, denn der Gefangene konnte dort viele Besucher empfangen und »tat alles, wie wenn er in Freiheit wäre; er erklärte die christliche Lehre und gab Exerzitien«. Er wollte keinen Verteidiger oder Rechtsanwalt nehmen, obwohl sich viele anboten, unter anderen Doña Teresa de Cárdenas, Herrin von Torrijos, die »Närrin des Sakraments«, die ihn besuchen ließ und »ihm oftmals anbot, ihn von dort zu befreien«. Iñigo aber sagte stets: »Der, dem zuliebe ich hier hereinkam, wird mich auch befreien, wenn es ihm gefallen sollte.«

Den letzten Anlaß zur Einkerkerung hatten zwei Frauen

gegeben, Mutter und Tochter, die in Begleitung einer Magd aufgebrochen waren, um den Schleier der Veronika, der in Jaén aufbewahrt ist, und das Heiligtum Unserer Lieben Frau von Guadalupe zu besuchen. Der Vikar Figueroa vermutete, daß sie diese wahnwitzige Wallfahrt auf Iñigos Rat unternommen hätten.

Nach siebzehn Tagen Arrest, ohne daß Iñigo gewußt hätte, weshalb er eingesperrt war, kam Figueroa, um ihn zu verhören. Seine Frage war, ob er jene Frauen kenne. Iñigo antwortete ja. Ob er vor ihrer Abreise aus Alcalá von ihrem Plan gewußt habe? Darauf erklärte Iñigo, daß er nicht nur davon wußte, sondern daß sie selbst ihm von ihrem Vorhaben erzählt hätten, durch die Welt zu ziehen und den Armen in den Spitälern zu dienen; daß er jedoch immer versucht habe, sie von ihrem Vorsatz abzubringen, »im Hinblick auf das so junge Alter der Tochter«. Er habe noch hinzugefügt, daß sie die Armen auch in Alcalá besuchen könnten; »auch könnten sie das heiligste Sakrament zu den Kranken begleiten«. Daraufhin zog sich Figueroa mit seinem Vikar, der das Verhör aufgezeichnet hatte, zurück.

Calixto war damals in Segovia und genas von einer schweren Krankheit. Als er erfuhr, daß Iñigo eingesperrt war, begab er sich nach Alcalá und wollte aus freiem Entschluß auch im Gefängnis bleiben. Aber Iñigo bewog ihn, unterstützt von einem befreundeten Arzt, der Calixto auf seinen Gesundheitszustand hinwies, das Gefängnis wieder zu verlassen.

Ehe Iñigo entlassen werden konnte, mußte die Rückkehr der zwei Frauen nach Alcalá abgewartet werden. Dann stellte sich heraus, daß Iñigo die Wahrheit gesagt hatte. Ein Notar kam ins Gefängnis, las dem Pilger das abschließende Urteil vor und ließ ihn frei. Das war am 1. Juni 1527.

Das Urteil

Das Urteil bestand aus zwei Teilen. Der erste war eine Bestätigung des am 11. November des Vorjahres gefällten Spruches, der sich auf die Kleidung Iñigos und seiner Gefährten bezog. Er befahl allerdings nicht mehr nur, daß sie die Kleidung einfärbten, sondern auch, daß sie die für Studenten übliche trugen. Der Pilger antwortete, Kleider zu färben sei ihnen möglich, aber um neue zu kaufen, fehle ihnen das Geld. Daraufhin besorgte ihnen der Vikar selbst die Kleider und alles übrige, was die Studenten in Alcalá zu tragen pflegten.

Zum zweiten befahl ihnen das Urteil, nicht weiter über Glaubensdinge zu sprechen, ehe sie nicht vier Jahre studiert hätten. Iñigo selbst gab zu, daß er bisher nur wenig studiert habe; »übrigens war dies stets das erste, was er selbst hervorzuheben pflegte, wenn man ihn prüfte«.

Nachdem er zweiundvierzig Tage im Gefängnis gesessen hatte, stellte sich ihm erneut die Frage nach seiner Zukunft. Er konnte sich nicht mit dem Gedanken abfinden, daß ihm die Möglichkeit genommen sei, »den Seelen nützlich zu sein«, und das nur deshalb, weil er nicht studiert hatte. So entschloß er sich, gegen dieses Urteil beim Erzbischof von Toledo, Alonso de Fonseca, Einspruch zu erheben. Als er erfuhr, daß sich Alonso gerade in Valladolid aufhielt, begab er sich dorthin. Er versprach ihm, daß er, auch wenn er sich nicht mehr in seinem Jurisdiktionsbezirk befände, befolgen wolle, was er ihm rate. Der Erzbischof nahm ihn wohlwollend auf, und als er erfuhr, daß Iñigo beabsichtigte, sein Studium in Salamanca fortzusetzen, verwies ihn der Bischof an seine dortigen Freunde und an ein von ihm gegründetes Kolleg, das seinen Namen trug. Er bot ihm jegliche Hilfe an und schenkte ihm zum Abschied vier Escudos.

Anfang Juli 1527 kam Iñigo in Salamanca an. Seine vier Gefährten waren ihm bereits vorausgezogen. Wenn er in Alcalá wenig studieren konnte, so kam er in Salamanca noch weniger dazu. Schon zwölf Tage nach seiner Ankunft sah er sich wieder in Verhöre verwickelt. Den Anlaß dazu hatte er wohl selbst gegeben. Er wählte nämlich einen Dominikanerpater des Klosters San Esteban als Beichtvater. Sein Auftauchen im Kloster weckte das Interesse der Patres, und sie wollten gern mit ihm sprechen. Der Beichtvater sagte es ihm und lud ihn für den nächsten Sonntag zum Essen in den Konvent ein. Iñigo nahm an, und am festgesetzten Tag ging er in Calixtos Begleitung zum Kloster. Nach dem Essen führte ihn der Subprior, P. Nicolás de Santo Toás, der dem Kloster in Abwesenheit des Priors, P. Diego de San Pedro, vorstand, zusammen mit seinem Beichtvater und vielleicht noch einem anderen Pater in eine Kapelle. Die Dominikaner hätten viel Gutes über seine Lebensweise und seine Gefährten gehört. Sie hätten erfahren, »daß sie nach Apostelart predigend umherzögen«. Aber was hätten sie studiert? Iñigo antwortete freimütig, von allen habe er selbst noch am meisten studiert, aber auch er längst nicht genug. Von da an verlief das Gespräch nach Iñigos eigenen Aussagen folgendermaßen: »Was ist es denn also, was ihr predigt?« – »Wir predigen«, antwortete der Pilger, »überhaupt nicht, sondern wir reden nur mit einigen in vertrauter Weise über göttliche Dinge, so zum Beispiel mit einigen Leuten nach dem Essen, die uns eingeladen haben.« – »Aber«, so fragte der Mönch, »über welche göttlichen Dinge redet ihr denn? Denn das gerade möchten wir wissen. « – »Wir reden«, versetzte der Pilger, »bald über diese Tugend, bald über jene, und dabei suchen wir sie auch zu empfehlen; bald über dieses oder jenes Laster, und zugleich tadeln wir es.« – »Ihr seid keine studierten Leute«, sagte der Mönch, »und doch redet ihr über Tugenden und Laster; darüber kann man doch nur auf eine dieser beiden Arten reden: entweder auf Grund der Wissenschaft oder in Kraft des Heiligen Geistes. Nun in euerem Falle nicht auf Grund der Wissenschaft, also nur in Kraft des Heiligen Geistes. Und das, was da vom Heiligen Geiste ist, das wollen wir wissen.« Hier wurde der Pilger stutzig; diese Art zu argumentieren gefiel ihm nicht. Und nachdem er eine Weile geschwiegen hatte, sagte er, es sei wohl nicht nötig, länger über diese Dinge zu reden. Doch der Mönch beharrte darauf: »Also zu einer Zeit, wo so viele Irrtümer eines Erasmus und so mancher anderer, die die Welt betrogen haben, in Umlauf sind, willst du nicht näher erklären, was du lehrst?«

Die Anspielung auf Erasmus konnte nicht aktueller sein.

Gerade in jenen Tagen, vom 27. Juni bis zum 13. August 1527, wurde in Valladolid eine Theologenkonferenz abgehalten, die vom Großinquisitor, Don Alonso Manrique, dem Erzbischof von Sevilla, einberufen worden war. Dort sollte über einige Sätze diskutiert werden, die man aus den Werken des Erasmus zusammengestellt hatte. Dabei erwiesen sich die Dominikaner und die Franziskaner als die erbittertsten Gegner des Humanisten. Der Pilger konnte jene, die ihn verhören wollten, nicht als dazu befugt anerkennen und antwortete: »Pater, ich werde dem Gesagten kein weiteres Wort hinzufügen, es sei denn vor meinen Vorgesetzten, die mich dazu verpflichten können.«

Da ihm der Subprior kein weiteres Wort mehr abringen konnte, verfügte er, daß Iñigo und Calixto in der Kapelle zu bleiben hätten. Dort waren sie, bei verschlossenen Türen, praktisch gefangen. Inzwischen gingen die Mönche zu den Richtern, um sich mit ihnen zu besprechen. Iñigo und Calixto blieben drei Tage im Kloster, sie aßen mit den Mönchen im Speisesaal; und fast immer war ihr Zimmer voll, denn viele wollten sie sehen und mit ihnen reden. Der Pilger sprach, wie er es immer getan hatte, und einige Mönche ergriffen für ihn Partei, so daß sich der Konvent in zwei Lager spaltete.

Nach drei Tagen kam ein Notar, der ihnen mitteilte, sie müßten ins Gefängnis gehen. Dort steckte man sie nicht zu den anderen Gefangenen, sondern in eine schmutzige und verwahrloste Dachkammer. Man fesselte beide an die gleiche Kette. Als am nächsten Tag ihre Verhaftung in der Stadt bekannt wurde, bekamen sie alles Notwendige von ihren Anhängern geschickt. Da die Besucher Zugang zur Zelle hatten, konnte Iñigo »mit seiner Tätigkeit« fortfahren, »nämlich über Gott zu sprechen usw.«

Der Bakkalaureus Sancho de Frías kam, um die beiden Gefangenen zu verhören. Er rief sie einzeln zu sich, und »der Pilger gab ihm alle seine Papiere, auf denen die Exerzitien geschrieben standen, damit man sie prüfe«.

Es ist dies das erste Mal, daß Iñigo von seinen geschriebenen Exerzitien spricht. Frías erkundigte sich, ob sie noch andere Gefährten hätten. Als sie das bejahten und deren

Aufenthaltsort angaben, wurden auch Lope de Cáceres und Juan de Arteaga ins Gefängnis gebracht. Juanico, so wurde der kleine Jean Reinalde genannt, ließen sie in Freiheit. Die zwei anderen Gefährten steckten sie zu den gewöhnlichen Gefangenen.

Einige Tage später wurde Iñigo vor vier Richter gerufen: Alonso Gómez de Paradinas, Hernán Rodriguez de San Isidor und Francisco Frías, dazu der Bakkalaureus Sancho de Frías. »Alle hatten bereits die Exerzitien durchgesehen.« Sie befragten Iñigo nicht nur über die Exerzitien, sondern auch über theologische Themen wie die Dreifaltigkeit und die Sakramente. Der Pilger antwortete so, daß sie ihm nichts vorwerfen konnten; der Bakkalaureus Frías, der sich als eifrigster von allen erwies, stellte eine Frage aus dem kirchlichen Recht. Iñigo antwortete, wie er es für richtig hielt, schränkte aber zuvor ein, daß er die Meinung der Gelehrten zu diesem Thema nicht kenne.

Sie kamen auch auf einen Gegenstand, für den Iñigo gut vorbereitet war: wie er das erste Gebot erkläre. Seine Antwort war so ausführlich, daß die Richter keine Lust mehr hatten weiterzufragen.

Bei den Exerzitien beschränkten sie sich auf einen einzigen Punkt, auf den sie sich fixierten: wie er erkläre, wann ein Gedanke Todsünde und wann er läßliche Sünde sei. Ihr Zweifel war immer der gleiche: Wenn er nicht Theologie studiert habe, wie konnte er sich unterstehen, so schwierige Themen zu erklären? Der Heilige antwortete sehr einfach. An ihnen sei es nun, ein Urteil abzugeben. Wenn etwas von dem, was er sage, falsch sei, sollten sie es zurückweisen. Aber »schließlich gingen sie von dannen, ohne etwas verurteilt zu haben«.

In die Tage der Gefangenschaft fällt ein Ereignis, das uns zeigt, wie Iñigo die Wahrheiten der Exerzitien lebte. Einer seiner Besucher war Francisco de Mendoza y Bobadilla, der später Bischof von Coria wurde, danach Kardinal und Erzbischof von Burgos. Dieser fragte ihn, wie es ihm in der Gefangenschaft gehe und ob es ihm schwerfalle, gefangen zu sein. Iñigo antwortete ihm: »Ich muß dasselbe antworten, was ich heute einer vornehmen Dame erwiderte, die einige Worte des Mitleids an mich richtete, da sie mich gefangen sah. Ich sagte ihr: ›Hiermit zeigt Ihr, daß Ihr nicht danach verlangt, aus Liebe zu Gott in Gefangenschaft zu geraten. Scheint Euch denn das Gefängnis ein so großes Übel zu sein? Dann versichere ich Euch: In ganz Salamanca gibt es nicht so viel Fußfesseln und Handschellen, daß ich nicht aus Liebe zu Gott noch nach mehr verlange.‹ «

Bald danach hatte er Gelegenheit zu beweisen, daß das keine leeren Worte waren. Als es eines Tages allen Gefangenen gelang, aus dem Gefängnis zu fliehen, blieben Iñigo und seine Gefährten als einzige zurück. Der Eindruck, den diese Tatsache in der Stadt machte, ist kaum zu beschreiben. »Infolgedessen wies man ihnen sofort einen Palast, der gleich nebenan lag, als Gefängnis an.«

Nach zweiundzwanzig Tagen teilten die Richter den Gefangenen den Urteilsspruch mit: Man habe in ihrer Lebensführung und in ihren Lehren nichts zu beanstanden gefunden, doch sollten sie nicht mehr entscheiden, was eine Todsünde oder eine läßliche sei, bevor sie nicht vier Jahre studiert hätten. Das heißt, der in Alcalá gefällte Urteilsspruch wurde wiederholt. Zwar gaben die Richter Iñigo Zeichen ihrer Sympathie, als sie das Urteil verkündeten, aber dadurch ließ er sich nicht beirren. Er erklärte, er werde alles tun, was sie ihm befahlen; das Urteil selbst aber erkenne er nicht an, weil es ihm, ohne daß an ihm etwas Tadelnswertes gefunden worden wäre, den Mund verschließe und ihn hindere, seinen Nächsten Gutes zu tun. Und obgleich Dr. Frías »ein großes Wohlwollen zur Schau trug«, blieb er dabei, daß er zwar alles tun werde, was sie ihm befahlen, solange er sich im Jurisdiktionsgebiet von Salamanca befände, nachher aber nicht.

Danach wurde er aus dem Gefängnis entlassen. Er wollte aber nicht mehr in Salamanca bleiben, wo man ihn hinderte, »den Seelen nützlich zu sein«, wo er den Unterschied zwischen Todsünde und läßlicher Sünde nicht mehr lehren durfte. »So entschied er sich denn, nach Paris zu ziehen, um hier seine Studien fortzusetzen.«

Studienjahre in Paris
(1528–1535)

Iñigo befand sich wieder auf einem Scheideweg. Ging er auch zur Fortsetzung seines Studiums nach Paris, so blieb seine Zukunft doch offen. Seit seinem Entschluß, in Barcelona zu studieren, war sein Problem: Wie intensiv sollte er das Studium betreiben? Was sollte er danach beginnen? Er sah zwei Möglichkeiten: entweder in einen Orden eintreten oder »so durch die Welt ziehen«. Die Entscheidung verschob er auf später. Wenn er Ordensmann würde, wollte er lieber in einen heruntergekommenen und wenig reformierten Orden eintreten, und zwar aus zwei Gründen: Er würde dort mehr Gelegenheit haben, für Christus zu leiden, und er könnte seinen Ordensbrüdern mehr helfen. »Dabei flößte ihm Gott ein großes Vertrauen ein, er werde alle Schmähungen und Unbilden, die man ihm antun werde, leicht ertragen.«

Bei der Entscheidung für Paris als Studienort spielten zwei Gesichtspunkte eine Rolle: erstens, daß er sich dem Studium würde ernsthaft zuwenden können; da er nämlich kein Französisch konnte, würde er weniger Gelegenheit haben, mit anderen über geistliche Dinge zu reden; und zweitens nahm er an, andere Studenten dieser berühmten Universität gewinnen zu können, seinem Weg zu folgen. In Paris studierten viele Spanier und Portugiesen. Eines ist sicher: Ignatius wollte nicht den Irrtum wiederholen, das Studium mit apostolischen Werken zu verbinden. Auch später wird ihm diese Erfahrung von Nutzen sein, wenn er die Konstitutionen für die Gesellschaft ausarbeiten wird: Er wird verlangen, daß die Studenten des Jesuitenordens sich voll dem Studium widmen, weil dieses »in gewisser Weise den ganzen Menschen fordert«.

Noch in einem anderen Punkt fällt eine völlige Umstellung seines Verhaltens auf. Während in Manresa, Barcelona und

Alcalá seine apostolische Tätigkeit sich vorzüglich an eine weibliche Zuhörerschaft richtete, die wohl zugänglicher und leichter zu beeinflussen war, werden in Paris seine Gesprächspartner Universitätsstudenten sein.

Etwa fünfzehn bis zwanzig Tage nach seiner Entlassung aus dem Gefängnis in Salamanca machte er sich auf den Weg nach Barcelona »und nahm nur einige Bücher auf einem kleinen Esel mit sich«. In Barcelona lebten Wohltäter, von denen er hoffte, die erforderliche materielle Hilfe zur Ausführung seines Planes zu bekommen. Er fand seine Freunde auch bereit, ihm zu helfen; aber sie zeigten sich besorgt wegen der Reise, da zwischen Frankreich und Spanien Krieg herrschte. Es hieß, die Franzosen würden »die Spanier an Bratspieße« stecken. Wenn man aber Iñigos eisernen Willen kennt, kann man sich vorstellen, daß ihn diese Einwände nicht beeindruckten. Als darum die Zeit kam, machte er sich allein und zu Fuß auf den Weg von Barcelona nach Paris. Am 2. Februar 1528 traf er dort ein. Iñigo war damals 37 Jahre alt. Trotz seines Alters wollte er ein ernsthaftes Studium beginnen. Er hatte eingesehen, daß er die Studien in Barcelona, Alcalá und Salamanca nicht gründlich genug betrieben hatte. Also entschloß er sich, sie zu wiederholen und zunächst eineinhalb Jahre dem Lateinstudium zu widmen; und so »studierte er jetzt zusammen mit den Knaben. Dabei befolgte er die Ordnung und die Art und Weise, wie sie zu Paris gebräuchlich sind.« Er hat also an sich selbst den »modus parisiensis« erfahren, den er später als Modell für die Kollegien der Gesellschaft vorschreiben wird.

Seiner eigenen Ansicht kamen die offiziellen Anforderungen der Universität von Paris entgegen, wo kein Student Zutritt zum philosophischen Studium erhielt, der nicht in einem vorherigen Examen die nötigen Lateinkenntnisse nachgewiesen hatte.

Für seinen ersten Studienabschnitt wählt Iñigo das Kolleg de Montaigu. Von Gil Aycelin de Montaigu in der Mitte des 14. Jahrhunderts gegründet, war es am Ende des 15. Jahrhunderts von Jan Standonck wiedererrichtet worden. 1509 hatte ihm Noël Beda (Bédier), ein erbitterter Feind von

Erasmus, neue Statuten gegeben. Ihm folgte Pierre Tempête (1514 bis 1528); drei Tage nach der Ankunft des Ignatius, am 5. Februar 1528, übernahm Jean Hégon die Leitung des Kollegs und behielt sie bis zu seinem Tod im Jahre 1546.

Alles im Kolleg de Montaigu mutete altertümlich an, was ihm die Satiren von Erasmus und Rabelais eintrug. Selbst der Studienplan von 1509 schien veralteter als der nach den Statuten von 1508 in Barcelona geltende. Den Lateinunterricht beherrschte das »Doctrinale puerorum« von Alexandre de Villedieu, das man in Barcelona durch die »Introductiones« von Nebrija ersetzt hatte. Die »Disticha moralia« von Cato und die »Ars minor« von Donatus waren gemeinsamer Lehrstoff an allen europäischen Hochschulen.

Iñigo schrieb sich in Montaigu als »Martinet«, d. h. als externer Student, ein. Sich Unterkunft zu suchen, bereitete ihm diesmal keine Schwierigkeit; Freunde aus Barcelona hatten ihm nämlich einen auf 25 Escudos lautenden Geldbrief gegeben, den ihm ein Kaufmann auszahlte.

In dieser Pension wohnten noch andere spanische Studenten. In seiner gewohnten Geringschätzung des Geldes vertraute Iñigo jene Summe einem seiner Gefährten an. Aber dieser brachte sie in kurzer Zeit durch. So stand Iñigo plötzlich auf der Straße und sah sich gezwungen, von Almosen zu leben. Im Hospiz Saint Jacques, das für die Pilger nach Compostela bestimmt war, fand er eine Übernachtungsmöglichkeit. Das Hospiz lag bei der heutigen Nr. 133 der Rue Saint-Denis, kurz hinter der Kirche und dem Friedhof Saints Innocents. Der größte Nachteil war die Entfernung vom Kolleg Montaigu. Um vom Hospiz, das auf der rechten Seite der Seine lag, zum Kolleg auf der linken Seite zu kommen, brauchte er eine halbe Stunde. Zudem öffnete das Hospiz seine Tore nicht vor dem Morgengrauen, während die Vorlesungen im Kolleg um fünf Uhr begannen. So versäumte Iñigo einen Teil des Unterrichts am Morgen, und abends mußte er vor dem Angelus zurück sein, wodurch er auch Stunden des Nachmittagsunterrichts verlor. Da er sich seinen Unterhalt noch erbetteln mußte, blieb ihm wenig Zeit zum Studieren. Als er erfuhr, daß einige Studenten ihrer

Notlage dadurch abhalfen, daß sie Dienste bei einem Kollegsleiter oder einem Professor annahmen, entschloß er sich ebenfalls zu dieser Lösung. Ohne mit Schwierigkeiten zu rechnen, stellte Iñigo in Gedanken schon einen ganzen Plan auf: In der Person seines Herrn wollte er Jesus Christus sehen und in den Schülern jeweils einen Apostel. Einer davon würde für ihn der hl. Petrus sein, ein anderer der hl. Johannes usw. Aber soviel er auch einen solchen Herrn suchte, er fand keinen, nicht einmal mit den Empfehlungen des Bakkalaureus Juan de Castro und eines Kartäusers, der viele Lehrer kannte.

Da Iñigo keinen anderen Weg fand, folgte er dem Rat eines spanischen Mönchs, der ihm empfohlen hatte, jedes Jahr nach Flandern zu gehen. Dort würde er in Brügge oder Antwerpen spanische Kaufleute antreffen, die ihm gewiß hülfen und genug Geld gäben, von dem er während des Studienjahres leben könnte.

Dreimal unternahm er diese Reise: das erste Mal in der Fastenzeit 1529; das zweite Mal August/September 1530 und das dritte Mal zur gleichen Zeit des Jahres 1531. Dieses letzte Mal kam er bis London und kehrte mit mehr Geld nach Paris zurück als die vorhergegangenen Male. Dank der Freigebigkeit seiner Wohltäter konnte er nicht nur das Jahr hindurch davon leben, sondern auch noch Geld erübrigen, mit dem er anderen armen Studenten half.

Auf der ersten dieser Reisen traf er in Brügge den berühmten Luis Vives, der ihn zu Tische lud. Es war, wie gesagt, Fastenzeit, und das Essen mußte aus Fisch bestehen. Das gab Anlaß zu einer etwas skeptischen Bemerkung des Humanisten aus Valencia. Nach seiner Meinung sei es nicht klug von der Kirche gewesen, als Buße die Enthaltung von Fleischspeisen vorzuschreiben, da auch Fischgerichte wirkliche Leckerbissen sein können. Iñigos Antwort darauf lautete: »Ihr und die anderen, die die Mittel dazu haben, könnt euch sehr feine Fischspeisen leisten, aber das trifft für die meisten Menschen nicht zu.« P. Polanco, der diese Geschichte erzählt, weist ausdrücklich darauf hin, daß man in Flandern sehr guten und sehr wohlschmeckend zubereiteten

Fisch zu essen pflegte. Wir wissen nicht, wie Vives reagierte, aber nach dem Zeugnis von Dr. Pedro de Maluenda sagte er später über Ignatius: »Dieser Mann ist ein Heiliger, und er wird einmal einen Orden gründen.«

Nach der Rückkehr von dieser ersten Reise nahm Iñigo seine religiösen Gespräche verstärkt wieder auf; zwischen Mai und Juni 1529 gab er drei spanischen Studenten die Exerzitien. Es handelte sich dabei um Juan de Castro, Pedro de Peralta und Amador de Elduayen. Diese Exerzitien veränderten den Lebensstil der drei Studenten, ohne daß einer sich entschlossen hätte, Iñigo ständig nachzufolgen.

Im September desselben Jahres 1529 bekam Iñigo einen Brief des Spaniers, der ihm seinerzeit das Geld durchgebracht hatte. Er schrieb ihm, er sei auf dem Rückweg nach Spanien in Rouen erkrankt. Er war ein Mensch in Not, und das war für Ignatius Grund genug, sich für ihn einzusetzen; zugleich hoffte er noch immer, ihn für sich zu gewinnen. Am liebsten hätte er die 28 Meilen von Paris nach Rouen sogleich barfuß und ohne Speise und Trank zurückgelegt. Doch dann kamen ihm Bedenken; als er aber in der Kirche St. Dominique darüber nachdachte, entschloß er sich erneut dazu. Am nächsten Morgen überfiel ihn so große Angst, daß er sich kaum ankleiden konnte. Dennoch ließ er sich von seinem Vorhaben nicht abbringen und machte sich auf den Weg, immer begleitet von jenem Angstgefühl, bis er nach Argenteuil kam. Da verließ ihn die Angst, und er wurde so innig getröstet, daß er auf dem Weg durch die Felder mit lauter Stimme zu Gott sprach. In Rouen angekommen, tröstete er den Kranken und half ihm, daß er die begonnene Reise nach Spanien fortsetzen konnte. Er gab ihm auch Briefe an seine Gefährten mit, die er dort zurückgelassen hatte.

Als Iñigo nach Paris zurückkam, fand er sich einer ausgesprochen feindseligen Stimmung unter den akademischen Lehrern gegenüber; der Grund dafür war die veränderte Lebensweise jener drei, die bei ihm die Exerzitien gemacht hatten. Iñigos Tätgkeit sei subversiv, er versuche, die Studenten von ernster Arbeit abzulenken. Am meisten waren der Leiter des St.-Barbara-Kollegs, wo Amador de Elduayen studierte, und der Theologe Dr. Pedro Ortiz aus Toledo empört, der ein Verwandter von Pedro de Peralta war. Gouveia vom St.-Barbara-Kolleg drohte damit, Iñigo mit dem sogenannten »Saal« zu bestrafen, sobald er das Kolleg beträte. Diese Strafe bestand in einer Tracht Peitschenhiebe, die der Betreffende mit entblößtem Oberkörper von den Professoren im Beisein der versammelten Studenten in einem Schulsaal verabreicht bekam.

Als Iñigo erfuhr, daß man ihn suchte, stellte er sich von selber dem Inquisitor von Paris, dem Dominikaner Matthieu Ory, und bat ihn, er möge seinen Fall mit Eile behandeln, weil der Tag des hl. Remigius, der 1. Oktober, nahe und er dann seinen Philosophiekurs beginnen müsse. Der Inquisitor bestätigte, daß tatsächlich Klagen bei ihm eingelaufen seien, doch beabsichtige er keinerlei Strafmaßnahmen gegen ihn. Der Sturm legte sich, und Iñigo begann das Studium im St.-Barbara-Kolleg. Er belegte bei Magister Juan Peña aus der Diözese Sigüenza einen Philosophiekurs.

Philosophie im Sankt-Barbara-Kolleg

Das Sankt-Barbara-Kolleg steht noch heute in der Rue Valette, Nr. 4. Dort trug sich Ignatius als »Portionniste« ein. »Portionniste« zu sein bedeutete, von einem Zimmer einen Teil zu mieten, d. h. es mit anderen zu teilen und gemeinsam zu zahlen. Iñigo hatte als Zimmergefährten seinen Magister Juan Peña und noch zwei andere, die ihm enge Gefährten werden sollten; den Savoyarden Pierre Favre (Petrus Faber) und Francisco de Javier (Franz Xaver) aus Navarra. Im Auftrag von Peña wiederholte Faber mit dem Neuangekommenen die Themen der Vorlesungen.

Iñigos Bekehrungseifer wurde durch den festen Vorsatz eingedämmt, ernsthaft zu studieren. Dennoch bemühte er sich, daß seine drei Gefährten, die er in Salamanca zurückgelassen hatte, zu ihm nach Paris kämen. Wir erwähnten bereits, daß er bei seinem Besuch in Rouen einem Spanier Briefe an sie mitgegeben hatte. Darin schrieb er ihnen, wie sehr er wünsche, sie bei sich zu haben, aber auch, daß es schwer sein werde, für ihre Ausgaben aufzukommen. Bei dem Portugiesen Calixto de Sa war es leichter, weil der König von Portugal für Portugiesen, die in Paris studieren wollten, fünfzig Studienplätze bezahlte. Iñigo konnte durch Vermittlung der vornehmen Portugiesin Leonor Mascarenhas ein solches Stipendium für Calixto bekommen. Leonor war eine Hofdame der Kaiserin Isabel, der Gemahlin Karls V. Außerdem besorgte sie ihm auch ein Maultier für die Reise nach Paris. Doch Calixto hatte sich inzwischen anders entschieden. Seine Zukunft gestaltete sich verworren: Iñigo schreibt in seiner Autobiographie nur, daß er mit einer »frommen Frau« nach Amerika ging, nach Spanien zurückkehrte und sich wieder nach Mexiko begab. Von dort sei er reich nach Salamanca zurückgekommen, zum Staunen aller, die ihn früher gekannt hatten.[23]

Lope de Cáceres kehrte nach Segovia, seiner Heimatstadt, zurück und legte ein Verhalten an den Tag, als habe er alle seine früheren Vorsätze vergessen.

Außer mit Calixto de Sa, Lope de Cáceres und Juan de Arteaga arbeitete Iñigo noch mit anderen Studenten. Er bewog sie, sonntags im Kartäuserkonvent zusammenzukommen, wo sie freundschaftliche, geistliche Gespräche führen und auch beichten und kommunizieren konnten. Aber diese sonntäglichen Zusammenkünfte überschnitten sich mit den für die scholastischen Disputationen angesetzten Zeiten, bei denen eine stets wachsende Zahl von Teilnehmern fehlte. Magister Peña wandte sich an Iñigo als den dafür Verantwortlichen. Als er keinen Erfolg bemerkte, ging er zum Leiter des Sankt-Barbara-Kollegs. Dieser entschied, dem Schuldigen die Strafe aufzuerlegen, mit der ihm schon zu Beginn der Studien gedroht worden war, den »Saal«. Iñigo berichtet in seiner Autobiographie davon nichts; aber wir wissen durch Ribadeneira davon, der mitteilt, er habe 1542 in Paris davon gehört.

Als Iñigo das Strafurteil mitgeteilt wurde, überlegte er gründlich, wie er darauf reagieren sollte. Weder der Schmerz der Peitschenhiebe noch die Demütigung bedeuteten ihm etwas, der bereit war, für Christus alles zu leiden. Aber er fürchtete, diese schwere Zurechtweisung könne für die Studenten Anlaß zum Ärgernis werden. Er stellte sich also bei Dr. Gouveia vor und erklärte ihm offen sein Problem. Der Leiter des Kollegs, ein strenger, aber gleichzeitig tief frommer Mann, überzeugte sich von der Aufrichtigkeit der Einwände. Und als der Augenblick der Ausführung der Strafe gekommen war, warf er sich zur großen Überraschung der Anwesenden vor Iñigo auf die Knie und bat ihn um Verzeihung.

Die freundschaftlichen Beziehungen, die seitdem zwischen Gouveia und Iñigo bestanden, erklären, warum der Leiter des St.-Barbara-Kollegs 1538 König Johann III. riet, einige von Iñigos Gefährten als Missionare nach Indien senden zu lassen.

In Zukunft konnte Iñigo seine sonntäglichen Einkehrtage mit den Studenten weiterführen, und die Disputationen wurden auf eine andere Zeit verlegt. Diese apostolischen Tätigkeiten behinderten jedoch das Studium der Philosophie nicht, worin Iñigo seine Hauptaufgabe sah. Allerdings gesellte sich zu den äußeren Schwierigkeiten die gleiche innere Beunruhigung, die er schon in Barcelona erfahren hatte. Wenn er sich dem Studium widmen wollte, kamen ihm geistliche Erleuchtungen und Tröstungen. Dank seiner großen Erfahrung in der Unterscheidung der Geister war es ihm nicht schwer, die Künste des bösen Geistes zu entlarven. Seine Gegenmaßnahme war die gleiche wie in Barcelona. Er ging zu seinem Magister und versprach ihm, bei den Vorlesungen niemals zu fehlen, solange er auch nur Brot und Wasser zu seinem Unterhalt finde. Die Einschränkung, die er sich bei seinem apostolischen Wirken auferlegte, hatte zur Folge, daß er dessentwegen nicht mehr behelligt wurde. Dr. Jerónimo Frago aus Aragón stellte dies mit Verwunderung fest, und Iñigo selbst gab ihm die Erklärung: »Der Grund ist, weil ich mit keinem über göttliche Dinge spreche. Aber nach Beendigung des Kurses wollen wir schon wieder zu unserer Gewohnheit zurückkehren.«

Die Studenten der »Artes«, der Philosophie also, hatten

drei Kurse zu absolvieren. Nach dem jeweiligen Stoff der einzelnen Kurse wurden sie Summulisten, Logiker oder Physiker genannt. In den beiden ersten Kursen lernten sie durch das Studium der exakten Logik, methodisch zu denken, Ideen mit Genauigkeit zu formulieren und sie gegen Einwände des Gesprächspartners zu verteidigen. Die Lehrbücher für den ersten Kurs waren die »Summulae« von Petrus Hispanus mit ihren verschiedenen Kommentaren. Magister Juan Peña jedoch bezog sich in seinen Erklärungen unmittelbar auf das »Organon« des Aristoteles, und wenn er Schwierigkeiten bei der Textauslegung hatte, wandte er sich an Petrus Faber, der Griechisch konnte.

Im zweiten Kurs kam die aristotelische Logik an die Reihe. Unter den Kommentaren, die hinzugezogen wurden, bevorzugte Peña den des Juan de Celaya. Die Hauptübung bestand in Disputationen, die sich über den ganzen Tag hin erstrecken konnten. Am Ende des zweiten Kurses wurde der Student zum Examen in den sogenannten »Determinationes« zugelassen und konnte damit das Bakkalaureat erlangen. Dieser Titel wurde in den Schulen der Rue de Fouarre (Strohstraße) verliehen. Die Straße war nach dem Stroh so benannt, das auf dem Boden zum Sitzen für die Studenten ausgebreitet war. Iñigo wurde 1532 Bakkalaureus.

Der dritte Kurs war dem Studium der Physik, Metaphysik und Ethik von Aristoteles vorbehalten. Am Ende stand das Examen zur Erlangung des Lizentiats. Dieses Examen bestand aus zwei Teilen: einem leichteren öffentlichen und einem schwereren, der vor vier Prüfern in der Privatwohnung des Kanzlers von Notre Dame oder in der Abtei Ste. Geneviève abgehalten wurde; dabei stellte jede der vier »Nationen«, zu denen die Studenten der Universitäten gehörten, einen Prüfer. Die Spanier waren der »veneranda natio Gallicana« zugeordnet. In der Reihenfolge der Zensuren, mit denen sie die erste Prüfung bestanden hatten, wurden sie zur zweiten aufgerufen. Iñigo erhielt unter etwa einhundert Prüflingen die Nummer dreißig. Für die zweite Prüfung wurden die Studenten in Gruppen zu je sechzehn eingeteilt; Iñigo war also schon in der zweiten Gruppe. Wir wissen, daß er mit seiner Gruppe in der Abtei Ste. Geneviève geprüft wurde. Am Ende der Prüfungen bestimmte der Kanzler das Datum, an dem in einem feierlichen Akt der Lizentiatentitel verliehen werden sollte. Für Ignatius wurde der 13. März 1532 bestimmt (das Jahr wurde von Ostern an gerechnet; nach heutiger Rechnung müßte es 1533 heißen). Vom Konvent der Mathuriner (Trinitarier) in der Rue Saint-Jacques zogen die Kandidaten in Prozession zur Abtei Ste. Geneviève. Dort sprach der Kanzler feierlich die Formel, mit der den Kandidaten die Befähigung zuerkannt wurde, in Paris und überall in der Welt zu lehren, zu disputieren und Thesen aufzustellen.

Das Lizentiat brachte nicht geringe Auslagen mit sich, denn der Neugraduierte hatte nicht nur die akademischen Gebühren zu bezahlen, sondern mußte auch Lehrer und Mitstudenten zu einem Festmahl einladen. Iñigo ging dabei das Geld aus, und er mußte die Freigebigkeit seiner Freunde in Barcelona in Anspruch nehmen.

Noch teurer war der Titel eines Magisters der Philosophie, der dem Doktor gleichkam. Iñigo verschob das Verfahren deshalb ein ganzes Jahr lang. Petrus Faber brauchte sechs Jahre, wogegen Franz Xaver den Magistergrad wenige Tage nach seinem Lizentiat erlangte.

Der Titel eines »Magister Artium« wurde mit großer Feierlichkeit in der Aula der »Natio Gallicana« verliehen, die ebenfalls in der Rue de Fouarre lag. Zunächst hatte der Kandidat eine Antrittsvorlesung, »inceptio« (Anfang), zu halten. Darauf fragte der Vorsitzende die anwesenden Professoren, ob sie der Verleihung des Biretts an den Kandidaten zustimmten. Nun hielt der Magister des Kandidaten, des »incipiens«, eine Ansprache, dann setzte man dem neuen Magister ein Birett mit vier Ecken auf als Zeichen des neuen Grades. Damit gehörte er zum Lehrkörper der Universität und hatte das Recht, in jedem Kolleg von Paris das Amt eines »Regenten« oder Professors anzunehmen.

In der folgenden Versammlung, die im Konvent der Trinitarier stattfand, übergab der Sekretär der Fakultät dem neuen Magister das Magisterdiplom auf Pergament mit dem Siegel der Universität. Die Urkunde, die dem »Magister Ignatius von Loyola aus der Diözese Pamplona« überreicht wurde, ist erhalten geblieben. Sie trägt das Datum des 14. März 1534, was dem gleichen Datum des Jahres 1535 heutiger Zählung entspricht. Seitdem durfte er »Magister Ignatius« genannt werden, und dies wurde die übliche Anrede.

Die Freunde im Herrn

Bereits in Paris bildeten die Gefährten, die später mit Ignatius die Gesellschaft Jesu gründen würden, eine feste Gemeinschaft. Sie hatten sich dazu entschlossen, nachdem sie unter seiner Leitung die Geistlichen Übungen gemacht hatten. Nur Franz Xaver konnte wegen seiner Vorlesungen als Professor im Kolleg Dormans-Beauvais die Exerzitien erst nach dem Gelübde von Montmartre machen, das die Gruppe am 15. August 1534 ablegte.

Der erste ständige Anhänger des Ignatius war Petrus Faber, im Dorf Villaret in Savoyen am 13. April 1506 geboren. Schon im Frühjahr 1531 dachte er daran, dem Weg seines Kollegsgefährten von Sankt Barbara zu folgen. Im Herbst 1533 reiste er nach Hause, um seinen Vater und Verwandte zu besuchen und Familienangelegenheiten zu ordnen. Nach Paris zurückgekehrt, machte er Anfang des Jahres 1534 einen Monat lang die Exerzitien. Er zog sich dafür in ein Haus im Vorort Saint-Jacques zurück, wo Ignatius ihn öfter besuchte. Die Kälte war so groß, daß die Seine zufror und man mit Wagen auf ihr fahren konnte. Aber anstatt seine Zelle zu heizen, schlief der Exerzitant auf den Holzscheiten, die er zum Heizen erhalten hatte. Dieser Bußübung fügte er das Fasten hinzu. Er verbrachte sechs Tage, ohne einen Bissen zu essen. Als Ignatius es bemerkte, befahl er ihm, von dieser extremen Buße abzulassen, Feuer zu machen und Nahrung zu sich zu nehmen. Petrus Faber entschied sich, Priester zu werden und so Gott ganz zu dienen. Diese Entscheidung machte all seiner Unsicherheit über die Zukunft ein Ende, unter der er sehr gelitten hatte. Die Unruhe seiner Seele wich einer Fülle von Licht und Freude. Am 30. Mai jenes

Jahres 1534 empfing er die Priesterweihe, und am 22. Juli, dem Fest der hl. Maria Magdalena, feierte er seine erste Messe.

Der Portugiese Simon Rodrigues aus Vouzela in der Diözese Vizeu und der Navarrer Franz Xaver entschlossen sich 1533, mit Ignatius zusammenzuarbeiten. Franz Xaver zu gewinnen war schwer gewesen. Wie einst Iñigo, so hoffte auch er auf eine glänzende Zukunft in dieser Welt. Den Vorstellungen seines Studiengefährten aus Loyola setzte er lange Zeit hartnäckigen Widerstand entgegen; aber nach und nach vollzog sich eine Veränderung in seiner Seele, und zuletzt siegte die Gnade der Berufung. Nachdem jedoch die Entscheidung einmal gefallen war, mußten ihn die Freunde mit Mühe noch dazu überreden, den Unterricht des laufenden Schuljahres im Kolleg Dormans-Beauvais zu Ende zu führen, wo er 1530 nach der Verleihung des Magistertitels in Philosophie eine Stelle als Professor erhalten hatte.

Nach und nach kamen andere Gefährten dazu. Nach Petrus Faber machten Diego Laínez aus Almazán bei Soria und Alfonso Salmerón aus Toledo die Exerzitien. Beide kamen von der Universität Alcalá; von dort waren sie nach Paris gegangen, um ihre Studien fortzusetzen. Vermutlich hatte sie auch der Wunsch bewegt, Ignatius kennenzulernen, über den sie in Alcalá viel Gutes gehört hatten.

Bald danach stieß der Kastilier Nicolás Alonso aus Bobadilla del Camino in der Diözese Palencia zu ihnen. Er wurde immer Bobadilla, nach dem Namen seines Heimatortes, genannt. In Alcalá und Valladolid hatte er Philosophie und Theologie studiert, als er sich 1533 entschloß, nach Paris zu gehen. Dort erfuhr er, daß ein baskischer Student, Iñigo, einigen Studenten materielle Hilfe leistete. Dank seiner Unterstützung erhielt Bobadilla eine Stelle als Professor im Kolleg Calvi. Aber er blieb nicht lange in diesem Amt. 1534, nachdem er die Exerzitien absolviert hatte, entschloß er sich, alles für Christus zu verlassen und sich der Gruppe um Ignatius anzuschließen.

Mit Bobadilla waren es außer Ignatius sechs Männer, die sich, wie einer von ihnen, Diego Laínez, schreibt, »im Gebet entschlossen hatten, unserem Herrn zu dienen und alles in der Welt zu verlassen«. Der Wunsch, Gott zu dienen, durchzieht wie ein Leitmotiv die Berichte von der Berufung der ersten Gefährten. Es besteht kein Zweifel, daß Ignatius ihnen diese Vorstellung in den Exerzitien nahegelegt hat. Seit dieser Anfangsentscheidung bildeten sie eine feste Gruppe von »Freunden im Herrn«, wie Ignatius selbst 1537 sie in einem Brief an seinen Freund Juan Verdolay in Barcelona nannte. Sie stärkten sich in ihren Vorsätzen durch das Gebet, durch den Empfang der Sakramente, der Beichte und der Kommunion und durch das Studium der Theologie selbst, das ihnen half, tiefer in die Erkenntnis Gottes einzudringen.

Das Gelübde vom Montmartre: 15. August 1534

Selbstverständlich sprachen die »Freunde im Herrn« häufig über ihre Zukunftsvorstellungen. Dabei reifte in ihnen der Plan, der ihr künftiges Leben bestimmen sollte: Sie wollten sich für das Wohl der Nächsten in einem Leben strenger Armut einsetzen und damit Jesus Christus nachfolgen. Vor allem wollten sie eine Wallfahrt nach Jerusalem antreten. Dazu würden sie sich alle in Venedig zusammenfinden, dem einzig möglichen Hafen für die Abreise. Sollte nach einem Jahr Wartezeit sich die Pilgerfahrt als unausführbar erweisen, wollten sie sich dem Papst vorstellen, damit er sie dorthin sende, wohin es ihm am besten schiene. Das ist in großen Zügen der Inhalt des Gelübdes, das Iñigo und seine ersten Gefährten am Tag Mariä Himmelfahrt, dem 15. August 1534, in einer Kapelle auf dem Montmartre-Hügel ablegten. Diese Kapelle war der Muttergottes geweiht; sie stand auf dem »Berg der Märtyrer«, wo der hl. Dionysius und seine Gefährten für Christus ihr Leben gegeben hatten.

An diesem Festtag feierte Petrus Faber, der einzige Priester der Gruppe, die hl. Messe. Vor der Kommunion wandte er sich den Gefährten zu, um ihr Gelübde entgegenzunehmen; dann teilte er ihnen die Kommunion aus. Danach legte auch er das Gelübde ab und kommunizierte. Wir kennen den

Wortlaut dieses Gelübdes nicht mehr. Um den Inhalt kennenzulernen, müssen wir auf das Zeugnis derer zurückgreifen, die das Gelübde abgelegt haben, und auf das ihrer Zeitgenossen. Die aufmerksame Lektüre der ältesten uns erhaltenen Berichte läßt uns jedoch nicht nur die Grundintention dieses Gelübdes, sondern auch alle Einzelheiten erfassen, die wir bereits genannt haben.

Ein Punkt blieb noch näher zu bestimmen: Sollten sie nach ihrer Ankunft in Jerusalem für immer dortbleiben oder zurückkehren? Die Vermutung liegt nahe, daß Ignatius zur ersten Lösung neigte. Das war ja, wie wir uns erinnern, sein fester Vorsatz bei der Pilgerreise 1523 gewesen. Aber sei es, daß sie in diesem Punkt keine Übereinstimmung erreichten oder daß die Wallfahrt selbst noch zu ungewiß schien, sie ließen jedenfalls die Entscheidung offen, bis sie in Jerusalem wären.

In ihrem Gelübde war das Leben in Keuschheit nicht ausdrücklich genannt, aber sie waren offenbar alle entschlossen, es zu halten. Für sich selbst allein hatten mindestens Ignatius und Faber das Gelübde der Keuschheit bereits abgelegt. Vor ihrer Priesterweihe 1537 legten es dann alle ab.

Man kann in diesem Gelübde eine Fortsetzung des Programms sehen, das sich Ignatius seit seiner Bekehrung in Loyola und seit den Erleuchtungen in Manresa aufgestellt hatte. Aus Loyola stammte der Vorsatz, nach Jerusalem zu gehen, um in dem Land zu leben, das durch Leben und Sterben Jesu geheiligt war. Aus Manresa kam die ausgesprochen apostolische Ausrichtung, die er gemeinsam mit Gefährten in strengster Armut verwirklichen wollte. Neu in diesem Gelübde ist die Erwähnung des Papstes, und zwar als Vikar Christi und dessen Stellvertreter auf Erden. Sollten sie ihr Leben nicht im Lande Jesu einsetzen können, würden sie sich ihm zur Verfügung stellen, der auf Erden die Stelle Christi einnimmt.

Dadurch wurde grundgelegt, was später einmal das vierte Gelübde sein sollte, das die Professen der Gesellschaft ablegen: der besondere Gehorsam gegenüber dem Papst ihre »Aussendungen« betreffend. Dieses Gelübde ist nach der

Formulierung des seligen Petrus Faber geradezu das »Fundament der ganzen Gesellschaft« und »deren deutlichste Berufung«. Der Montmartre ist jedoch nicht der Ursprung der Gesellschaft Jesu. Als Ignatius und seine Gefährten das Gelübde ablegten, hatten sie noch nicht die Absicht, einen neuen religiösen Orden zu gründen. Sie hatten dort noch nicht einmal entschieden, ob der Zusammenhalt der Gruppe von Dauer sein sollte oder nicht. Fest steht jedoch, daß sie damals den Grund für das legten, was einmal die Gesellschaft Jesu sein würde. Das 1534 abgelegte Gelübde wurde in den beiden folgenden Jahren, jeweils am Fest Mariä Himmelfahrt, erneuert. Daran nahm Ignatius allerdings nicht teil, da er, wie schon erwähnt, in seine Heimat zurückgekehrt war. Dafür hatten sich den ersten sechs Gefährten noch weitere drei angeschlossen: Claude Jay aus Savoyen und die Franzosen Jean Codure und Paschase Broët. Mit Ignatius waren sie zusammen zehn, die im Jahre 1539 die Gesellschaft Jesu gründeten.

Der Theologiestudent: 1533–1535

Nachdem Ignatius das dreijährige Philosophiestudium beendet hatte, begann er, Theologie zu studieren, was er in Paris nicht zu Ende bringen konnte. Er wollte keinen Doktortitel der Theologie erwerben, wofür zwölf Jahre Studium verlangt wurden, nicht einmal das Bakkalaureat, wofür fünf oder sechs Jahre gefordert wurden. Als er Paris bereits verlassen hatte, wurde ihm unter dem Datum vom 14. Oktober 1536 ein Diplom der Theologischen Fakultät nachgesandt, in dem bestätigt wurde, daß Ignatius von Loyola, Magister der Philosophie, anderthalb Jahre Theologie studiert habe. Die Zeitangabe »anderthalb Jahre« hatte protokollarische Bedeutung; wir finden sie wiederholt in den Diplomen anderer Studenten, die oft viel länger studiert hatten. Doch bei Ignatius war es tatsächlich die Zeit, die er in Paris mit dem Studium der Theologie verbracht hatte.

Sein Studium bestand darin, daß er die Vorlesungen im Dominikanerkonvent Saint-Jacques und im Kloster der

»cordeliers« oder Franziskaner besuchte, das nicht weit entfernt lag. Zu den Vorlesungen mußte er die Bibel mitbringen sowie den Kommentar zum Sentenzenbuch des Petrus Lombardus. Unter seinen Professoren ragten der Dominikaner Jean Benoît heraus, der großes Ansehen genoß, und der Franziskaner Pierre de Cornes (de Cornibus).

Iñigos theologische Ausbildung war in erster Linie thomistisch. Später wird er in den Ordenssatzungen bestimmen, daß die Studenten der Gesellschaft »in der scholastischen Lehre des hl. Thomas« unterwiesen werden sollten sowie in der positiven Theologie; dabei seien jene Autoren heranzuziehen, »die unserem Ziel am besten entsprechen«.

Über den Erfolg von Iñigos theologischen Studien wiederholt P. Nadal die allgemeine Feststellung, die er bereits über die philosophischen getroffen hatte: Iñigo habe »sie mit großer Sorgfalt« betrieben. Er schreibt: »Und nach der Philosophie studierte er auch mit großer Sorgfalt die heilige Theologie nach der Lehre des hl. Thomas; er ging eine Zeitlang die meisten Tage schon vor dem Morgengrauen zum Dominikanerkloster, um die Vorlesung zu hören, die zu dieser Stunde eigens für die Mönche gehalten wurde.« P. Laínez gibt folgendes allgemeine Urteil über den Studenten Ignatius: »Wenngleich er in seinen Studien wohl mehr Hindernisse zu überwinden hatte als andere zu seiner Zeit, war er so eifrig oder, ceteris paribus, noch eifriger als seine Mitstudenten. Er hatte befriedigenden Erfolg in der Wissenschaft; dies erwies sich im öffentlichen Examen und bereits während des Kurses in Gesprächen mit den Mitstudenten.« Der Ausdruck »befriedigend« bedeutet hier »mit gutem Erfolg«. Das geht daraus hervor, daß Laínez diesen Ausdruck auch für sich selbst und andere Gefährten gebraucht, unter denen es sehr gute Theologen gab.

Zur Beharrlichkeit des Ignatius kamen seine intellektuellen Gaben, die ihm erlaubten, auf theologische Fragestellungen mit solchem Sachverstand zu antworten, daß er sogar bei denen Aufmerksamkeit erregte, die mehr als er studiert hatten. Nach P. Nadal »sagte ein Doktor, eine hervorragende Persönlichkeit, bewundernd über unseren Vater, er habe noch niemanden gesehen, der mit solcher Souveränität und Vollmacht über theologische Dinge sprach«. Und Polanco sagt: »Und mit Dr. Marcial (Mazurier) passierte folgendes Erstaunliche: Als Iñigo noch nicht einmal Bakkalaureus der Philosophie war, wollte er ihn zum Doktor der Theologie machen; er sagte, da er selbst als Doktor von ihm belehrt werde, sei es nur gerecht, daß er den gleichen Titel erhalte. Und er nahm Verhandlungen über eine solche Promotion auf.«

Die theologischen Studien hatten natürlich Einfluß auf das Exerzitienbuch. Es finden sich darin einige Texte wie die Betrachtung von den Menschenarten und die ganze Reihe der Betrachtungen über das Leben Jesu am Ende des Buches, die aus dieser Pariser Zeit zu stammen scheinen. Auch hat Ignatius jetzt wohl den gesamten Text noch einmal durchgesehen.

Der Pariser Zeit entstammt die elfte Regel des Abschnitts »Für das wahre Gespür, das wir in der streitenden Kirche haben müssen«: »Denn wie es den positiven Lehrern, wie dem heiligen Hieronymus, dem heiligen Augustinus und dem heiligen Gregor usw. mehr eigen ist, das Verlangen zu bewegen, um in allem Gott, unseren Herrn, zu lieben und ihm zu dienen, so ist es den scholastischen Lehrern, wie dem heiligen Thomas, dem heiligen Bonaventura und dem Sentenzenmeister usw. mehr eigen, in den zum ewigen Leben notwendigen Dingen zu definieren oder für unsere Zeiten zu erläutern, und um alle Irrtümer und alle Trugschlüsse mehr zu bekämpfen und zu erläutern.« Die Worte »oder für unsere Zeiten zu erläutern« sind ein späterer eigenhändiger Zusatz des Heiligen, was seinen Wunsch belegt, auf die aktuellen Bedürfnisse der Kirche einzugehen.

Der Inquisitor Liévin und die »Exerzitien«

Die Exerzitien erlangten eine förmliche Anerkennung durch den Inquisitor von Paris, den Dominikaner Valentin Liévin. Gerade als Ignatius nach Spanien abreisen wollte, hörte er, daß Gerüchte über ihn umliefen, wahrscheinlich wegen der Exerzitien. Da er nicht vorgeladen wurde, er aber andererseits Paris bald verlassen wollte, begab er sich freiwillig zum Inquisitor. Er bat ihn, in seinem Fall ein Urteil zu verkünden; denn er wolle kein schwebendes Verfahren hinterlassen. Der Inquisitor bestätigte, daß gegen ihn Klagen eingelaufen seien. Er habe aber keinerlei Maßnahmen getroffen, weil er die Sache für bedeutungslos halte; allerdings wolle er »die Schriften über die Exerzitien sehen«. Ignatius gab sie ihm, und nachdem der Inquisitor sie gelesen hatte, lobte er sie sehr und bat um eine Kopie. Wir müssen anehmen, daß Ignatius diesem Wunsch entsprach; aber jene Kopie der Exerzitien ist nicht erhalten geblieben. Wenn wir sie besäßen und auch den Text, den Ignatius den Richtern in Salamanca übergeben hatte, wären alle Unklarheiten über den Entwicklungsprozeß der Exerzitien beseitigt. Wir wüßten dann im einzelnen, welche Form sie in Salamanca hatten und was Ignatius in Paris an ihnen veränderte.

Mit der nur mündlichen Anerkennung durch den Inquisitor war Ignatius nicht zufrieden. Er wünschte, daß er einen formellen Freispruch verkünde, was wiederum der Inquisitor nicht wollte. Daraufhin stellte sich Ignatius in Begleitung eines Notars bei ihm ein, der alles, was verhandelt wurde, zu Protokoll nahm. So konnte die Sache als abgeschlossen angesehen werden.

Dem Inquisitor Liévin war Ignatius schon von früher bekannt. P. Polanco berichtet, daß Ignatius ihm viele Menschen vorgestellt habe, die zunächst vom Katholizismus abgefallen waren und nach der sogenannten »Plakataffäre«, die sich Ende 1534 in Paris abgespielt hatte, ihrem neuen Glauben abschwören wollten. Die Zahl der Protestanten hatte in Frankreich sehr zugenommen. Am 18. Oktober 1534 erschien an den Wänden der Pariser Häuser eine große Zahl von Plakaten gegen das Meßopfer. Die ganze Stadt war in Bewegung, und es wurden harte Gegenmaßnahmen ergriffen. Am 27. Januar 1535 kam es zu einer Sühneprozession auf den Straßen von der Sainte Chapelle bis zur Kathedrale von Notre Dame. Das war zugleich der Beginn einer grausamen Unterdrückung der Protestanten. Einige wurden zum Feuer verurteilt, nachdem ihnen die Zungen durchstochen worden waren. Auch König Franz I. beteiligte sich an diesem »Feldzug«; er hielt in der Kathedrale von Paris vor dem Klerus, der Universität, dem Parlament, den Mitgliedern seines Geheimen Rates und den Botschaftern eine Ansprache gegen die Protestanten.

Apostel der Heimat

Damals begannen die Beschwerden, die Ignatius sein ganzes Leben lang begleiteten und die er für ein Magenleiden hielt. Erst bei der Leichenöffnung stellte sich heraus, daß es Gallensteine waren, die auf den Magen ausstrahlten. Das Pariser Klima erwies sich als ungünstig für ihn; die Arzneimittel blieben erfolglos. Schließlich rieten ihm die Ärzte zu einer Reise in die Heimat. Seine Gefährten befürworteten diesen Vorschlag auch noch aus einem anderen Grund: Diejenigen von ihnen, die aus Spanien stammten, hatten nicht die Absicht, in ihre Heimat zurückzukehren. Ignatius sollte nun nicht nur wegen seiner Gesundheit nach Spanien reisen, sondern auch um die Verwandten eines jeden von ihnen zu besuchen und verschiedene Angelegenheiten zu regeln.

Für Ignatius selbst gab es einen weiteren Grund, den er zwar nicht erwähnte, den wir aber aufgrund eines Zeugnisses von P. Polanco als entscheidend ansehen können. Er wollte einige Zeit in Azpeitia verbringen, um durch gute Werke die Erinnerung an seine Jugend auszulöschen.

Die Gefährten beschlossen also, daß Ignatius nach Spanien reisen würde. Von dort sollte er sich nach Venedig begeben, um auf die Ankunft seiner Freunde zu warten. Gemeinsam wollten sie danach eine Wallfahrt nach Jerusalem antreten. So lange sollten die Gefährten ihre theologischen Studien in Paris fortsetzen. Am 25. Januar 1537, dem Tag Pauli Bekehrung, sollten sie von dort abreisen. Der Kriegsausbruch zwischen Frankreich und Kaiser Karl V. zwang sie jedoch, ihre Abreise auf den 15. November 1536 vorzuverlegen.

Anfang April 1535 brach Ignatius mit einem Pferd, das ihm seine Gefährten gekauft hatten, in Richtung Heimat auf. Schon während der Reise begann sich sein Gesundheitszustand zu bessern.

Ignatius berichtet, daß er bei seiner Ankunft in Bayonne von einem Unbekannten erkannt worden sein muß. Dieser beeilte sich, die Nachricht seinem Bruder Martín García zu überbringen. Als Ignatius nach Guipúzcoa kam, nahm er nicht die direkte Straße nach Azpeitia, sondern zog über die einsamsten Berge. Er fürchtete natürlich, erkannt zu werden, zu Recht, wie sich herausstellte. Nach kurzer Zeit sah er zwei bewaffnete Männer, die ihm entgegenkamen, bewaffnet deshalb, weil die Gegend häufig von Wegelagerern verunsichert wurde. Nachdem die beiden zunächst an ihm vorbeigeritten waren, wendeten sie und suchten ihn einzuholen. Trotz seiner Angst hielt Ignatius an und sprach mit ihnen. Sie erklärten, sein Bruder habe sie ihm entgegengeschickt. Ignatius war jedoch nicht bereit, in ihrer Begleitung zu reisen, und ließ sie vorausreiten. Kurz vor Azpeitia kamen sie ihm wieder entgegen und baten erneut und dringend, ihnen in das Schloß seines Bruders zu folgen. Aber Ignatius weigerte sich auch jetzt.

Im Seligsprechungsprozeß erzählte die Nichte des Heiligen, Potenciana de Loyola, diese Geschichte folgendermaßen: Ignatius sei von Juan de Eguíbar erkannt worden, dem »Lieferanten der Metzgereien von Azpeitia«. Auf dem Weg nach Behobia war dieser in der Herberge von Iturrioz eingekehrt, »in der Einsamkeit, zwei Meilen vor dem Dorf«. Dort erzählte ihm die Wirtin von einem Gast, der ihr sehr aufgefallen sei. Eguíbar blickte durch einen Türspalt ins Zimmer. Da sah er Ignatius knieend beten. Nach Azpeitia zurückgekehrt, benachrichtigte er Martín García de Oñaz, er habe dessen Bruder erkannt. Sofort schickte er ihm den Priester Baltasar de Garagarza entgegen, um ihn suchen und nach Loyola begleiten zu lassen. Der Priester traf den Pilger tatsächlich, konnte ihn aber nicht dazu bewegen, die Einladung des Bruders anzunehmen. Ignatius zog seinen Weg durch die Berge allein weiter. Auf einer Landkarte können wir diesen Weg ohne Schwierigkeiten verfolgen: Von der Herberge in Iturrioz aus, die heute noch steht, kam er durch Itumeta und von da weiter über Ariztain und Elarritza in Richtung Lasao. Von dort stieg er den Weg hinab, der am

Fluß Urola entlangführt, und kam zum Magdalenenspital, 300 Schritte vor Azpeitia. Dort nahm er Unterkunft. Das geschah an einem Freitag im Monat April 1535, fünf Uhr nachmittags.

Verwalter des Spitals und der Einsiedelei von der hl. Magdalena, die auf der anderen Seite des Weges steht, waren seit 1529 Pedro López de Garín und seine Frau Emilia de Goyaz. 1545, zehn Jahre nachdem Ignatius dort gewohnt hatte, war eine Joaneyza de Loyola die Verwalterin. Unter ihrer Leitung wurde das Inventar aller zum Spital und zur Klause gehörenden Gegenstände aufgenommen. Natürlich gab es in einem Spital vor allem Bettwäsche und Küchengeräte, aber noch im Jahre 1551 stand dort »das gleiche Pferd, das Eure Paternität vor 16 Jahren im Spital zurückgelassen hatten; es ist wohlgenährt und gesund, und es ist heute noch in guter Verfassung bei uns«. Das schrieb P. Miguel Navarro, der Begleiter Franz Borjas auf dessen Reise ins Baskenland am 8. Januar 1552 an Ignatius. Es ist klar, daß er jenes Pferd meint, das Ignatius von seinen Pariser Gefährten für die Reise bekommen hatte.

Was Ignatius für seine Gesundheit getan hat, teilt er nicht mit. Die Dokumente schweigen. Dagegen beschreiben sie ausführlich, was er für die moralische und soziale Gesundung seiner Geburtsstadt unternommen hat. Im Prozeß, der 1595 in Azpeitia zur Vorbereitung der Seligsprechung stattfand, erinnerten sich die meisten der zwanzig Zeugen an seinen Aufenthalt vor 60 Jahren. Ihre Erinnerungen stimmten darin überein, daß Ignatius um keinen Preis im Schloß wohnen wollte, obwohl ihn die Familie sehr dazu drängte. Alle gaben an, daß er sich seinen Unterhalt von Tür zu Tür erbettelte, die reichlich erhaltenen Almosen an die Armen des Spitals weitergab, und daß er ein Leben großer Härte führte, auf dem Boden schlief und ein Bußhemd trug. Die Berichte der Prozeßzeugen bestätigen, was wir auch von Ignatius selbst aus seiner Autobiographie und von den zeitgenössischen Schriftstellern wissen.

Mit allen, die ihn besuchten, führte er geistliche Gespräche. Seine erste Sorge war es, jeden Tag die Kinder im

Glauben zu unterweisen. Sein Bruder hatte ihn davon abbringen wollen; es werde überhaupt niemand kommen, um ihm zuzuhören. Ignatius ließ sich jedoch nicht davon abbringen, sondern antwortete, daß ihm auch ein einziger Zuhörer genüge. Bald war es eine große Schar, die zu ihm kam, darunter sogar der Bruder selbst.

Wenn Ignatius in der Magdalenenklause predigte, fanden die Zuhörer im Innern nicht mehr Platz, und man mußte ins Freie überwechseln. Einige stiegen auf Mauern und Bäume, um ihn zu hören. Sonntags predigte er in der Pfarrkirche. Eine seiner Predigten blieb in besonderer Erinnerung. Er hielt sie am Markustag, dem 25. April, vor der Einsiedelei Unserer Lieben Frau von Elosiaga. Anläßlich der Bittage kamen zu jener Einsiedelei nicht nur Wallfahrer aus Azpeitia, sondern auch aus den Nachbarorten Régil, Vidania, Goyaz usw. Ignatius nahm die Gelegenheit wahr, um eine Predigt zu halten. Damit er besser gesehen und gehört würde, stieg er auf einen Pflaumenbaum und zog von dort kraftvoll gegen Laster und Sünden zu Felde. Der Erfolg seiner Worte wurde unmittelbar sichtbar. Ana de Anchieta sagte, er habe besonders »die Unsitte einiger Frauen der obengenannten Ortschaften verurteilt, die gelbe Hauben und blondgefärbte Haare trugen. Bereits während der Predigt bedeckten sie ihr Haupt und weinten reuevoll.«

Für einen Mann, der so vom Eifer für die Ehre Gottes getrieben wurde, war die Besserung der Sitten natürlich ein Hauptanliegen. Er bemühte sich um die Aussöhnung Verfeindeter; er erreichte, daß sich drei Frauen von ihrem schlechten Lebenswandel bekehrten; er brachte Ehen in Ordnung und trennte illegitime Paare. Ein Beispiel berichtet er in seiner Autobiographie: »Es herrschte dort zu Lande auch noch ein anderer Mißbrauch, nämlich dieser Art: Die jungen Mädchen gehen in jenem Land immer unbedeckten Hauptes, und sie bedecken es erst, wenn sie heiraten. Aber es gibt nicht wenige, die sich zu Konkubinen von Priestern und anderen Männern hergeben und ihnen die Treue wahren, als wären sie ihre rechtmäßigen Frauen. Und dies ist so allgemein, daß die Konkubinen sich nicht schämen, offen zu erklären, sie trügen das Haupt bedeckt um dieses oder jenes willen, und als Frauen solcher Art sind sie auch allgemein bekannt. Aus dieser Sitte entstehen aber viele Übel. Der Pilger überredete nun den Statthalter, ein Gesetz zu erlassen, daß alle, die sich wegen eines Mannes das Haupt bedeckten, ohne rechtmäßige Ehefrauen zu sein, gerichtlich bestraft würden. Auf diese Weise begann jener Mißbrauch zu schwinden.«

Wie bereits erwähnt, wollte Ignatius unter keinen Umständen ins Schloß Loyola gehen. Eine Ausnahme machte er allerdings, aber nicht, um dort zu schlafen: Seine Schwägerin Magdalena de Araoz hatte ihn immer wieder gebeten, nach Loyola zu kommen. Eines Tages flehte sie ihn auf den Knien an um der Seelenruhe seiner Eltern und der Leiden des Herrn willen. Ihre Gründe waren so schwerwiegend, daß Ignatius nachgab und erklärte, er werde deswegen nach Loyola und sogar nach Vergara oder sonstwohin gehen.

Viele Jahre später erzählte Ignatius selbst in einem Gespräch mit P. Pedro de Tablares, daß einer seiner Verwandten in einem unerlaubten Verhältnis lebte und daß jede Nacht eine Frau durch einen geheimen Eingang zu ihm kam. Eines Nachts nun wartete Ignatius auf sie, traf sie und rief: »Was wollt Ihr hier?« Nachdem sie alles gestanden hatte, brachte er sie in sein Zimmer und paßte auf sie auf, damit sie nicht zu seinem Verwandten gehe. Am Morgen warf er sie hinaus, denn früher war kein Ausgang offen.

Als sein Gesprächspartner sagte, dies hätte er nicht getan, erwiderte Ignatius, er sei sicher gewesen, es wagen zu können. Als bereue er, zu viel gesagt zu haben, beendete Ignatius das Gespräch mit den Worten: »Gott verzeihe Euch, daß Ihr mich dazu gebracht habt, etwas zu sagen, was ich nicht wollte.«

Von Ignatius geförderte Werke

Auf Ignatius geht eine Neuerung zurück, die lange Zeit Bestand haben sollte, nämlich daß täglich zur Mittagsstunde die Glocken der Pfarrkirche und der zehn zu ihrem Bereich gehörenden Einsiedeleien geläutet würden. Alle, die es hörten, sollten niederknien und ein Vaterunser und ein Ave-Maria für die Bekehrung derjenigen beten, die sich in Todsünden befänden. Ein weiteres Vaterunser und Ave-Maria sollten sie beten, um nicht selbst in schwere Schuld zu fallen. Ignatius wollte gern, daß das Haus Loyola sich für immer zu diesem Mittagsläuten verpflichtete. Tatsächlich ordnete sein Bruder Martín García testamentarisch an, daß dieser Brauch eingehalten würde und daß man dem Küster der Pfarrkirche dafür jährlich zwei Dukaten und jeder Klausnerin der zehn Einsiedeleien einen Real zahle. Er verfügte auch, daß diese zwei Dukaten und zehn Reales zu Lasten des Gutshofes Aguirre gehen sollten, der Eigentum des Herrn von Loyola war.

Ignatius erreichte, daß das Kartenspiel eingestellt wurde. Ein Zeuge berichtete, daß viele Spielkarten in den Fluß Urola geworfen wurden. Während Ignatius' Anwesenheit in Azpeitia begann ein Werk, das er mit Eifer förderte. Am 23. Mai 1535 nahm der Stadtrat in einer Vollversammlung eine Verordnung an, durch die einerseits das Betteln untersagt und andererseits die notwendige Unterstützung für die Armen der Stadt gesichert wurde. Ihnen wurde das Betteln außer im wirklichen Notfall verboten. Dafür sollten jedes Jahr zwei Vertrauensmänner gewählt werden, ein Kleriker und ein Laie, die an allen Sonn- und Feiertagen das Almosen für die Armen einzusammeln und es unter sie zu verteilen hätten. Die Armen konnten sich an diese Vertrauensmänner wenden. Um den Mißbrauch vorgetäuschter Armut oder Arbeitsunfähigkeit zu verhindern, sollte eine Liste der wirklich Armen aufgestellt werden. An diese sollten die Vertrauensmänner das Almosen verteilen und es denen, die es nicht nötig hatten, verweigern. Die Verwalter der Spitäler durften nur wirklich Arme beherbergen.

Daß Ignatius an dieser Verordnung maßgebenden Anteil hatte, erwähnt er selbst in seiner Autobiographie: »Er veranlaßte auch die Herausgabe einer Armenordnung, die eine öffentliche und regelmäßige Fürsorge gewährleisten sollte.« Dies bestätigt auch ein alter Bericht über Beginn und Ursprung der Stiftung für verschämte Arme. Darin wird die Gründung des Werkes mit der Ankunft von Ignatius 1535 in Azpeitia in Verbindung gebracht. Unter anderen guten Werken »tat er alles, was er konnte, damit die wirklich Armen seiner Heimat, die Hunger und vielfachen anderen Mangel litten, unterstützt würden«. Er hatte seine Idee der Stadtverwaltung und bedeutenden Personen mitgeteilt und nun bei der Abfassung der Statuten mitgearbeitet. Die wichtigsten Förderer des Unternehmens waren Juan de Eguíbar, der Ignatius in der Herberge von Iturrioz wiedererkannt hatte, und seine Frau, María de Zumiztain, die einen Betrag von 160 Dukaten hinterlegten, deren Zinsen dem Armenfonds zugute kommen sollten. Sie waren auch die ersten Verwalter des »Armenscheffels«.

Am 18. Mai 1535 fand eine Auseinandersetzung ihr Ende, die über zwanzig Jahre lang den Pfarrklerus von Azpeitia und seinen Schutzherrn mit den Nonnen des Klosters von der hl. Empfängnis verfeindet hatte, die zum Dritten Orden des hl. Franziskus gehörten und Elisabethschwestern (Isabelitas) genannt wurden.

Von seiner Gründung 1497 an gab es Schwierigkeiten.[24] Das Kloster war kaum 150 Schritte von der Pfarrkirche entfernt. Diese Nähe brachte Kompetenzstreitigkeiten in bezug auf Beerdigungen, Messen, Predigten und andere Gottesdienste mit sich. Mehr als einmal rief der Schutzherr die Oberhoheit des Königs an, da dieser die Kirche von Azpeitia als Krongut ansah. Das schlimmste Ereignis war die Beisetzung von Juan de Anchieta. Dieser berühmte Musiker war Kapellmeister des Infanten Don Juan gewesen. Als Rektor von Azpeitia hatte er die Nonnen sehr begünstigt. In seinem Testament hatte er verfügt, daß er in ihrer Kirche beigesetzt werde. Als er am 30. Juli 1523 starb, brachte der Pfarrektor Andrés de Loyola, ein Neffe von Ignatius, zusammen mit anderen Klerikern die Leiche mit Gewalt zur Pfarrkirche, damit sie dort bestattet werde und nicht in der Kirche der Nonnen.[25]

Die Streitigkeiten zwischen der Pfarrei und dem Kloster

von der hl. Empfängnis gaben Anlaß zu einem Prozeß bei der römischen Kurie. Die Kleriker und der Schutzherr bekamen recht, und die Nonnen wurden zu einer Buße von 180 Dukaten verurteilt. Mehrere Aussöhnungsversuche schlugen fehl, im besonderen der 1533 von Martín García unternommene. Bei seinem Aufenthalt in Azpeitia nahm sich Ignatius vor, jenen Streit, in den er seinen Bruder verwickelt sah und der in den Gemütern so viel Unruhe stiftete, zu beenden. Und es gelang ihm. Wie schon erwähnt, wurde am 18. Mai 1535 die »Vergleichsurkunde« von beiden Seiten unterschrieben. Sie enthielt 21 Punkte, die sich auf alle Streitfragen bezogen. Der erste Zeuge, der unterschrieb, war »Ynigo«.

Es scheint, daß Ignatius für seine Heimatstadt mehr nicht hätte tun können. Er hatte alles aus einer geordneten, starken Liebe zu seiner Heimat getan. Seine Mitbürger müssen über das Tugendbeispiel ihres Landsmannes ganz erstaunt gewesen sein. Diese drei Monate dürften die Spuren seiner wenig erbaulichen Vergangenheit wirksam ausgelöscht haben.

Ignatius wird nie mehr nach Azpeitia kommen. Aber selbst von Rom aus wird er sich vor allem um das geistliche Wohl seiner Heimatstadt kümmern. Das beweisen die Briefe an den Rat von Azpeitia und an seinen Neffen Beltrán, den neuen Herrn von Loyola. Als er ihm 1539 schrieb, ermahnte er ihn, »aus Liebe und Verehrung für Gott, unseren Herrn«, sich an das zu erinnern, was er ihm oftmals mündlich empfohlen hatte, nämlich sich vor allem darum zu bemühen, »den Klerus der Stadt zum Frieden zu bringen und zu reformieren«. Das sei die beste Art, ihm zu beweisen, daß er das Vertrauen verdiene, das er nach dem Tode seines Vaters in ihn gesetzt habe.

Einen konkreten Beweis seiner Liebe zu Azpeitia gab Ignatius, als der italienische Dominikaner Tommaso Stella in der römischen Kirche Santa Maria sopra Minerva die Bruderschaft vom Heiligsten Sakrament gründete, die am 30. November 1539 von Papst Paul III. bestätigt wurde. Ignatius bemühte sich sofort darum, ein Exemplar der Gründungsurkunde dieser Bruderschaft mit einer Ausdehnung auf Azpeitia in seine Heimatstadt zu schicken. Die Bulle ging unterwegs verloren, aber Ignatius sandte 1542 ein weiteres Exemplar nach Azpeitia. Er ersetzte durch diese Bruderschaft, die für gewöhnlich die Minerva-Bruderschaft genannt wird, jene von 1508, welche Doña Teresa Enríquez, die »Närrin des Sakraments«, gegründet hatte und die seit 1530 in Azpeitia eingeführt war.

Was seine Gesundheit angeht, deren Wiederherstellung der ausdrückliche Grund seiner Reise gewesen war, so fühlte sich Ignatius in seiner Heimat anfangs wohl, aber dann befiel ihn eine ernste Krankheit. Als er wiederhergestellt war, entschloß er sich, den zweiten Teil seines Reiseplanes zu verwirklichen, den er in Paris zusammen mit seinen Gefährten aufgestellt hatte.

Die Reise durch Spanien

Um den 23. Juli 1535 herum verließ Ignatius Azpeitia in Richtung Pamplona. An seinem Abreisetag hatte er als Zeuge beim Verkauf eines braunen Pferdes fungiert. Das Pferd ging von López de Gallaiztegui an seinen Vetter Beltrán de Oñaz zum Preis von »30 Dukaten alten Goldes in vollem Gewicht« über. Vielleicht war dieses Pferd ein Geschenk, das Beltrán de Oñaz seinem Onkel, dem Pilger, machte.

In der Ortschaft Obanos in Navarra besuchte Ignatius den Hauptmann Juan de Azpilcueta, Franz Xavers Bruder, und überbrachte ihm einen Brief des Freundes. Franz Xaver bat seinen Bruder, Ignatius gut aufzunehmen und nicht auf die Vorurteile zu achten, die er gegen ihn haben könnte und die auf falschen Informationen beruhten. Er bat auch darum, sein Bruder möge ihm durch seinen Gefährten etwas Geld schicken, »um meine große Armut zu erleichtern«.

Von Obanos begab sich Ignatius weiter nach Amazáu (Soria), wo er dem Vater von Diego Laínez einen Brief seines Sohnes übergab. Weitere Etappen waren Sigüenza, Madrid und Toledo, die Heimat von Alfonso Salmerón. In Madrid sah ihn Prinz Philipp, damals ein Knabe von acht Jahren.

Weiter ging es in Richtung Segorbe. In seiner Nähe liegt das Dorf Altura mit dem Kartäuserkloster Vall de Cristo, in das Juan de Castro eingetreten war, sein Exerzitant und Freund aus Paris. Man kann sich leicht vorstellen, welche Erinnerungen beide austauschten. Castro wäre gewiß ein guter Gefährte von Ignatius geworden, aber er war nicht zum aktiven, sondern zum kontemplativen Leben berufen.

Weiter führte der Weg nach Valencia, der Stadt am Fluß Turia. Dort steht noch ein Haus, von dem behauptet wird, es habe Ignatius als Herberge gedient. Von Grao de Valencia schiffte er sich nach Italien ein.

Seine Freunde wollten ihm die Seereise nach Italien ausreden, weil das Mittelmeer durch den Piraten Barbarossa verunsichert wurde. Aber derartige Gefahren reichten nicht aus, um Ignatius von seinen Plänen abzubringen.

Obgleich die Quellen nicht davon sprechen, ist es wahrscheinlich, daß Ignatius die Reise in Barcelona unterbrach. Dort wird er mit seinen Freunden und Wohltätern die Geldsendungen für die Vollendung seiner Studien in Italien abgesprochen haben. Denn solche Beihilfen hat er sicher erhalten.

Jüngerleben in Italien
(1535–1538)

Im Monat Oktober oder November 1535 reiste Ignatius nach Italien. Auf der Überfahrt stieß er zwar nicht auf den Seeräuber Barbarossa, aber er geriet in einen heftigen Sturm. Das Steuer des Schiffes brach entzwei. Die Lage war so gefährlich, daß ein Schiffbruch unvermeidlich schien. Ignatius bereitete sich auf den Tod vor. Dabei bedrückte ihn nun nicht mehr die Angst, wegen seiner Sünden verdammt zu werden, sondern er fühlte große Beschämung und Schmerz, weil er meinte, die von Gott erhaltenen Gaben nicht gut genug ausgenützt zu haben. Aber die Gefahr ging vorüber, und das Schiff legte glücklich im Hafen von Genua an.

Bis zur Ankunft seiner Gefährten, die für Anfang 1537 vorgesehen war, blieb ihm ein gutes Jahr. Ignatius wollte es der Fortsetzung seiner theologischen Studien widmen. Er hatte dafür die Stadt Bologna gewählt und machte sich auf den Weg dorthin. Wahrscheinlich nahm er die Route des Postverkehrs, das heißt über Chiavari und Sestri Levante nach Varese Ligure. Über den Paß von Centocroci kam er nach Borgo di Val di Taro, folgte von dort dem Flußlauf des Taro und gelangte über Fornovo in der Nähe von Parma auf die Via Emilia. Auf dieser Straße war es leicht, Bologna zu erreichen.

Ignatius mußte den Apennin überqueren, und das war ein schwieriges Unterfangen. Einmal verirrte er sich und kam weder vorwärts noch rückwärts. Stellenweise kroch er auf allen vieren voran. Später wird der Heilige sagen, er habe nie eine schlimmere Anstrengung durchgemacht als damals. Schließlich fand er doch den Weg aus den Bergen heraus.

Seine Abenteuer waren noch nicht zu Ende. Als er Bologna betrat, fiel er von einer kleinen Brücke in einen Wassergraben, der rund um die Stadt führte. Ignatius kam – zur Erheiterung aller, die ihn in diesem Aufzug sahen – ganz durchnäßt und verschmutzt heraus. Als er etwas Brot zur Stärkung zu bekommen suchte, bekam er nirgends etwas, obwohl er nach seinen eigenen Worten »die ganze Stadt durchlief«. P. Ribadeneira berichtet dies mit Verwunderung, da Bologna doch »eine so reiche und große und wohltätige Stadt« war. In dieser Notlage erinnerte sich Ignatius, daß es in Bologna das von Kardinal Gil de Albornoz für spanische Studenten gegründete Kolleg San Clemente gab. Dorthin nahm er seine Zuflucht. P. Polanco berichtet, daß Ignatius dort »Bekannte antraf, die ihm Waschgelegenheit und Essen gaben«. Wer diese Freunde waren, ist uns nicht bekannt. Der Rektor des Kollegs und auch der Universität von Bologna war in jenem Jahr 1535 der Kirchenrechtsprofessor Pedro Rodriguez aus Fuentesaúco (Zamora); Hausgeistlicher war Francisco López aus Gómara (Diözese Osma). Ignatius blieb jedoch vermutlich nicht in diesem Kolleg. Am wahrscheinlichsten ist, daß er während seines kurzen Aufenthalts in Bologna in einer der Pensionen für spanische Studenten Unterkunft fand.

Nach den ersten schwierigen Tagen, als er endlich mit dem Studium hätte beginnen können, wurde er krank. Es war kurz vor Weihnachten, und er verbrachte sieben Tage mit Magenschmerzen und Schüttelfrost im Bett. Ignatius schien, Bologna sei nichts für ihn. So entschloß er sich, nach Venedig zu gehen, wohin er Ende 1535 aufbrach.

In Venedig: 1536

Ignatius verbrachte das ganze Jahr 1536 in Venedig. Die Bedingungen waren günstig: Er war gesund; da ein »sehr gelehrter und guter Mann ihn aufnahm«, gab es auch mit der Unterkunft keine Schwierigkeiten. Hier scheint es sich um Andrea Lippomano gehandelt zu haben, den Prior des Dreifaltigkeitsklosters, einen späteren Wohltäter der Gesellschaft. Auch an Geld mangelte es Ignatius nicht, denn Isabel Roser hatte ihm in Barcelona versprochen, sie wolle ihm bis zur Beendigung seines Studiums das Nötige schicken. Mit wie wenig er sich begnügte, wissen wir bereits. In Bologna fand er von ihr zwölf Escudos vor. Auch der Erzdiakon Jaime Cassador aus Barcelona hatte ihm Geld geschickt. Inzwischen wartete er auf die Fastenzeit, in der er sich »anstelle der Studien höheren und wichtigeren Aufgaben zuwenden könnte«, wie er an eine uns unbekannte Doña María schrieb, die in Paris seine Wohltäterin gewesen war.

Mit diesen »Aufgaben« meinte er vor allem geistliche Gespräche und Exerzitien. Unter den Exerzitanten befand sich unter anderen Diego de Hoces aus Málaga, ein spanischer Priester. Er hatte anfangs Schwierigkeiten, da er außer den Gesprächen mit Ignatius auch Kontakte mit dem Bischof von Chieti, Giampietro Carafa, unterhielt. Carafa hatte zusammen mit Gaetano da Tiene (dem hl. Cajetan) 1524 den ersten Orden für Regularkleriker gegründet, die Theatiner. Vermutlich war es Carafa, der Hoces zur Vorsicht im Umgang mit Ignatius gemahnt hatte. Trotzdem hatte sich Hoces für die Exerzitien entschieden. Vorsichtshalber brachte er die ersten Male einige Bücher zur Widerlegung von Irrlehren mit, falls ihm Ignatius solche vortragen würde. Aber er brauchte nur drei oder vier Tage, um einzusehen, daß seine Befürchtungen unbegründet waren. Nun hatte er keine Vorbehalte mehr, und er entschloß sich sogar, dem Weg des hl. Ignatius nachzufolgen. Leider konnte er nicht mehr zu den Gründungsmitgliedern der Gesellschaft gehören, da er schon 1538 in Padua starb. In Venedig kam Ignatius mit dem bereits erwähnten Giampietro Carafa in Verbindung, dem zukünftigen Papst Paul IV. Doch diese beiden Männer waren nicht dazu geboren, einander zu verstehen. Sie hatten sehr unterschiedliche Ansichten darüber, was ein Leben in apostolischer Armut ausmache. Wir erwähnten bereits, daß Carafa Mitbegründer der Theatiner war. Ignatius beobachtete, zumindest in Venedig, ihre Lebensweise, und sie gefiel ihm nicht. Daß es zu Reibungen kam, sehen wir aus einem handgeschriebenen Brief von Ignatius an Carafa, der jedoch wahrscheinlich nie abgeschickt wurde. Unabhängig von den konkreten Umständen, die zu diesem Brief Anlaß gaben, ist er von größtem Interesse. Er gibt uns einen Einblick, welche Ausrichtung Ignatius dem Leben in der Gesellschaft geben wollte, obwohl noch drei Jahre bis zu ihrer Gründung vergehen sollten und obwohl sie längst noch nicht beschlossene Sache war.

Ignatius sah, daß die Theatiner in Venedig keine Almosen erbaten, selbst wenn sie der Mittel für ihren Unterhalt ermangelten; sie erwarteten alles von spontanen Angeboten. Sie hielten sich in ihre Häuser eingeschlossen, ohne zum Predigen auszugehen, sie übten keine leiblichen Werke der Barmherzigkeit. Dieses Verhalten stand im Gegensatz zu den Ideen des Ignatius. Er plante ein Leben in Armut, das dem Apostolat und den Werken der Barmherzigkeit gewidmet wäre, das die Liebestätigkeit der Gläubigen anregen würde, so daß es am Lebensnotwendigen nicht fehlen werde.

Er schrieb an Carafa: »Man glaubt, daß der hl. Franz und die anderen Seligen soviel auf Gott, unseren Herrn, hofften und vertrauten, aber trotzdem unterließen sie es nicht, alle geeigneten Mittel anzuwenden, damit ihre Häuser sich zu größerem Dienst und größerem Lob der göttlichen Majestät erhielten und mehrten; sonst hätte es eher scheinen mögen, Gott zu versuchen, dem sie dienten, als den Weg zu begehen, der dem göttlichen Dienst entsprach.«

Aus diesem Grund meinte Ignatius befürchten zu müssen, »daß die Gesellschaft, die Gott Euch gab, sich überhaupt nicht ausbreiten werde«. Carafa war nicht der gleichen Ansicht, und von daher rührten die Schwierigkeiten, die Ignatius mit dem zukünftigen Papst Paul IV. hatte. Bald gingen die Wege der beiden Männer auseinander; denn der Theatiner wurde vom Papst am 27. September 1536 nach Rom gerufen, um das Konzil vorzubereiten. Am 22. Dezember desselben Jahres wurde er zum Kardinal ernannt.

Die Gefährten kommen zusammen

Am 15. November 1536 reisten die Gefährten von Paris ab. Gekleidet waren sie in ihre langen, abgetragenen Pariser Studententalare, die sie, um besser ausschreiten zu können, mit einem Gürtel gerafft hatten. Ihre Kopfbedeckung war ein breitkrempiger Hut. Um den Hals trugen sie einen Rosenkranz, und ihre Taschen mit Büchern und Aufzeichnungen hatten sie umgehängt. Mit einem langen Pilgerstab in der Hand wanderten sie von Frankreich nach Italien. Für eine Fußreise war die Entfernung ungeheuer. Noch erschwert wurde sie durch zwei Umstände: durch den Krieg zwischen Frankreich und Kaiser Karl V. und durch die harte Winterkälte. Es sei daran erinnert, daß Franz I. 1536 in Savoyen einfiel und sogar Turin besetzte; Karl V. seinerseits war in die Provence eingedrungen und wurde von Montmorency zurückgeschlagen. Um die Schlachtfelder möglichst zu umgehen, entschlossen sich Ignatius' Gefährten, über Lothringen und das Elsaß zu reisen. Von dort aus wollten sie in die Schweiz und danach über Bozen und Trient nach Venetien gelangen.

Um beim Aufbruch in Paris weniger aufzufallen, teilten sie sich in zwei Gruppen, die sich in Meaux, 45 km von der Hauptstadt entfernt, treffen sollten. Solange sie sich auf französischem Boden befanden, mußten sie, da einige von ihnen Untertanen Karls V. waren, ihre Nationalität verbergen. Bei notwendigen Erkundigungen sprachen deshalb nur diejenigen, die gut Französisch konnten. Fragte sie jemand, wer sie seien und wohin sie gingen, antworteten sie einfach, sie seien Studenten aus Paris und machten eine Wallfahrt nach Saint-Nicolas-de-Port, einem Heiligtum in der Nähe von Nancy. Gott half ihnen und befreite sie aus Gefahren, so daß auch Soldaten und Lutheraner ihnen Geleit gaben. Am ersten Tag der Reise sagte ein Vorübergehender, als er nach ihnen befragt wurde: »Die reisen, um irgendein Land zu reformieren.« Dieser Unbekannte hatte in erstaunlicher Weise das Richtige getroffen.

In Frankreich hatten sie fast täglich Regenwetter. Danach begann ein außergewöhnlich strenger Winter. Doch nichts konnte sie aufhalten. Sie setzten ihr Vertrauen auf Gott, für den sie sich solch harten Proben stellten.

Ihre Reisetage verliefen folgendermaßen: Während des Weges wechselten stilles Gebet mit Psalmensingen und geistlichen Gesprächen. Die Priester Faber, Jay und Broët lasen die Messe; die anderen wohnten ihr bei, beichteten und kommunizierten. In der Herberge angelangt, dankten sie Gott für alle empfangenen Wohltaten, bevor sie sich niederlegten. Am nächsten Morgen hielten sie vor dem Aufbruch ein kurzes Gebet. »Beim Essen begnügten wir uns mit dem Notwendigsten, eher mit weniger als mit mehr«, schreibt Laínez.

Sie versäumten keine Gelegenheit, um mit allen, die sie trafen, von Gott zu reden. Wenn sie durch Gegenden wanderten, die protestantisch geworden waren, hatten sie manche Gelegenheit, ihren Glauben energisch zu verteidigen.

Von Straßburg wandten sie sich nach Basel, das die Lehre Zwinglis angenommen hatte. Dort war Erasmus in der Nacht vom 11. zum 12. Juli 1536 gestorben. Die übrigen Etappen ihrer Reise waren Konstanz, Feldkirch, Bozen, Trient. Von dort gab es einen durchgehenden Weg nach Venedig, über die Hügel der Valsugana. Sie kamen durch Bassano del Grappa, Castelfranco und Mestre. Endlich erreichten sie Venedig. Es war der 8. Januar 1537. Die Reise hatte 54 Tage gedauert.

In Venedig wurden sie von Ignatius erwartet und liebevoll aufgenommen. Sie verteilten sich auf zwei Hospitäler, nämlich Santi Giovanni e Paolo und das Spital der unheilbar Kranken. Die Gefährten widmeten sich dort der Krankenpflege. Ignatius blieb im Haus seines Wohltäters wohnen. So warteten sie auf Ostern, den üblichen Termin, um in Rom die Erlaubnis für die Pilgerfahrt nach Jerusalem einzuholen.

Am 16. März brachen sie nach Rom auf. Nur Ignatius reiste nicht mit. Der ursprünglich aus neun Gefährten bestehenden Gruppe hatten sich in Venedig noch der Priester Antonio Arias und Miguel Landívar angeschlossen, Franz Xavers einstiger Diener aus Paris. Ignatius blieb in Venedig aus Furcht, seine Anwesenheit in Rom könne unnötige Probleme heraufbeschwören. Vor allem zwei Männern wollte er nicht begegnen. Der eine war Dr. Pedro Ortiz, der, wie bereits erwähnt, es in Paris übelgenommen hatte, daß sein Verwandter Pedro de Peralta nach den Exerzitien sein früheres Leben geändert hatte; der zweite war der neue Theatinerkardinal Giampietro Carafa, mit dem sich Ignatius in

Venedig entzweit hatte, weil ihre Auffassungen vom Ordensleben auseinandergingen. Ignatius' Gefährten folgten der Via Romea, die an der Adriaküste entlangläuft. Sie kamen durch Ravenna, Ancona und Loreto. Nachdem sie im Marienheiligtum gebetet hatten, gingen sie ins Landesinnere. Indem sie der Via Flaminia folgten, näherten sie sich über Trevi, Terni und Civita Castellana ihrem Ziel.

Bei Nachteinbruch überquerten sie am Palmsonntag, dem 25. März, die Milvische Brücke und betraten Rom durch das Tor del Popolo. Herberge fanden sie in den nationalen Hospizen. Die Spanier begaben sich in das für sie bestimmte, das an die Kirche Santiago de los Españoles an der Piazza Navona angebaut war. Einer der Berater für dieses Hospiz war in jenem Jahr besagter Dr. Ortiz.

Nachdem sie die Liturgie der Karwoche mitgefeiert hatten, wollten sie beim Papst um die Erlaubnis für eine Pilgerfahrt ins Heilige Land nachsuchen. Wider alle Erwartung zeigte sich Ortiz nicht nur nicht feindselig, sondern ermöglichte ihnen sogar eine Audienz bei Papst Paul III. Diese fand am Osterdienstag, dem 3. April, in der Engelsburg statt. Mit Kardinälen, Bischöfen und Theologen waren auch die eben angekommenen Magistri aus Paris unter den Eingeladenen. Während des Essens ließ sie der Papst ihre theologischen Ansichten vortragen. Er war sehr befriedigt und zeigte sich bereit, ihre Wünsche anzuhören. Sie erklärten, nur zwei Wünsche zu haben: daß er sie segne und ihnen die Erlaubnis gebe, nach Jerusalem zu reisen. Der Papst gab ihnen mündlich die Erlaubnis und schenkte ihnen außerdem 60 Dukaten für die Reise; seinem Beispiel schlossen sich etliche Kardinäle und Mitglieder der römischen Kurie an. Insgesamt erhielten sie 260 Dukaten.

Einige Tage später wurden ihnen zwei Dokumente ausgestellt, die beide das Datum des 27. April 1537 tragen: die Erlaubnis, nach Jerusalem zu reisen, und die vom Großpönitentiar Kardinal Antonio Pucci unterzeichneten Dimissorien, wonach alle Nicht-Priester der Gruppe von jedem Bischof, auch außerhalb seines Jurisdiktionsbezirks und nicht nur an Quatembertagen, sondern auch an bestimmten Sonn-

und Feiertagen die heiligen Weihen empfangen könnten. Am 3. April erhielten Petrus Faber, Antonio Arias und Diego de Hoces, die bereits Priester waren, die Erlaubnis, Gläubige jeglichen Standes auch von Kirchenstrafen loszusprechen, was eigentlich Bischöfen vorbehalten war.

Anfang Mai begaben sie sich auf den Rückweg nach Venedig, wo sie ihre Arbeiten wieder aufnahmen. Am 31. Mai, dem Fronleichnamsfest, beteiligten sie sich mit den übrigen Pilgern an der feierlichen Prozession, die von der Markusbasilika ausging. Nach der Prozession wurden sie im Dogenpalast dem Dogen Andrea Gritti vorgestellt, einem Greis von 82 Jahren, der Ignatius bereits 1523 bei seiner Pilgerfahrt behilflich gewesen war.

Der Monat Juni war für die Abfahrt der Pilger vorgesehen. Aber 1537 fuhr kein Schiff von Venedig ins Heilige Land. Seit 38 Jahren war so etwas nicht vorgekommen. Hartnäckig hielten sich Kriegsgerüchte, und es wurde behauptet, die Republik Venedig habe mit dem Papst und dem Kaiser ein Geheimbündnis gegen die Türken abgeschlossen. Letztere waren mit ihren Schiffen in das Ionische Meer eingedrungen, und man fürchtete, daß sie die Küste von Apulien und das päpstliche Gebiet angreifen würden. Bei einer so gespannten Lage konnte kein Pilgerschiff den Hafen verlassen.

Die Priesterweihe: Juni 1537

Während Ignatius und seine Gefährten warteten, wollten sie von der in Rom erhaltenen Erlaubnis Gebrauch machen und sich weihen lassen. Zwei Bischöfe boten sich dafür an: der päpstliche Legat in Venedig, Girolamo Verallo, und der Bischof von Arbe, Prälat Vinzenz Negusanti. Letzterer stammte aus Fano; seit 1515 hatte er die Diözese Arbe inne, eine kleine Insel an der Dalmatischen Küste, das heutige Rab. In Venedig, in der Kapelle seines Privathauses, erteilte Negusanti Ignatius und denjenigen seiner Gefährten, die noch nicht Priester waren, die heiligen Weihen. Später sagte er, er habe in seinem Leben bei keiner Priesterweihe solchen Trost erfahren. Er verlangte kein Geld, nicht einmal eine Kerze. Die Geweihten waren sieben an der Zahl: Ignatius, Bobadilla, Codure, Xaver, Laínez, Rodrigues und Salmerón. Landívar wurde nicht geweiht; er und Arias hatten sich bereits von der Gruppe getrennt. Salmerón empfing alle Weihen bis zum Diakonat, seine Priesterweihe mußte bis zum Oktober aufgeschoben werden, weil er im Juni das 22. Lebensjahr noch nicht vollendet hatte.

Auf eigenen Wunsch legten die sieben Männer vor dem Empfang der Weihen die Gelübde der Armut und der Keuschheit in die Hände des Legaten Verallo ab. Am Sonntag, dem 10. Juni, empfingen alle, die sie noch nicht empfangen hatten, die Niederen Weihen. Am 15., dem Fest der Heiligen Vitus und Modestus, das in Venedig gebotener Feiertag war, erhielten sie die Weihe zu Subdiakonen, am 17., einem Sonntag, die Diakonatsweihe; und am 24., dem Fest Johannes des Täufers, die Priesterweihe.

Ohne die Hoffnung auf ein Schiff aufzugeben, beschloß die Pilgergruppe, sich inzwischen über die verschiedenen Städte der Republik zu verteilen. Sollte sich eine günstige Gelegenheit bieten, wollten sie sofort in die Hauptstadt eilen. Ignatius, Faber und Laínez gingen nach Vicenza; Xaver und Salmerón nach Monselice; Codure und Hoces nach Treviso; Jay und Rodrigues nach Bassano del Grappa; Bobadilla und Broët nach Verona. Sie wollten sich auf ihre erste Messe vorbereiten, auf den Plätzen predigen und apostolisch tätig sein, soweit es ihre Sprachkenntnisse erlaubten. Ihre erste hl. Messe konnten sie an einem von ihnen gewählten Tag lesen. Vom 5. Juli an hatten sie vom Legaten die Erlaubnis, im gesamten Gebiet seiner Zuständigkeit Messe zu lesen, zu predigen und die Sakramente zu spenden.

Den 25. Juli hatten sie für den Aufbruch von Venedig bestimmt. Ignatius, Faber und Laínez gingen nach Vicenza, wo sie in einem verfallenen Haus ohne Türen und Fenster Zuflucht fanden. Es handelte sich um das verlassene Kloster San Pietro in Vivarolo, das außerhalb der Stadt gelegen war. Während dieser ganzen Zeit erlebte Ignatius nach seinen eigenen Worten ein zweites Manresa. Anders als in seiner Studienzeit hatte er in Vicenza viele geistliche Visionen und erfuhr ständige Tröstungen. Ihr Hauptgegenstand war das Priestertum.

Die ersten vierzig Tage widmeten sich die Gefährten ganz dem Gebet. Zwei gingen aus, Nahrung zu erbetteln. Das Ergebnis war so dürftig, daß es kaum zum Lebensunterhalt ausreichte. Gewöhnlich mußten sie sich mit etwas gekochtem Brot begnügen, das derjenige zubereitete, der zu Hause geblieben war; dies war fast immer Ignatius.

Nach vierzig Tagen schloß sich ihnen Codure an, und dann begannen sie, auf den Plätzen zu predigen. Indem sie riefen und ihre Birette schwenkten, sammelten sie die Leute. Viele wurden von ihrer Predigt ergriffen. Es bewahrheitete sich auch, was sie bereits bei anderen Gelegenheiten erlebt hatten: Wenn sie Werke der Barmherzigkeit übten, bekamen sie reichlicher Almosen. Dies hatte Ignatius schon in Venedig gegenüber Giampietro Carafa zu bedenken gegeben.

Ein dringender Ruf aus Bassano unterbrach die Ruhe. Simon Rodrigues war schwer erkrankt. Obwohl Ignatius selbst Fieber hatte, entschloß er sich, sofort aufzubrechen, um seinen Gefährten zu trösten. In Begleitung von Faber wanderte er die 35 km so rasch, daß ihm sein Begleiter kaum folgen konnte. Auf dem Weg erfuhr er während des Gebets durch eine göttliche Erleuchtung, daß Simon an dieser Krankheit nicht sterben werde. Rodrigues und Jay hatten in der noch heute bestehenden Einsiedelei San Vieto außerhalb der Stadt Unterkunft gefunden. Sie waren Gäste eines Einsiedlers namens Antonio. Rodrigues freute sich über die Ankunft des Ignatius so sehr, daß er wieder gesund wurde.

Im Oktober 1537 versammelte sich – außer Xaver und Rodrigues, die krank im Hospital lagen, – die ganze Gruppe im Haus zu Vicenza. Die äußere Lage stellte sich so dar: Am 13. September hatte Venedig einen ersten Bündnisvertrag mit dem Papst geschlossen. So befand es sich mit den Türken im Kriegszustand. Unter diesen Umständen war an eine Pilgerfahrt nicht mehr zu denken. Aber die Gefährten gaben sich noch nicht geschlagen und beschlossen, weiter zu warten. Wir wissen nicht, ob sie das Jahr, das sie in ihrem Gelübde auf dem Montmartre zu warten versprochen hatten, von ihrer Ankunft in Venedig an zählten, also von Januar 1537 bis Januar 1538, oder von Juni, dem für die Abfahrt üblichen Monat, bis zum Juni des folgenden Jahres. Jedenfalls wollten sie, auch wenn der im Gelübde festgelegte Termin im Januar 1538 auslief, noch einige Monate zugeben.

Inzwischen hatten alle bis auf Ignatius, wie wir sehen werden, ihre erste Messe gefeiert. Wieder beschlossen sie, sich auf verschiedene Städte zu verteilen, jedoch nicht mehr nur in der Republik Venedig. Sie wählten Städte mit Universitäten in der Hoffnung, es möchten sich ihnen junge Menschen nach Abschluß ihrer Ausbildung anschließen. Sie wollten auch beobachten, ob sich in diesen Zentren lutherische Gruppen bilden würden. Diesmal verteilten sie sich so: Ignatius, Faber und Laínez gingen nach Rom, wohin sie wahrscheinlich von Dr. Ortiz gerufen worden waren; Codure und Hoces nach Padua; Jay und Rodrigues nach Ferrara; Xaver und Bobadilla nach Bologna; Broët und Salmerón nach Siena. Nicht zufällig waren, außer in Bologna, die Nationalitäten gemischt.

Die »Gesellschaft Jesu«

Ein Problem, das auf den ersten Blick nur eine vorübergehende und nebensächliche Bedeutung zu haben schien, dessen Lösung aber das Geschick der Gruppe für immer bestimmen sollte, war, daß sie nicht wußten, was sie antworten sollten, wenn sie gefragt würden, wer sie seien. Sie entschieden sich für die Auskunft, sie seien die »Gesellschaft Jesu«. Wir wollen hier einen wichtigen Text von P. Polanco über den Ursprung dieses Namens einfügen.

»Sie heißen die ›Gesellschaft Jesu‹. Und dieser Name wurde vor der Ankunft in Rom angenommen; denn als sie sich untereinander besprachen, wie sie sich nennen sollten, wenn man sie fragte, was sie für eine Kongregation (die aus neun oder zehn Personen bestand) seien, zogen sie sich zuerst zum Gebet zurück und dachten darüber nach. Und in

Anbetracht dessen, daß sie untereinander kein Haupt hatten und auch keinen anderen Oberen als Jesus Christus, dem allein sie dienen wollten, schien ihnen, sie sollten den Namen dessen annehmen, der ihr Haupt war, und sich ›die Gesellschaft Jesu‹ (la compañía de Jesús) nennen.«

Das Wort »compañía« hat keinerlei militärischen Beiklang. Es war ein Wort, das man für Bruderschaften oder Vereinigungen religiöser wie kultureller Art gebrauchte. Besonders kennzeichnend dafür ist das Beispiel der Compagnia del Divino Amore (Gesellschaft von der göttlichen Liebe), einer Vereinigung, die nach den Grundsätzen der katholischen Reform leben wollte.

So entstand der Name »Gesellschaft Jesu« bereits zu einem Zeitpunkt, da Ignatius und seine Gefährten sich noch nicht zur Gründung eines neuen Ordens entschieden hatten. Daß Ignatius jedoch die Gründung einer »Gesellschaft« vorhatte, muß er bereits im Jahre 1535 in Azpeitia seinem Neffen Beltrán vertraulich mitgeteilt haben. Denn als vier Jahre später die Gründung der Gesellschaft durch die mündliche Bestätigung Pauls III. am 3. September 1539 vollzogen war, teilte Ignatius ihm im gleichen Monat diese gute Nachricht in einem Brief mit: »Und da ich mich erinnere, daß Ihr damals in der Heimat mit großer Anteilnahme mir anempfohlen habt, ich möchte Euch von der Gesellschaft, die ich plante, wissen lassen, glaube ich auch, daß Gott, unser Herr, den Plan hatte, Ihr solltet Euch in ihr auszeichnen, um ein besseres Andenken zu hinterlassen, als unsere Familie bisher hinterlassen hat. Und um zur Sache selbst zu kommen: Wenngleich ich unwürdig bin, konnte ich mit Hilfe der göttlichen Gnade dieser ›Gesellschaft Jesu‹ feste Grundlagen geben; dies ist ihr Name, und sie ist vom Papst bestätigt worden.«

Die »compañía« von Paris und Vicenza war nun in Rom zur »Compañía« im eigentlichen Sinne geworden. Ignatius hatte gewünscht, sein Neffe würde sich dieser neuen Gesellschaft anschließen, um sich in größeren Unternehmungen »auszuzeichnen« als denen seiner Vorfahren in Loyola. Aber Beltrán war seit 1536 mit Juana de Recalde verheiratet und seit 1538 nach dem Tode seines Vaters der neue Herr von Loyola.

Der Name »Gesellschaft Jesu« erhielt seine entscheidende Bestätigung in der Vision von La Storta, auf die wir gleich zu sprechen kommen, und eine ausdrückliche Anerkennung in den Beratungen, die die Gefährten im Jahre 1539 abhielten und aus denen der neue Orden hervorging. Ignatius wollte, daß dieser Name unwiderruflich sei. Er selbst wollte ihn niemals abändern. Und da alle beschlossen hatten, in wichtigen Punkten nichts ohne die Zustimmung aller zu ändern, sollte der Name der Gesellschaft für immer festgelegt bleiben.

Bevor die Gefährten nach Venedig zurückkehrten, war Ignatius noch bei der kirchlichen Autorität verklagt worden. Da man ihm kein bestimmtes Vergehen in Dingen des Glaubens oder der Sitten vorwerfen konnte, verbreiteten seine Verleumder das Gerücht, er sei aus Spanien und Paris flüchtig; dort sei er gerichtlich verfolgt und sein Bild verbrannt worden. Der Legat Verallo beauftragte seinen Vikar Gaspare de' Dotti, eine Untersuchung vorzunehmen. Obgleich dieser von der Falschheit der Anschuldigungen überzeugt war, eröffnete er einen ordentlichen Prozeß, zu dem Zeugen geladen wurden und Ankläger wie Anwälte zu erscheinen hatten.

Der Freispruch wurde am 13. Oktober 1537 ausgestellt. Ignatius wurde zu seiner Verkündung nach Venedig bestellt. Das Urteil bezeichnete die Anschuldigungen als »leichtfertig, hinfällig und falsch«. Mehr noch, der Angeklagte wurde ausdrücklich als ein Priester mit guten Sitten und guter Lehre anerkannt.

Nachdem er von dieser Anklage frei war, konnte Ignatius in Ruhe die Reise nach Rom antreten. Ende Oktober, Anfang November brach er mit Faber und Laínez auf.

Die Vision von La Storta

Was sich auf dieser Reise ereignete, war von größter Bedeutung für das geistliche Leben von Ignatius und für die Gründung der Gesellschaft Jesu. Es handelt sich um die sogenannte »Vision von La Storta«. La Storta ist ein Ort nahe bei Isola Farnese an der Via Cassia, die von Siena nach Rom führt. Es liegt 16,5 km von Rom entfernt. Was Ignatius erfuhr, wissen wir aus einer kurzen Mitteilung von ihm selbst, ergänzt durch weitere Angaben von P. Laínez, der dabei war; Ignatius selbst verweist auf ihn. Zeitgenossen wie Nadal, Polanco, Ribadeneira und Canisius bringen weitere erläuternde Angaben, auf die wir uns beziehen können.

Während des ganzen Weges hatte Ignatius viele geistliche Erfahrungen, besonders beim Empfang der Kommunion, die ihm Faber oder Laínez bei der täglichen Messe reichten. Ein Gedanke beherrschte alle anderen: das feste Vertrauen, Gott werde sie beschützen inmitten aller Schwierigkeiten, denen sie in Rom möglicherweise begegnen würden. Nach dem Bericht von Laínez hörte Ignatius innerlich folgende Worte: »Ich werde euch in Rom gnädig sein.« Nadal und Ribadeneira wiederholen diese Formulierung, lassen aber die Erwähnung Roms weg. Nadal selber gebraucht in einem anderen Text die Formulierung »Ich werde mit euch sein« (Io sarò con voi). Dabei handelt es sich lediglich um verschiedene Nuancierungen der gleichen Tatsache. Laínez wollte auf die Schwierigkeiten hinweisen, denen sie bei ihrer Ankunft in Rom begegnen würden. Die anderen Biographen sahen in den an Ignatius gerichteten Worten eine Zusage des göttlichen Beistandes für das große Unternehmen, das vor ihnen stand: die Gründung der Gesellschaft.

Im Verlauf der göttlichen Mitteilungen in La Storta gab es einen Höhepunkt. Der Heilige berichtet, er habe nach seiner Priesterweihe beschlossen, ein ganzes Jahr bis zu seiner ersten Meßfeier zu warten. Er wollte sich vorbereiten und die Muttergottes bitten, »sie möge ihn ihrem Sohne zugesellen«. Diese Sehnsucht fand ihre Erfüllung, als Ignatius mit zwei seiner Gefährten in einer Kirche verweilte, welche die Überlieferung als die Kapelle von La Storta bezeichnet. Während er dort »betete, fühlte er in seiner Seele eine solche Umwandlung und sah so klar, daß Gott, der Vater, ihn Christus, seinem Sohn, zugesellte, daß er nicht mehr wagte, daran zu zweifeln, daß Gott, der Vater, ihn wirklich seinem Sohne zugesellte«. Es war nicht die Muttergottes, sondern der Vater selbst, der diese mystische Vereinigung von Ignatius mit Jesus bewirkte.

Laínez, von dem Ignatius selbst sagt, daß er sich an mehr Einzelheiten erinnere, fügt wichtige Angaben hinzu. Ignatius sah Jesus mit dem Kreuz auf den Schultern und neben ihm den Vater, der zu Jesus sagte: »Ich will, daß du diesen als deinen Diener nimmst.« Da wandte sich Jesus zu Ignatius und sagte: »Ich will, daß du uns dienst.« Das Fürwort »uns«, also die Mehrzahl, gibt dieser Vision ein deutlich trinitarisches Siegel. Der Vater verbindet Ignatius eng mit Jesus, der das Kreuz trägt, und drückt seinen Willen aus, daß er sich seinem Dienst weihe. Ignatius ist zur Mystik der Einheit berufen, dazu, »Christus zugesellt zu werden«, und zur Mystik des Dienstes, da er aufgefordert wird, sein Leben dem Dienste Gottes zu weihen. Dies alles wird besiegelt durch den göttlichen Schutz, der ihm und der ganzen Gruppe angesichts der herannahenden Prüfungen versprochen wird.

Diese mystische Erfahrung wirkte sich, wie schon gesagt, deutlich auf die Gründung der Gesellschaft Jesu aus. Ignatius fühlte sich innerlich mit Christus verbunden, und er wollte, daß die Gesellschaft, die er gründen wollte, Jesus ganz geweiht sein und seinen Namen tragen sollte. Dieser Name war ein ganzes Programm: Gefährten Jesu zu sein, angeworben unter der Fahne des Kreuzes, um sich im Dienst für Gott und die Nächsten zu verwenden. Es ist das Programm, das sich später in der »Formula instituti« (kurze Darlegung des Instituts) der Gesellschaft niederschlagen wird.

Endgültig in Rom

Ignatius, Faber und Laínez betraten Rom durch das Tor del Popolo an einem Novembertag 1537. Für den Augenblick erfüllten sich ihre Vorahnungen nicht. Alles war ihnen günstig. Unterkunft fanden sie in einem Haus, das Quirino Garzoni gehörte. Es stand am Abhang des Pincio, in der Straße, die heute »San Sebastianello« heißt. Wenige Schritte entfernt lag die Kirche der Minimen, Trinità dei Monti. Pedro Ortiz war bereit, sie zu unterstützen. Wahrscheinlich war er es, der vorschlug, Faber und Laínez sollten eingeladen werden, an der römischen Universität, die im Palast della Sapienza untergebracht war, Vorlesungen zu halten. Beide nahmen ihre Aufgabe sofort in Angriff. Faber lehrte positive Theologie, indem er die Heilige Schrift kommentierte; Laínez las scholastische Theologie und erläuterte die einflußreichen Kommentare des Gabriel Biel über den Meßkanon. Der Papst lud sie gelegentlich zusammen mit anderen Theologen zu Disputationen während seiner Mahlzeiten ein.

Die Tätigkeit des hl. Ignatius konzentrierte sich darauf, bedeutenden und geeigneten Personen Exerzitien zu geben. Seine Exerzitanten besuchte er täglich, auch wenn sie weit voneinander wohnten. Einmal gab er die Exerzitien gleichzeitig einem, der in der Nähe von Sta. Maria Maggiore, und einem anderen, der in der Nähe der Sixtusbrücke wohnte. Wer in Rom gelebt hat, kann sich einen Begriff von der Entfernung zwischen diesen beiden Punkten machen. Bedeutende Exerzitanten waren der spanische Arzt Iñigo López, der von da an den Gefährten freundschaftlich seine Dienste leistete und im Haus wie einer von ihnen angesehen wurde, der Abgesandte von Siena in Rom, Lattanzio Tolomei aus dem Kreis von Vittoria Colonna und Michelangelo, und Kardinal Gaspare Contarini, der Präsident der päpstlichen Kommission für die Kirchenreform.

Besondere Erwähnung verdient Dr. Pedro Ortiz. Er begab sich mit seinem Exerzitienmeister während der Fastenzeit 1538 in die Abtei von Montecassino, um mehr Ruhe zu haben. Dort unterwarf sich während vierzig Tagen der Theologe und Professor der Heiligen Schrift aus Salamanca der Führung des anderen, der kaum die theologischen Studien abgeschlossen hatte, dafür aber praktische Kenntnis von den Dingen Gottes und bewährte Erfahrung in der Seelenführung besaß. Am Ende der Exerzitien konnte Ortiz sagen, er habe in ihnen eine neue Theologie gelernt, die von der aus

Büchern gelernten ganz verschieden sei; denn eine Sache sei das Studieren, um andere zu unterrichten, und eine andere das Studieren, um das Studierte in die Praxis umzusetzen.

Während ihres Aufenthalts in Montecassino starb in Padua der Bakkalaureus Diego de Hoces. Er war der erste aus der Gesellschaft, der noch vor ihrer kanonischen Einrichtung starb. Ignatius wurde eine göttliche Erleuchtung über den Tod seines Freundes zuteil. Er sah dessen Seele sich zum Himmel erheben, in Lichtstrahlen gehüllt; und das mit solcher Klarheit, daß er nicht daran zweifeln konnte, und mit soviel Trost, daß er die Tränen nicht zurückhalten konnte. Hoces war dunkelhäutig und häßlich gewesen, aber nach seinem Tod war er so schön, daß sein Gefährte Jean Codure nicht müde wurde, ihn anzuschauen, denn er schien ihm wie ein Engel.

Der schmerzliche Verlust wurde durch den Eintritt von zwei neuen Mitgliedern gemildert. Einer von ihnen war Francisco Estrada aus Dueñas (Palencia). Er war im Dienst des Kardinals Giampietro Carafa gewesen und mit noch anderen aus Rom verabschiedet worden. Während er nach Neapel ging, um sich eine Anstellung zu suchen, begegnete er Ignatius und Ortiz, die von Montecassino zurückkamen. Der Heilige lud ihn ein, sich ihnen anzuschließen. In Rom machte er die Exerzitien und entschloß sich, bei der Gruppe zu bleiben. Mit der Zeit sollte er ein berühmter Prediger werden.

Der andere war der Priester aus Jaén, Lorenzo García. Ignatius hatte ihn während seiner Studienzeit in Paris kennengelernt. In Rom schloß er sich zwar Ignatius an, als sich jedoch die Verfolgung erhob, von der noch zu berichten sein wird, fürchtete er sich und verließ die Gesellschaft. Dennoch verdanken wir ihm zwei Zeugnisse zugunsten des Ignatius. Eines ist das in Paris vom Inquisitor Thomas Laurent am 23. Januar 1537 ausgestellte: Ignatius und seine Gefährten waren von Paris schon abgereist und bedienten sich der Vermittlung Lorenzo Garcías und Diego de Caceres', um sich vom Inquisitor das Zeugnis ihrer Unschuld zu besorgen. Das andere Zeugnis stammt von García selbst. Er gab es in Otricoli, als er durch diesen Ort kam, nachdem er sich schon von den Gefährten getrennt hatte.

Nach Ostern (21. April) kamen die Gefährten, die im Norden Italiens geblieben waren, in Rom an; so vereinigte sich die Gruppe wieder, nachdem sie sechs Monate getrennt gewesen war.

Die Gesellschaft Jesu entsteht

Der Gründung der Gesellschaft Jesu ging eine Zeit der Verfolgung voraus, die sie sozusagen schon vor ihrer Entstehung in Gefahr brachte. Zugleich war dies aber für die Gemeinschaft eine Zeit vertieften Nachdenkens über ihre Zielsetzung.

Der römische Prozeß

Das Leben der Gruppe schien sich ruhig zu entfalten, als schwere Anfeindungen aufkamen, die sie fast an den Rand ihrer Existenz brachten. In der Fastenzeit des Jahres 1538 war in der Augustinerkirche der Piemontese Agostino Mainardi, ein Mönch dieses Ordens, mit den Fastenpredigten betraut worden. Er fand großen Zustrom. Unter seinen Zuhörern waren auch Faber und Laínez. Sehr bald stellten diese mit Schrecken fest, daß der berühmte Prediger offensichtlich lutherische Lehren vertrat. (Wie sich später herausstellte, hatten sie sich nicht getäuscht. Tatsächlich bekannte sich Mainardi zwei Jahre später öffentlich zum Protestantismus, zog sich nach Chiavenna in der Valtellina zurück und gründete dort eine reformierte Gemeinschaft; er starb 1563.) Faber und Laínez besuchten den Prediger und ermahnten ihn, seine falschen Lehren zu widerrufen. Sie hatten keinen Erfolg.

Der Konflikt verschlimmerte sich dadurch, daß einige Spanier, die bei der Kurie Einfluß hatten, zugunsten Mainardis eingriffen. Wir kennen ihre Namen: Francisco Mudarra, ein gewisser Barrera, Pedro de Castilla und Mateo Pascual. Die eigentlich treibende Kraft aber war Miguel Landívar, der, weil aus der Gruppe der ersten Gefährten ausgeschlossen, vom Freund zum Feind geworden war. Zunächst verbreitete er mit seinen Anhängern das Gerücht, jene »reformierten Priester« der Gesellschaft seien in Wirklichkeit verkleidete Lutheraner, die in den Exerzitien ihre Anhänger täuschten. Wegen Unmoral und falscher Lehre habe man ihnen in Spanien, in Paris und in Venedig den Prozeß gemacht; deshalb seien sie geflohen und hätten in Rom eine Zufluchtsstätte gesucht.

Die falschen Behauptungen breiteten sich wie ein Lauffeuer aus, und bald zeigten sich auch die Folgen. Die Gläubigen begannen, sich von den verdächtigen Männern zurückzuziehen.

Unter denen, die sich beeinflussen ließen, war Kardinal Gian Domenico de Cupis, der Dekan des Heiligen Kollegiums. Er war mit Quirino Garzoni befreundet und forderte ihn auf, Ignatius mit seinen Gefährten aus dem Haus zu werfen. Garzoni erwiderte, er habe sie von seinem Diener und Gärtner Antonio Sarzana beobachten lassen und der sehe sie als Heilige an. Er habe ihnen Betten überlassen, sie aber benützten sie nicht, sondern schliefen auf Matten am Boden. Das Essen, das sie erhielten, verteilten sie unter die Armen; und dergleichen mehr. Der Kardinal jedoch sagte, diesen Wölfen im Schafspelz dürfe man nicht trauen, sie versuchten nur, das Volk zu betrügen.

Ignatius ging daraufhin in einer für ihn bezeichnenden Weise vor. Er begab sich zum Palast des Kardinals an der Via Sta. Maria dell' Anima und erreichte eine Audienz. Zwei Stunden war er bei dem Kardinal, während andere ungeduldig im Vorzimmer warteten. Schließlich beugte sich der Kardinal den Argumenten von Ignatius. Er warf sich ihm zu Füßen und bat ihn um Verzeihung. In der Folgezeit erwies er sich stets als Freund und Wohltäter der Gruppe.

Noch eine weitere und entscheidendere Gegenmaßnahme traf Ignatius. Er erbat und erhielt Audienz bei Benedetto Conversini, dem Gouverneur von Rom, der die Gerichtsbarkeit ausübte. Ihm legte er einen Brief vor, den Miguel Landívar selbst früher einmal an ihn gerichtet hatte. In diesem Brief überbot sich der einstige Diener Franz Xavers im Lob für Ignatius und die übrigen Gefährten. Anhand dieses Briefes ließen sich leicht die Widersprüche aufzeigen, in die sich der Mann aus Navarra verstrickt hatte. Das Ergebnis war, daß Landívar wegen Verbreitung von Unwahrheiten aus Rom ausgewiesen wurde.

Nach dieser ersten Phase konnten sich die Gefährten in Ruhe ihren priesterlichen Aufgaben widmen. Sie verteilten sich auf verschiedene Kirchen der Heiligen Stadt. Ignatius predigte auf spanisch in der Nationalkirche der Krone von Aragón, Sta. Maria von Montserrat. Die anderen predigten, so gut es ging, auf italienisch, Faber in San Lorenzo in Damaso, Laínez in San Salvatore in Lauro, Jay in der französischen Kirche S. Louis, Salmerón in Sta. Lucia del Gonfalone, Rodrigues in Sant' Angelo in Pescheria, Bobadilla in Sti. Celso e Giuliano. Xaver mußte damals wegen seiner angegriffenen Gesundheit zu Hause bleiben. Um ihrem Arbeitsfeld näher zu sein, zogen alle gegen Juni 1538 in ein Haus nahe der Sixtusbrücke und der Wohnung des Dr. Ortiz. Freunde hatten es ihnen für vier Monate gemietet.

Inzwischen blieben aber Mudarra und seine Anhänger in ihrer Verleumdungskampagne nicht müßig. Doch Ignatius widerstand ihnen. Am 7. Juli reichte er eine formelle Gerichtsklage bei Kardinal Vincenzo Carafa ein. Paul III. hatte diesen als seinen Legaten in Rom eingesetzt, als er selbst am 20. Mai nach Nizza reiste, um zwischen Kaiser Karl und Frankreich zu vermitteln. Ignatius bat den Kardinal um die Durchführung einer ordentlichen Untersuchung seines Falles und um ein abschließendes Gerichtsurteil.

Angesichts dieses entschlossenen Handelns begannen die Gegner den Rückzug. Sie zogen ihre Anklagen gegen die »reformierten Priester« zurück und schwenkten sogar auf Lob um. Selbst unter den Gefährten und den zuverlässigen Freunden meinten einige, wie z. B. Dr. Ortiz, dies genüge und man solle die Sache als erledigt ansehen. Doch Ignatius war nicht dieser Meinung. Er glaubte, für die endgültige Anerkennung ihrer Unschuld bedürfe es eines ausdrücklichen Gerichtsurteils und ohne ein solches bleibe das apostolische Wirken der Gruppe gefährdet.

Noch ein anderer Grund dürfte mitgespielt haben, den die Biographen zwar nicht erwähnen, der aber sicher das Verhalten von Ignatius beeinflußt hat. Die Verwirklichung der Pilgerfahrt nach Jerusalem war immer unwahrscheinlicher geworden, vor allem nachdem sich die Republik Venedig am 8. Februar 1538 zusammen mit dem Papst und dem Kaiser zu einer Liga gegen die Türken zusammengeschlossen hatte. Für Ignatius und seine Gefährten rückte also der Augenblick immer näher, da sie sich, wie es ihr Gelübde vom Montmartre verlangte, dem Papst zur Verfügung zu stellen hätten. Die Gründung eines neuen Ordens war zwar noch nicht förmlich entschieden, zeichnete sich aber schon ab. Es war abzusehen, und die Tatsachen bewiesen es bald: Eine so innig verbundene Gruppe konnte nicht dazu bestimmt sein, sich gleich wieder aufzulösen; sie mußte vielmehr durch eine Organisation, die Festigkeit und Entwicklung garantierte, auf Dauer angelegt werden. Wie aber hätten sie dem Papst mit Gelassenheit ihren Plan vorstellen können, solange ihre Lage nicht geklärt war? Heute wissen wir, daß die Gründung und Anerkennung der Gesellschaft Jesu von der Lösung jenes Konflikts abhing. Deshalb maß Ignatius diesem Prozeß und dem Freispruch, der ihn beenden sollte, große Bedeutung bei. Das beweisen auch die zahlreichen Daten, die wir darüber besitzen. Es ist eines der am genauesten dokumentierten Ereignisse im Leben des hl. Ignatius.

Um ihrer Sache Rückhalt zu geben, setzten Ignatius und seine Gefährten alle Hebel in Bewegung. Sie sandten Briefe an die Obrigkeiten der Städte, in denen einige von ihnen gearbeitet hatten, und baten darum, schriftliche Zeugnisse über ihr Leben und ihre Lehre nach Rom zu schicken. Tatsächlich kamen von Ferrara, Bologna und Siena lobende Antwortschreiben.

Ignatius tat einen weiteren Schritt. Als der Papst am 24. Juli von seiner Reise nach Nizza zurückgekehrt war, unternahm Ignatius alles Erdenkliche, um ihn zu sprechen. In der zweiten Augusthälfte begab sich Paul III. nach Frascati. Ignatius folgte ihm dorthin und hatte das Glück, noch am Tage seiner Ankunft in Audienz empfangen zu werden. Er selbst erzählte es mit vielen Einzelheiten in einem Brief an Isabel Roser: »... als ich dorthin (nach Frascati) kam, sprach ich eine gute Stunde lang allein mit Seiner Heiligkeit in seinem Gemach (Polanco fügt hinzu, daß er lateinisch gesprochen habe). Ich redete ausführlich von unseren Vorhaben und Absichten. Offen erzählte ich auch von allen Prozessen, die man gegen mich angestrengt hatte... Ich ersuchte Seine Heiligkeit im Namen aller, für Abhilfe zu sorgen und unsere Lehre und unser Verhalten durch irgendeinen von Seiner Heiligkeit zu bestimmenden Richter erkunden und prüfen zu lassen.« Der Papst gewährte Ignatius diesen Wunsch. Er gab dem Gouverneur von Rom den Auftrag, einen Prozeß einzuleiten. Am Ende von Ignatius' Bittschrift an den Papst vom 7. Juli steht folgende eigenhändige Anmerkung des Kardinals Vincenzo Carafa; sie lautet, aus dem Lateinischen übersetzt: »Auf Weisung unseres Herrn, des Papstes, soll der Gouverneur anhören, vorladen und so verfahren, wie es erbeten wird, und Gerechtigkeit schaffen.«

Es ergab sich ein äußerst günstiger Umstand, den Ignatius ohne Bedenken der göttlichen Vorsehung zuschrieb. Im Spätsommer 1538 kamen aus verschiedenen Gründen alle jene zugleich in Rom zusammen, die ihn in Alcalá, in Paris und in Venedig verhört und über ihn geurteilt hatten. Aus Alcalá war Juan Rodríguez de Figueroa angekommen, aus Paris der Inquisitor Matthieu Ory, aus Venedig der Generalvikar des Legaten, Gaspare de' Dotti. Sie alle wurden zur Aussage vor den Statthalter geladen. Ihre Aussagen waren ein klarer Beweis für die Unschuld der Gefährten. Man habe bei den Angeklagten nicht nur keine Fehler in Lehre und Moral festgestellt, sondern ihr Leben sei als heilig und ihre Lehre als rechtgläubig befunden worden. Zu den Aussagen dieser einstigen Richter kamen die anderer besonders angesehener Personen; so die von Dr. Pedro Ortiz und von dem Botschafter von Siena, Lattanzio Tolomei, sowie die des berühmten Dominikanertheologen Ambrosio Catarino. So erfolgte schließlich am 18. November 1538 durch den Statthalter Benedetto Conversini der Freispruch. Darin wurde erklärt, Ignatius und seine Gefährten seien in keinerlei Ehrlosigkeit verstrickt gewesen, sondern ihre Unschuld sei durch eindeutige Zeugnisse bewiesen. Die Anklagen ihrer Verleumder dagegen seien als falsch überführt. Auf Ersuchen des hl. Ignatius verschwieg man zwar im Urteilstext deren Namen, doch wurden ihnen schwere Strafen auferlegt.

Ignatius war sehr daran gelegen, dieses Urteil überall bekannt zu machen, wohin sich das Gerücht der falschen Anklagen verbreitet haben könnte. Das erklärt die große Zahl authentischer Kopien des Urteils, die in den Archiven erhalten sind. Eine Kopie schickte Ignatius seinen Verwandten in Loyola, die sie wie eine Reliquie aufbewahrten.

Mit dem Freispruch kehrten der Friede und die Heiterkeit wieder in die Gemüter zurück. Ignatius und seine Gefährten konnten ruhig in die Zukunft schauen, die ohne Wolken zu sein schien. Die so sehr ersehnte Wallfahrt erwies sich als undurchführbar. Nachdem die Wartezeit reichlich verstrichen war, konnten sie nur noch sich dem Papst zur Verfügung stellen, um dem Gelöbnis von Montmartre zu entsprechen.

Dem Papst müssen sie sich zwischen dem 18. November, dem Tag des Freispruchs, und dem 23. des gleichen Monats angeboten haben. Unter letzterem Datum erwähnt Faber in einem Brief an Diego de Gouveia das Angebot als bereits vollzogen. Dieser Brief ist das einzige erhaltene Zeugnis darüber.

Paul III. nahm das Angebot mit Freuden an, das ihm die Gruppe mit solcher Aufrichtigkeit in der reinen Absicht machte, allein Gott und der Kirche zu dienen. Anläßlich einer theologischen Disputation in Anwesenheit des Papstes hatte er ihnen schon früher einmal gesagt: »Wozu so sehr nach Jerusalem trachten? Ein gutes und wahres Jerusalem ist Italien, wenn ihr für die Kirche Gottes Frucht bringen wollt.« Aus diesen Worten scheint die ursprüngliche Absicht des Papstes zu sprechen, sie in Italien zu behalten.

Die erste Messe des Ignatius

Für Ignatius war der so heiß ersehnte Augenblick gekommen, auf den er sich mit Gebet und voll Sehnsucht eineinhalb Jahre vorbereitet hatte: die Feier seiner ersten hl. Messe. Der Grund für einen so langen Aufschub wird außer in seinem Verlangen, sich sorgfältig vorzubereiten, vor allem in seinem Wunsch zu suchen sein, die erste Messe in Betlehem oder an einer anderen heiligen Stätte zu feiern. Das war nun nicht möglich. So wählte er für seine erste Messe das Weihnachtsfest des Jahres 1538. Er feierte sie am Krippenaltar von Sta. Maria Maggiore, der um 1289 von Arnolfo di Cambio erneuert worden war. Seit alters erinnerte er die Gläubigen an die Geburt des Erlösers. Heute befinden sich Altar und zugehörige Kapelle in der Krypta der Sixtinischen Kapelle von Sta. Maria Maggiore. Damals stand der Altar etwa 16 Meter von seinem heutigen Platz entfernt, wohin später Domingo Fontana die ganze Kapelle verlegte. Dort also feierte Ignatius seine erste Messe »mit seiner Hilfe und Gnade«, wie er selbst in einem Brief vom 2. Februar 1539 an seine Verwandten in Loyola schrieb.

Im Oktober des gleichen Jahres war die Gruppe in das Haus von Antonio Frangipani am Melangolo-Turm, nicht weit vom Kapitol, umgezogen. Dieses Haus hatten sie ohne weiteres bekommen, da es unbewohnt war. Es galt nämlich als verhext. Aber sie überwanden die Angst, die durch einige nächtliche Geräusche neue Nahrung erhielt. In diesem Haus ereigneten sich wichtige Dinge. Hierher wurde am 18. November 1538 der Freispruch zugestellt. Hier fanden in der ersten Hälfte des Jahres 1539 die Beratungen zur Gründung der Gesellschaft statt. Von hier zog im März 1540 Franz Xaver nach Indien aus. Hier wurde im September des gleichen Jahres die Bestätigungsbulle der Gesellschaft Jesu in Empfang genommen.

Im Winter 1538/39 war das Haus Frangipanis der Schauplatz für die Wohltätigkeit des Ignatius und seiner Gefährten. Es war ein schrecklich kalter Winter; seit vierzig Jahren konnte man sich an keinen ähnlichen erinnern. Folglich wurden die Lebensmittel knapp, und Rom wurde von einer furchtbaren Not heimgesucht. Die Gefährten hatten in ihrem Haus viel Gelegenheit zu Werken der Barmherzigkeit an den Hungernden. Sie betreuten bis zu 300 Personen gleichzeitig. Sie besorgten Unterkunft, Heizmaterial und Betten, soviel sie nur auftreiben konnten. Sie verschafften den Hungernden ausreichend Nahrung. Mit der leiblichen verbanden sie die geistliche Nahrung. Sie versammelten ihre Kostgänger in einem großen Saal, und ein Mitglied der Gesellschaft unterwies sie in den christlichen Wahrheiten. Man schätzt, daß während der ganzen Notzeit insgesamt mehr als 3000 Bedürftige unterstützt wurden.

Neben den leiblichen Werken der Barmherzigkeit widmeten sich die »Magistri aus Paris« den priesterlichen Aufgaben, die in der Formel des Instituts aufgezählt werden, die Ignatius im Jahre 1539 in eben diesem Haus verfassen wird: Katechese, Predigt auch außer der dafür üblichen Advents- und Fastenzeit, Sakramentenspendung, Geistliche Übungen.

Die »Beratungen« von 1539

Alles Obenerwähnte trug sich in Rom zu. Aber es dauerte nicht lange, und es kamen Bitten von anderen italienischen Städten und von außerhalb Italiens: So äußerte der Botschafter Karls V. den Wunsch, daß einige Mitglieder der Gesellschaft nach Amerika gesandt würden. Der König von Portugal bat, einige für Indien zu bestimmen.

Bei dieser Lage der Dinge sah man den Zeitpunkt nahegekommen, da die Gruppe zerstreut würde. Die Frage konnte nicht länger unentschieden bleiben: Wenn der Papst sie für den einen oder anderen Ort bestimmte, sollten sie dann als unabhängige Einzelpersonen oder als Mitglieder einer festen Gemeinschaft seinem Ruf folgen? Und im zweiten Fall: Sollten sie sich durch das Gelübde des Gehorsams einem von ihnen unterstellen, der als Oberer gewählt würde? Diese Fragen bedeuteten in der Praxis dasselbe wie: Sollten sie einen neuen Orden gründen? Die Entscheidung drängte. Der Papst hatte den Bitten der Stadtväter von Siena nachgegeben und Broët mit noch einem Gefährten dafür bestimmt, dort für die Reform des Benediktinerklosters Sti. Prospero e Agnese zu arbeiten. Dies war die erste Sendung, mit der die

Gesellschaft aufgrund ihres Angebotes von 1538 an den Papst betraut wurde.

Um über diese anstehenden Fragen zu beraten, beschlossen die Gefährten, so lange zusammenzukommen, wie es erforderlich sein würde. So kam es zu den Beratungen von 1539, die von März bis zum 24. Juni dauerten. Damit die begonnenen apostolischen Werke nicht unterbrochen werden mußten, setzten sie folgende Ordnung fest: Jeden Tag wurde am Abend ein Punkt zur Besprechung vorgenommen. Tagsüber sollte jeder, ohne seine gewöhnlichen Arbeiten zu unterbrechen, die Angelegenheit Gott in der hl. Messe und in seinen Gebeten empfehlen. In der abendlichen Zusammenkunft trug er dann seine Gründe dafür und dagegen vor. Nach beendeter Diskussion sollte die Entscheidung durch Einstimmigkeit fallen.

Die erste Frage war: Sie hatten nun einmal ihre Person Christus, dem Herrn, anheimgegeben und seinem wahren und rechtmäßigen Stellvertreter auf Erden, damit er über sie verfüge und sie dorthin sende, wo sie nach seinem Urteil Frucht brächten. Wäre es nun angebracht, vereint und verbunden zu bleiben, also eine Gemeinschaft zu bilden, oder wäre das Gegenteil besser? Die Entscheidung fiel leicht und war unumstritten: Jene von Gott zusammengefügte Einheit und Gemeinschaft durfte nicht aufgelöst werden. Im Gegenteil, es war angebracht, sie zu festigen und bestätigen zu lassen, um so mehr, als gerade bei schwierigen Unternehmungen die Einheit nützlicher und wirksamer ist als die Zerstreuung. Selbstverständlich sollte alles dem Papst zur Bestätigung unterbreitet werden. Mehr Schwierigkeiten bereitete der zweite Punkt. Alle hatten das Gelübde der Armut und der Keuschheit in die Hände des päpstlichen Legaten in Venedig, Verallo, abgelegt. Sollten sie nun auch das Gelübde des Gehorsams gegenüber einem von ihnen ablegen, der als Oberer gewählt würde? Bevor sie in die Beratung dieses wichtigen Themas eintraten, war noch eine Vorfrage zu klären: Sollten sich alle oder wenigstens einige von ihnen, um mehr Ruhe zum Überlegen zu haben und mehr göttliches Licht zu erlangen, für dreißig oder vierzig Tage an einen einsamen Ort zurückziehen? Die Entscheidung darüber fiel negativ aus. Sie alle wollten in Rom bleiben, und zwar aus zwei Gründen: Sie wollten nicht die Aufmerksamkeit der Gläubigen erregen, die ihre Handlungsweise hätten als Flucht auslegen können. Und die Seelsorgsarbeiten, mit denen sie befaßt waren, sollten nicht unterbrochen werden.

Um recht zu entscheiden, nahmen sie sich vor, darauf die Regeln für eine gute Wahl anzuwenden, die im Exerzitienbuch stehen:

1. Alle sollten sich in der Messe und im Gebet dazu bereit machen, mehr geistlichen Geschmack am Gehorsam zu finden und mehr zum Gehorchen als zum Befehlen geneigt sein, selbst wenn das eine wie das andere in gleicher Weise zur Ehre Gottes gereiche.
2. Sie würden das Thema nicht untereinander besprechen, sondern jeder sollte sich bemühen, seine Meinung daran auszurichten, was ihm im Gebet am angebrachtesten erscheine.
3. Sie sollten sich so verhalten, als seien sie außerhalb der Gruppe stehende fremde Personen, um ein völlig unbeeinflußtes Urteil abgeben zu können.

Wenn die Zeit zur Beratung gekommen war, legte jeder seine Gründe dar. Die Argumente gegen das Gehorsamsgelübde waren: Wegen unserer Sünden klingen heute die Worte »Gehorsam« und »Orden« nicht mehr so gut wie in vergangenen Zeiten. Wenn wir uns für die Ablegung des Gehorsamsgelübdes entscheiden, wird uns der Papst wahrscheinlich verpflichten, uns einem der bestehenden Orden einzugliedern. Es ist möglich, daß der Gedanke an das Gehorsamsgelübde einige abstößt, die sonst vielleicht die Neigung fühlten, sich unserer Lebensweise anzuschließen.

Am nächsten Tag brachten sie die Gründe zugunsten des Gelübdes vor: Ohne Gehorsam fehlt der Gruppe der nötige Zusammenhalt; denn jeder würde Mühe und Verantwortung einem anderen zuschieben, wie die Erfahrung es bereits gezeigt habe. Ohne Gehorsamsgelübde wird unsere Gemeinschaft nicht lange bestehen, sondern sich früher oder später auflösen. Der Gehorsam bietet Gelegenheit zur Ausübung vieler Tugenden und sogar heroischer Akte. Nichts ist so geeignet, den Hochmut in Schranken zu halten, wie der Gehorsam.

Der größte Einwand gegen das Gehorsamsgelübde war praktischer Art. Nachdem die Gruppe nämlich entschieden hatte, sich dem Papst ganz zur Verfügung zu stellen, erschien der Gehorsam gegenüber einem anderen Oberen überflüssig und sogar nachteilig. Auf diesen Einwand antwortete man mit der realistischen Feststellung, es sei nicht vorauszusetzen, daß der Papst die unzähligen Fälle, die auftreten werden, unter seine persönliche Verantwortung nehmen werde. Und selbst wenn er es könnte, scheine es nicht angebracht, dies von ihm zu verlangen.

Nach mehrtägigen Debatten, die sich über die Karwoche und das Osterfest hinzogen, befanden sie einstimmig, es sei besser, einem von ihnen Gehorsam zu leisten. So könnten sie sicherer und genauer ihrer ursprünglichen Absicht nachkommen, nämlich in allem den Willen Gottes zu erfüllen. Die Gesellschaft werde mit großer Wahrscheinlichkeit weiterbestehen, und alle könnten die ihnen anvertrauten geistlichen und zeitlichen Arbeiten besser ausführen.

Man kann sagen, daß mit der Entscheidung über diese beiden Punkte die Gründung der Gesellschaft Jesu beschlossene Sache war. Es fehlte nur noch die Bestätigung von seiten des Papstes. Die Gefährten waren sich der Wichtigkeit dieses ersten Abschnitts ihrer Beratungen bewußt. Er sollte mit einem feierlichen Akt besiegelt werden. Dieser fand am 15. April statt. Zuerst legten sie eine Generalbeichte ab. Dann wohnten sie der Messe bei, die Petrus Faber hielt, der als geistlicher Vater aller anerkannt war. Nachdem sie aus seiner Hand die Kommunion empfangen hatten, unterschrieben sie ein Dokument, in welchem sie erklärten, daß sie es zur Ehre Gottes und für das dauerhafte Fortbestehen der Gesellschaft für das Beste hielten, daß sie das Gelübde des Gehorsams ablegten. Gleichzeitig verpflichteten sie sich, wenngleich ohne Gelübde, in die Gesellschaft einzutreten. Die Unterzeichner waren Cáceres, Jean Codure, Laínez, Salmerón, Bobadilla, Paschase Broët, Petrus Faber, Franz Xaver, Ignatius, Simon Rodrigues und Claude Jay.

Im Mai und Juni bildeten sich einige Grundzüge des neuen Ordens heraus: Außer den drei herkömmlichen Gelübden der Armut, der Keuschheit und des Gehorsams mußte, wer in die Gesellschaft eintreten wollte, ein besonderes Gelübde des Gehorsams gegenüber dem Papst ablegen, in dem er sich verpflichtet, an jedweden Ort der Welt zu gehen, wohin ihn der Heilige Vater sendet. Er hat die Kinder in der christlichen Lehre zu unterweisen. Vor dem Probejahr muß er drei Monate lang die Geistlichen Übungen machen, eine Pilgerfahrt unternehmen und in den Hospitälern Dienst leisten. Es soll in der Gesellschaft einen auf Lebenszeit gewählten Generaloberen geben. Die Gesellschaft kann Häuser besitzen, aber kein Eigentumsrecht über sie ausüben. Der General kann Novizen aufnehmen und diejenigen wieder entlassen, die sich als ungeeignet erweisen, wobei er jedoch die Meinung seiner Berater anhören muß.

Bobadilla war nicht einverstanden mit den Einzelbestimmungen zur Kinderkatechese. Das gab Anlaß zu der Entscheidung, daß in Zukunft bei Abstimmungen nicht mehr der Grundsatz der Einstimmigkeit, sondern der Stimmenmehrheit gelten sollte.

Die Beratungen wurden am 24. Juni 1539 für abgeschlossen erklärt. Außer den für Siena bestimmten Gefährten mußten in jenen Tagen noch andere Rom verlassen. Der Papst hatte einem Wunsch Ennio Filonardis entsprechend, des »Kardinal von Sant' Angelo« genannten Legaten in Parma und Piacenza, Faber und Laínez in diese beiden Städte gesandt. Sie reisten am 20. Juni ab. Im Juli gingen Codure nach Velletri und Bobadilla nach Neapel.

Die erste Formel des Instituts

Damals begann Ignatius, die erste »Formel« zu verfassen. In fünf Kapiteln enthielt sie die Hauptlinien der neuen Gemeinschaft; sie wurde geradezu die Magna Charta des neuen Ordens, ungefähr das, was die »Regel« für die alten Orden war. Folgende Punkte werden darin behandelt: der Name der Gesellschaft, ihr Ziel, die Gelübde der Armut, der Keuschheit und des Gehorsams, das Gelübde besonderen Gehorsams gegenüber dem Papst in bezug auf die »Aussendungen« oder Bestimmungsorte, die Zulassung von Novizen, die Ausbildung und der Unterhalt der Studenten, die Aufstellung der Satzungen, die Vollmacht des Generals, der Verzicht auf jede Art von Besitz und auf feste Einkommen, die private Verrichtung des kirchlichen Stundengebets und daß die Übungen leiblicher Buße nicht durch eine Regel vorgeschrieben, sondern der Neigung eines jeden einzelnen überlassen bleiben sollten. Es sei ein kühnes Wagnis, das diejenigen eingehen, die »für Gott unter der Fahne des Kreuzes kämpfen« wollten. Darum solle jeder es wohl erwägen, bevor er eine so schwere Last auf seine Schultern nehme, ob er sich auch stark genug fühle, sie zu tragen. Die Gesellschaft ihrerseits solle keinen aufnehmen, der sich nicht durch viele Prüfungen als für sie geeignet erwiesen habe.

Ende Juni oder Anfang Juli legte Kardinal Gaspare Contarini die fünf Kapitel Papst Paul III. zur Genehmigung vor. Der Papst übergab sie dem Dominikaner Tommaso Badía, dem Magister Sacri Palatii, zur Prüfung. Dieser behielt sie einige Monate und beurteilte sie schließlich als fromm und heilig.

Ignatius sandte sofort den jungen Antonio de Araoz, der sich eben erst der Gruppe angeschlossen hatte, mit den Dokumenten, d. h. mit den fünf Kapiteln und dem Gutachten Tommaso Badías zum Papst. Dieser verbrachte gerade in der Begleitung von Kardinal Contarini einige Ruhetage auf seinem Schloß in Tivoli, der »Rocca Pia« Pius' II. Der Kardinal las dem Papst die fünf Kapitel vor. Dieser billigte sie *vivae vocis oraculo* (in mündlicher Form) und fügte hinzu: »Hier ist der Geist Gottes!«

Dies geschah am 3. September 1539. Contarini beeilte sich, die freudige Nachricht noch am gleichen Tage Ignatius in einem Brief mitzuteilen, den Araoz am folgenden Tag nach Rom mitnehmen wollte. Zugleich mit der mündlichen Billigung beauftragte der Papst Kardinal Girolamo Ghinucci, den Sekretär der päpstlichen Breven, mit der Abfassung des entsprechenden Dokuments. Er legte aber nicht fest, ob es ein Breve oder eine Bulle sein sollte.

Das schien nur eine Angelegenheit des Protokolls zu sein; aber dem war nicht so. Ghinucci war ein Experte in der Praxis der römischen Kurie. Er erkannte, daß diese Sache von solcher Wichtigkeit war, daß sie nicht ein Breve, sondern eine Bulle erforderte. Also lag die Zuständigkeit bei der päpstlichen Kanzlei. Dort wäre erneut zu prüfen gewesen, ob das Projekt im Einklang mit den Normen dieser Behörde stünde. Über dieses formale Hindernis hinaus fand Ghinucci einiges Inhaltliche am Text der ihm vorgelegten fünf Kapitel auszusetzen. Das Weglassen des gemeinsamen Chorgebets und des Gesangs beim kirchlichen Stundengebet sei eine Neuerung, in der man ein Zugeständnis an die Reformer vermuten könne, die die Kirche wegen derlei traditioneller Gebräuche kritisierten. Daß die Regel keine verpflichtenden Bußübungen enthielt, bedeute eine allzu große Änderung gegenüber den überkommenen Formen des Ordenslebens. Die größte Schwierigkeit sah Ghinucci anscheinend im Gelübde des besonderen Gehorsams gegenüber dem Papst. Er betrachtete es als überflüssig. Nach seiner Auffassung waren alle Gläubigen und erst recht alle Ordensleute ohnehin zum Gehorsam gegenüber dem Heiligen Vater verpflichtet. Ignatius und seine Gefährten hatten diesen Einwand von vornherein entschärfen wollen, indem sie eine Formulierung gewählt hatten, die das Besondere dieses Gelübdes verdeutlichen sollte. Aber sie mußten bald einsehen, daß Ghinucci sich nun einmal einer amtlichen Ausfertigung des Gründungsdokuments der Gesellschaft widersetzte.

Um diese Klippe zu umgehen, legte der Papst die Angelegenheit in die Hände des Kardinals Bartolomeo Guidiccioni. Dieser nahm keine Änderungen am Inhalt der fünf Kapitel vor, die er als »richtig und überaus heilig« ansah. Er hatte aber Schwierigkeiten damit, daß es sich um die Gründung eines neuen Ordens handeln würde. Schon bei anderen Gelegenheiten hatte er sich gegen die Vermehrung der Orden ausgesprochen. Er wies auf die Bestimmungen des vierten

Laterankonzils (1215) und des zweiten Konzils von Lyon (1274) hin. Deren diesbezüglichen Vorschriften sei erneut Nachdruck zu verleihen. Er vertrat die Ansicht, daß alle Orden auf die vier alten zurückgeführt werden sollten, auf die Benediktiner, die Zisterzienser, die Franziskaner und die Dominikaner.

Zur Verteidigung ihrer Sache besuchten Ignatius und seine Gefährten den Kardinal persönlich. Dieser wollte sie anfänglich nicht einmal empfangen, geschweige denn die fünf Kapitel lesen. Schließlich ließ er sie doch vor, aber nur, um sie wieder abzuweisen. Er sagte, ohne die Anordnung des Papstes hätte er sie nicht einmal beachtet.

Als Ignatius sah, daß sich alle Türen verschlossen, nahm er zu seinen beiden gewohnten Mitteln Zuflucht: zum Gebet und zur menschlichen Vermittlung. Er versprach außer anderen Gebeten und Bußwerken mit seinen Gefährten und sonstigen Freunden 3000 Messen zu Ehren der Heiligsten Dreifaltigkeit aufzuopfern, um die so ersehnte Gnade zu erflehen. Außerdem begann er, Botschaften an einflußreiche Persönlichkeiten italienischer Städte zu schicken, wo die Gefährten zu arbeiten begonnen hatten. Sie sollten dem Papst den glücklichen Abschluß der Sache empfehlen. Schließlich ließ sich Kardinal Guidiccioni erweichen, ja, er begann das Vorhaben, die Gesellschaft Jesu zu gründen, lobend anzuerkennen. Zur Vereinfachung schlug er eine Kompromißlösung vor: Die Zahl der zur Profeß Zugelassenen sollte auf sechzig beschränkt werden.

Der Papst nahm den Vorschlag des Kardinals an. Am 27. September 1540 erließ er vom Palazzo Venezia aus die Bulle »Regimini militantis Ecclesiae«. In ihr bestätigte er feierlich die Gründung der Gesellschaft. Die Zahl der Professen war auf sechzig begrenzt. In die Bulle waren mit einzelnen Abänderungen die fünf Kapitel oder die »Formel« des Instituts der Gesellschaft einbezogen. Ein ganzes Jahr des Wartens und der Bemühungen war seit der mündlichen Genehmigung durch Papst Paul III. in Tivoli vergangen. Aber endlich war die Gesellschaft feierlich bestätigt. Sie wußte sich den von der Kirche kanonisch errichteten Orden zugehörig.

Ignatius als erster General der Gesellschaft

Bisher hatte die Gruppe keinen eigentlichen Oberen gehabt. Das Amt war im wöchentlichen Wechsel von einem jeden ausgeübt worden. In Wirklichkeit aber betrachteten alle Ignatius als Seele und Vorgesetzten der Gemeinschaft. Er hatte sie für Christus gewonnen. Da nun die Gesellschaft anerkannt war, schien der Augenblick gekommen, ihr einen Oberen zu geben.

Als die Bestätigungsbulle für die Gesellschaft herausgegeben wurde, befanden sich nur Ignatius, Codure und Salmerón in Rom. Xaver und Rodrigues waren in Lissabon, Faber war in Parma, und von dort reiste er im Oktober zusammen mit Dr. Ortiz nach Deutschland. Ignatius sandte an die vier in Italien Arbeitenden die Aufforderung, rasch nach Rom zu kommen. Sie sollten dem eben gegründeten Orden seine Gesetze geben und dann die Wahl des Generals vornehmen.

Zu Beginn der Fastenzeit 1541 kamen Broët, Jay und Laínez nach Rom. Bobadilla hielt der Papst in Bisignano zurück, einem Ort im Königreich Neapel.

Am 4. März wurde Ignatius und Codure der Auftrag erteilt, einen ersten Entwurf der Satzungen der Gesellschaft zu erarbeiten. So entstanden während jenes Märzmonats die »Satzungen von 1541«. Zu den »Festlegungen«, welche zwei Jahre zuvor verfaßt worden waren, fügten sie einiges hinzu, einiges davon änderten sie. Diese Satzungen, die Ignatius als solche ansah, ohne ihnen jedoch Endgültigkeit zuzuschreiben, behandelten in 49 Artikeln die verschiedenen Aspekte der Lebensweise der Gesellschaft, angefangen von der Armut, der der größte Raum zugestanden wurde, bis zur Art der Kleidung. Behandelt wurden auch das Amt des Generals, das lebenslang sein sollte, ferner der Katechismusunterricht und die Einrichtung der Kollegien, in denen die Studenten der Gesellschaft wohnen sollten.

Nachdem diese Satzungen fertig und von den sechs Anwesenden unterschrieben waren, fehlte nur noch die Wahl des Generals. Nach drei Tagen des Gebets und des Nachdenkens versammelten sich die sechs Gefährten am 5. April und legten ihre Stimmzettel in eine Urne. In sie wurden auch die Stimmzettel der Nichtanwesenden gelegt. Faber, Xaver und Rodrigues hatten sie vor ihrer Abreise aus Rom hinterlassen bzw. dorthin gesandt. Nach weiteren drei Tagen des Gebets fand am 8. April, dem Freitag der Passionswoche, die Auszählung statt. Die Wahl fiel einstimmig mit Ausnahme seiner eigenen Stimme auf Ignatius. Auf seinen Zettel hatte er geschrieben: »Ihs. Indem ich mich selbst ausschließe, gebe ich meine Stimme für das Amt eines Oberen demjenigen, der mehr Stimmen hat. Ich äußere mich *boni consulendo* (aus guten Gründen) unbestimmt. Wenn die Gesellschaft jedoch anderer Auffassung ist oder urteilt, es sei besser und diene zur größeren Ehre Gottes, unseres Herrn, so bin ich bereit, den betreffenden zu nennen. Geschrieben in Rom, am 5. April 1541. Iñigo.«

Faber hatte zwei Zettel geschickt, einen am 27. Dezember 1540 von Worms aus, den anderen aus Speyer vom 23. Januar 1541. In beiden gab er seine Stimme Iñigo, »und wenn todeshalber (was ferne sei) abwesend, dann Magister Franz Xaver«. Dieser seinerseits entschied sich am 15. März 1540, dem Vorabend seiner Abreise nach Portugal und Indien mit seiner Stimme für »unseren ursprünglichen und wahren Vater, Herrn Ignatius, der uns alle mit nicht wenig Mühe zusammengeführt hat und uns mit ebensolchem Einsatz am besten zu erhalten, zu leiten und vom Guten zum Besseren zu führen wissen wird, da er einen jeden von uns am meisten kennt«. Nach dem Tode von Ignatius wolle er seine Stimme »Herrn Petrus Faber« geben. Salmerón begründete sein Votum für Ignatius damit, daß dieser sie alle gezeugt und mit Milch aufgezogen habe und sie jetzt mit der festen Speise des Gehorsams nähren werde. Bobadilla sandte keinen Stimmzettel, oder dieser kam nicht rechtzeitig an. In seiner Autobiographie schreibt er, er habe für Ignatius gestimmt.

Trotz so klarer Zustimmung nahm Ignatius die Ernennung

nicht an. Mit schlichten Worten wandte er sich an die Versammelten und erklärte, er neige mehr dazu, sich leiten zu lassen als selbst zu leiten. »Wegen seiner vielen früheren und jetzigen schlechten Gewohnheiten und vielen Sünden, Fehler und Schwachheiten« glaube er, das Amt nicht nehmen zu dürfen, es sei denn, er würde ganz klar erkennen, daß er es tun müsse. Darum bat er, man möge noch einige Tage des Nachdenkens verstreichen lassen und dann erneut wählen.

Wenn auch ungern, so nahmen die Gefährten seine Bitte an. Die neue Abstimmung, auf den 13. April, den Mittwoch der Karwoche, festgesetzt, fiel genauso wie die vorausgegangene aus. Aber Ignatius gab sich noch nicht geschlagen. Er sagte, er wolle die Entscheidung in die Hände seines Beichtvaters legen. Noch am selben Tag ging er über die Sixtusbrücke auf die andere Seite des Tiber und stieg auf die Höhe des Gianicolo hinauf zum Konvent San Pietro in Montorio; dieses Kloster war von den Katholischen Königen gegründet worden und gehörte den Franziskanern. Dort wiederholte er, was er schon am Anfang seiner Bekehrung auf dem Montserrat getan hatte. In einer dreitägigen Beichte eröffnete er seinem Beichtvater, Fra Teodosio da Lodi, sein ganzes Leben, alle seine Krankheiten und körperlichen Gebrechen. Am Ostertag legte ihm der Beichtvater entschieden seine Meinung dar. Sie lautete: Er habe die Wahl anzunehmen. Wenn er es nicht tue, widerstehe er dem Heiligen Geist. Ignatius mußte nachgeben. Er bat Fra Teodosio nur, ihm sein »Urteil« schriftlich zu geben. Das tat der Mönch. Er sandte den Gefährten ein mit Siegel versehenes Schreiben, in dem er seine Entscheidung bestätigte. Daraufhin nahm Ignatius das Amt an. Es war der 19. April, der Dienstag in der Osteroktav 1541.

In der gleichen Sitzung fiel eine weitere wichtige Entscheidung: Am folgenden Freitag, dem 22. April, wollten die Gefährten die sieben Hauptkirchen Roms besuchen und in der Basilika San Paolo entsprechend der Bulle Seiner Heiligkeit die Profeß ablegen.

An diesem Tag feierte Ignatius die hl. Messe in der Basilika San Paolo fuori le Mura. Zuvor hatten die Gefährten einander gebeichtet. Vor der Kommunion hielt Ignatius in der einen Hand den Leib Christi, in der anderen den Text der »Formel« und legte seine Profeß mit den Worten (aus dem Lateinischen übersetzt) ab:

»Ich, Ignatius von Loyola, gelobe dem allmächtigen Gott und dem Heiligen Vater, seinem Stellvertreter auf Erden, vor der heiligsten Jungfrau Maria und dem gesamten himmlischen Hof und in Anwesenheit der Gesellschaft immerwährende Armut, Keuschheit und Gehorsam gemäß der Lebensweise, wie sie in der Bulle der Gesellschaft Jesu, unseres Herrn, und in den bereits aufgestellten oder in Zukunft noch aufzustellenden Satzungen enthalten ist. Auch gelobe ich besonderen Gehorsam gegenüber dem Heiligen Vater in bezug auf die Aussendungen, wie sie die gleiche Bulle enthält. Außerdem gelobe ich, für die Unterweisung der Kinder in der christlichen Lehre zu sorgen, gemäß der gleichen Bulle und den Satzungen.«

Darauf empfing er den Leib des Herrn. Dann nahm er fünf konsekrierte Hostien auf die Patene und wandte sich den Gefährten zu. Jeder einzelne von ihnen legte seine Profeß ab und empfing danach die Eucharistie. Diese bewegende Feier fand an dem Altar statt, der an den rechten Pfeiler des Triumphbogens der Placidia angebaut war, von der Hauptpforte der Basilika aus gesehen. An diesem Altar verwahrte man das heiligste Sakrament und verehrte ein byzantinisches Mosaikbild Unserer Lieben Frau, das aus der Zeit des Papstes Honorius III. (13. Jh.) stammen soll. Heute wird dieses Marienbild in der Sakramentskapelle verehrt, weil jener andere Altar nicht mehr besteht.

Nachdem die Messe beendet war und sie die Gebete an den privilegierten Altären verrichtet hatten, vereinten sich alle am Hauptaltar, der Confessio, wo die Gebeine des heiligen Apostels Paulus aufbewahrt werden. Dort gaben sie einander »nicht ohne viel Andacht, Bewegung und Tränen« den Friedenskuß. Mit diesen Gefühlen innigen Trostes setzten sie den Besuch der sieben Kirchen Roms fort. Zeuge wurde der junge Pedro de Ribadeneira, der ihnen an einem Ort in der Nähe von San Giovanni di Laterano das Abendessen bereitete. Dem jungen Mann aus Toledo fiel besonders die außergewöhnliche Andacht des Jean Codure auf, »der sie auf keine Weise zurückhalten konnte, sondern in Tränen zerfloß«. Vier Monate später, am 29. August, ging er in die Herrlichkeit des Herrn ein.

Die nicht anwesenden Gefährten legten die Profeß an verschiedenen Orten und Tagen ab: Faber in Regensburg am 9. Juli desselben Jahres 1541; Xaver in Goa im Dezember 1543 oder im Januar des folgenden Jahres; Rodrigues in Evora am 25. Dezember 1544; Bobadilla gab auch hier wieder ein Zeichen seines unruhigen Charakters. Er weigerte sich anfangs, dem Beispiel seiner Gefährten zu folgen. Ignatius beunruhigte sich deshalb. Er fastete drei Tage, damit sein Gefährte nicht hinter dem zurückbleibe, was man von ihm erwartete. Bobadilla beriet sich zuerst mit drei Personen seines Vertrauens. Endlich legte er in derselben Sankt-Pauls-Basilika im September 1541 seine Profeß in Ignatius' Hände ab.

Der Apostel Roms

Mit vollem Recht verdient Ignatius diesen Titel. Kaum in Rom angekommen, predigte er in der Kirche von Montserrat und unterwies die Kinder auf Straßen und Plätzen in der christlichen Lehre. Wir haben bereits erwähnt, wie er und seine Gefährten sich während der Hungersnot von 1538/39 selbstlos einsetzten, um der großen Zahl von Hilfsbedürftigen beizustehen. Auch nach der Gründung der Gesellschaft Jesu, als Ignatius bereits die Verantwortung hatte auf sich nehmen müssen, den neuen Orden zu organisieren und zu leiten, vernachlässigte er die direkten apostolischen Werke nicht. Seine Gefährten, vom Papst mit verschiedenen Aufgaben ausgesandt, verließen die Stadt. Für ihn war Rom das Feld des unmittelbaren Apostolats. Es gab kaum ein Unternehmen religiöser oder karitativer Art, für das er sich nicht mit selbstlosem Eifer eingesetzt hätte. Das beweisen all die Werke, an denen er als Begründer oder Mitarbeiter beteiligt war. Im allgemeinen ging er, wie wir noch sehen werden, folgendermaßen vor: Wollte er ein Wohltätigkeits- oder Hilfswerk gründen, bemühte er sich, eine Gemeinschaft mildtätiger Personen zusammenzubringen, um es finanzieren und leiten zu können; danach versuchte er, eine päpstliche Bulle zu bekommen, durch die diese Gemeinschaft als kirchliche Bruderschaft anerkannt wurde. Solange seine Mithilfe nötig war, bot er sie an, sobald sie entbehrlich war, zog er sich zurück und überließ das Werk anderen Händen. Er selbst widmete sich dann neuen Aufgaben, die seiner Gegenwart und Mithilfe bedurften. So war es bei all den Werken, die im folgenden kurz aufgeführt werden sollen.

Das Werk der »Katechumenen«

Eines galt den Katechumenen, die aus dem Judentum kamen. In diesem Zusammenhang ist zu erwähnen, wie Ignatius über die Juden dachte in einer Zeit, da man ihnen mit so vielen Vorurteilen begegnete. Das verdient um so mehr hervorgehoben zu werden, als er selber beim Verhör in Alcalá auf die Frage des Vikars Figueroa, ob er den Sabbat zu halten verlange, antwortete, in seiner Heimat habe es nie Juden gegeben. Vor ihm zählte nur die Person, der Mensch vor Gott; die Rasse war ihm unwichtig; vielmehr betrachtete er es sogar als Vorzug der Juden, dem Fleische nach Verwandte Christi und der Jungfrau Maria zu sein. Ribadeneira berichtet: »Eines Tages waren wir mit vielen bei Tisch. Als die Rede darauf kam, sagte er, er würde es für sich als eine besondere Gnade unseres Herrn ansehen, wenn er von Juden abstammte. Er gab auch den Grund dafür an und sagte: ›Ist es nicht etwas Einzigartiges, wenn ein Mensch dem Fleische nach ein Verwandter Christi unseres Herrn und Unserer Lieben Frau, der glorreichen Jungfrau Maria sein kann?‹ Diese Worte sprach er mit solcher Andacht und Bewegung, daß ihm die Tränen kamen und alle Umsitzenden betroffen waren.«

Ignatius nahm sich des geistlichen und zeitlichen Wohls der Juden an, die die Taufe empfangen wollten. Im August oder September 1541 wurde in der kleinen Kirche Sta. Maria della Strada ein junger Jude von 32 Jahren getauft. Andere folgten ihm. Ignatius bemühte sich auf zweierlei Weise, ihnen zu helfen. Zunächst erreichte er, daß der Papst am 21. März 1524 das Breve »Cupientes« erließ, wodurch ein eingewurzelter Brauch verboten wurde, der früher schon durch Papst Nikolaus III. im Jahre 1278 und 1320 durch Johannes XXII. verurteilt worden war: nämlich daß die früheren Güter der bekehrten Juden eingezogen und ihre Söhne enterbt wurden. Natürlich bedeutete dies ein großes Hindernis für die Bekehrung von Juden. Zum zweiten besorgte Ignatius ein Haus, wo sich die männlichen Katechumenen, und ein anderes, wo sich die weiblichen zurückziehen konnten. Dabei halfen ihm Margarete von Österreich, die Tochter Karls V., und Girolama Orsini, die Herzogin de Castro und Mutter des Kardinals Alessandro Farnese. Der

Papst bestätigte diese Einrichtung mit der Bulle »Illius qui pro dominici«, ausgefertigt am 19. Februar 1543. Das Ganze war mit der Kirche in San Giovanni del Mercato verbunden, für gewöhnlich »del Mercatello« genannt. Kaplan der Kirche war Giovanni di Torano, seiner Stellung wegen auch Giovanni del Mercato genannt.

Sobald das Werk etwa ab 1548 allein bestehen konnte, zog sich Ignatius von ihm zurück. Einige Jahre später, 1552, wurde Giovanni di Torano, wie Ribadeneira sagt, aus Neid und Ehrgeiz, vom Freund zum Feind der Gesellschaft. Er verklagte die Patres beim Papst wegen Häresie und Verletzung des Beichtgeheimnisses. In einer Untersuchung stellte sich die völlige Haltlosigkeit dieser Anklage heraus. Gleichzeitig wurden einige geheime Vergehen des Denunzianten entdeckt. Er wurde deshalb zu lebenslanger Kettenhaft verurteilt, eine Strafe, die später in ewige Verbannung aus Rom umgewandelt wurde.

Das Haus Santa Marta

Ignatius bemühte sich, der Prostitution abzuhelfen, die sich in Rom wie eine Seuche verheerend ausbreitete. 1520 hatte das Oratorium von der Göttlichen Liebe ein Kloster für »bekehrte Frauen« gegründet. Es lag an der Straße, die auch heute noch Via delle Convertite heißt und in die Via del Corso einmündet. 1543 wohnten dort etwa 80 Büßerinnen. Aber dieses Werk reichte nicht aus, denn es war nur für unverheiratete Frauen bestimmt, die die klösterlichen Gelübde ablegen wollten. Es fehlte eine Lösung für die Verheirateten und für diejenigen Ledigen, die sich verheiraten wollten. Für beide Gruppen förderte Ignatius das Werk Santa Marta. Um das Kapital dafür aufzubringen, beauftragte er P. Codacio, den Ökonomen der Gesellschaft, die Stein- und Marmortafeln aus der Antike zu verkaufen, die bei der Aushebung der Fundamente für das Haus Sta. Maria della Strada gefunden worden waren. Der Verkauf ergab 100 Escudos; es folgten Gaben freiwilliger Spender, und so entstand das Haus Sta. Marta, dessen Kirche heute noch steht.

Sie liegt an der heutigen Piazza del Collegio Romano und wird für Ausstellungen genützt.

Wie schon beim Werk für die Katechumenen strebte Ignatius auch hier die Bildung einer Bruderschaft an, die den Namen Confraternità delle Grazie annahm und durch eine Bulle Pauls III. vom 16. Februar 1543 bestätigt wurde. Ihr schlossen sich 14 Kardinäle an, verschiedene Prälaten und Ordensleute und einige vornehme Damen der römischen Gesellschaft. Unter ihnen tat sich Doña Leonor Osorio hervor, die Frau des spanischen Gesandten in Rom, Juan de Vega. Ignatius übernahm die geistliche Betreuung und bis 1546 auch die materielle Sorge für das Werk, unterstützt durch P. Diego de Eguía. 1543 wurden neun Frauen in Sta. Marta aufgenommen; weitere zwei oder drei warteten auf ihre Aufnahme. In sechs bis sieben Jahren wurde ungefähr 300 Frauen geholfen. P. Ribadeneira erzählt, wie man Ignatius zuweilen durch die Straßen Roms gehen sah, gefolgt von einigen dieser armen Frauen, die er in das Haus irgendeiner bekannten Dame oder nach Sta. Marta begleitete. Jemand habe einmal die Bemerkung fallenlassen, dies sei eine nutzlose Arbeit, weil jene Unseligen, dem Laster Verfallenen nur zu leicht wieder in ihre alten Bahnen zurückkehrten. Darauf habe Ignatius geantwortet, er sehe all seine Bemühungen auch dann noch als sinnvoll an, wenn er erreiche, daß auch nur eine von ihnen eine einzige Nacht nicht sündige.

Wie bei ähnlichen Werken überließ Ignatius die Leitung anderen Händen, sobald er es gefestigt sah. Dies scheint hier im Jahr 1548 der Fall gewesen zu sein.

Im Zusammenhang mit dem Haus Sta. Marta gab es in Rom ein weiteres Werk, das Ignatius erfolgreich förderte. Oft ging die Prostitution von der Mutter auf die Tochter über. Aber auch sonst gab es viele Mädchen, die gefährdet waren. Um ihnen zu helfen, gründete Ignatius eine Bruderschaft für »unglückliche Mädchen«. Ihr Heim war neben der Kirche Sta. Caterina de' Funari, nahe bei Sta. Maria della Strada. Papst Paul III. billigte diese Einrichtung mündlich, und Pius IV. errichtete sie am 6. Januar 1560 offiziell. Ihr Beginn liegt ungefähr im Jahr 1545. Welchen Anteil Ignatius an dem Werk hatte, erfahren wir aus einem Brief, den P. Bartolomé Ferrão, der Sekretär der Gesellschaft, am 12. April 1546 an P. Simão Rodrigues schrieb. »Auf diese Dinge, die hier häufig vorkommen, verwendet unser Vater nicht wenig Mühe, abgesehen von derjenigen, die er sich damit macht, Mädchen aus den Häusern der Kurtisanen zu holen, damit sie nicht durch das schlechte Beispiel vom Feind betört werden. Er bringt sie in fromme Häuser, die von Seiner Heiligkeit in Rom eingerichtet wurden, damit sie nicht mehr in Gefahr seien.«

Der geistliche Beistand für die Kranken

Der glühende Eifer des Ignatius, in Rom gute Sitten zu fördern, äußerte sich auch in seinen Bemühungen, Kranke nicht ohne Sakramente sterben zu lassen, wie es in Rom häufig geschah. Die Gründe dafür waren zu allen Zeiten dieselben: entweder man schob den geistlichen Beistand für den Kranken so lange auf, bis er nicht mehr in der Lage war, eine gute Beichte abzulegen, oder man redete überhaupt nicht von den Sakramenten aus Angst, der Zustand des Kranken könne sich dadurch verschlechtern. Um dem abzuhelfen, existierte schon aus alter Zeit ein Dekretale Papst Innozenz' III., das auch vom IV. Laterankonzil 1215 bestätigt worden war. Es schrieb vor, daß die Ärzte denjenigen Kranken nicht länger beistehen sollten, die sich weigerten, die Sakramente zu empfangen; doch diese Vorschrift wurde praktisch nicht mehr angewandt. Andererseits kann man sich leicht die Schwierigkeiten vorstellen, die einer Wiedereinführung entgegenstanden, sowohl von seiten der Ärzte als auch der Kranken oder ihrer Angehörigen.

Ignatius nahm sich vor, eine Erneuerung dieser Verordnung, in gemilderter Form allerdings, durchzusetzen. Der Arzt solle diejenigen Kranken nicht mehr behandeln, die nicht nur das erste oder zweite Mal, sondern auch das dritte Mal die Sakramente zurückweisen würden. Bevor Ignatius diese Frage der kirchlichen Autorität vorlegte, organisierte er eine Beratung, zu der er Leute einlud, die sowohl durch ihren Beruf, als auch durch ihre Glaubenshaltung und ihre Frömmigkeit berufen schienen, darüber zu urteilen. Diese Beratung fand am 30. Mai 1531 statt. Die Meinung aller Befragten war positiv. Auch das Generalkapitel der Augustiner, abgehalten im Frühjahr des gleichen Jahres unter dem Vorsitz ihres Generals Girolamo Seripando, sprach sich dafür aus. Von Ignatius ist ein Schriftstück erhalten, in dem er auf Einwände und vor allem auf die Befürchtung antwortet, diese Vorschrift würde der christlichen Nächstenliebe widersprechen.

Hier war es nicht leicht, die Zustimmung des Papstes zu erhalten; er war auch gar nicht in Rom. Am 26. Februar 1543 hatte er sich nach Bologna begeben, um mit Karl V. über den Frieden mit dem französischen König Franz I. und über die Einberufung eines Konzils zu verhandeln. Erst am 19. August kam er nach Rom zurück. Ignatius wandte sich an den Schutzherrn der Gesellschaft, Kardinal Rodolfo Pio di Carpi, der dieses Dekret in seiner Diözese Faenza veröffentlichte. Daß dieses Dekret faktisch auch in Rom befolgt wurde, wissen wir aus einem Brief, den Ignatius am 30. Januar 1544 an Franz Xaver schrieb. Darin sagt er: »Das mit den Ärzten wird seit mehr als zwanzig Tagen eingehalten.« Wenngleich Ignatius gehofft hatte, ein allgemeingültiges Dekret zu erlangen, scheint er nur einen Erlaß des Gouverneurs von Rom mit Gültigkeit für die Stadt erwirkt zu haben.

Für die Waisen

Krieg, Pest und Hunger hatten viele Kinder Roms zu Waisen gemacht. Das bedeutete damals: schmutzige, zerlumpte und herumstreunende Kinder in den Straßen der Stadt; man hat sie die »sciuscià« (Schlüsselkinder, Schuhputzer) des Cinquecento genannt. Der eifrige Kardinal Giampietro Carafa schrieb an Girolamo Emiliani, den Gründer der Somasker, er möge ähnlich wie in der Lombardei und in Venetien auch in Rom ein Zentrum für diese unglücklichen Kinder eröffnen. Aber Girolamo, der am 7. Februar 1537 starb, konnte diesen Plan nicht mehr ausführen. Auf Bitten Carafas und anderer bemühter Personen rief Papst Paul III. durch die Bulle »Altitudo« am 7. Februar 1541 die Bruderschaft »Hl. Maria von der Heimsuchung der Waisen« ins Leben. Es entstand ein Haus für Knaben neben der Kirche Sta. Maria in Aquiro an der Piazza Capranica, ein anderes für Mädchen zunächst auf der Tiberinsel, danach bei der Kirche der Vier gekrönten Märtyrer. Die frühen Berichte über das Leben des hl. Ignatius sprechen von seiner Beteiligung an diesem Werk, die – wie in ähnlichen Fällen – darin bestand, einem von anderen begonnenen sozialen Unternehmen jede Unterstützung zu gewähren. P. Polanco schreibt in diesem Zusammenhang, ähnliche Werke wie in Rom seien auch in anderen Städten Italiens begonnen worden, einige »mit der besonderen Hilfe des Magisters Ignatius«.

Die römische Inquisition

Unter die vom hl. Ignatius geförderten Werke muß auch das Inquisitionsgericht gezählt werden. Sein vorrangiges Ziel war es, die Verbreitung des Luthertums in Italien zum Stehen zu bringen. Der bedeutendste Förderer dieser Institution war der Kardinal Giampietro Carafa, der spätere Paul IV., dem die Reform der Kirche sehr am Herzen lag. Er war es, der von Papst Paul III. erreichte, daß er mit der Bulle »Licet ab inito« vom 21. Juli 1542 die römische Inquisitionsbehörde einsetzte. Zu diesem Gerichtshof gehörten folgende Kardinäle: Giampietro Carafa, Juan Alvarez de Toledo, Petro Paolo Parisi, Bartolomeo Guidiccioni, Dionisio Laurelio und Tommaso Badía. Acht Tage nach der Gründung berichtet Ignatius an P. Simon Rodrigues, in welcher Weise er bei diesem Werk mitgewirkt habe, und hob folgendes besonders hervor: »Ich drängte den Kardinal von Burgos (Alvarez de Toledo) und den Theatiner-Kardinal (Carafa), die sich im Auftrag des Papstes um diese Angelegenheit kümmern sollten, häufig und kräftig. Als dann neue Irrlehren in Lucca dazukamen, sprachen sie mehrmals mit dem Papst. Seine Heiligkeit hat sechs Kardinäle ernannt, die hier in Rom ein Gremium nach Art der Inquisition bilden sollen, um für die verschiedenen Teile Italiens Maßnahmen gegen solche Irrlehren zu treffen und überhaupt allgemeine Sorge zu tragen.«

Ignatius fand es also zweckmäßig, daß in Rom eine Inquisitionsbehörde als vorbeugende Maßnahme gegen abweichende Lehren eingesetzt werde. Einige Jahre später dagegen riet er von der Einsetzung der Inquisition in Deutschland ab, weil er sie der anderen Situation wegen nicht befürworten konnte.

Das Collegium Romanum

Eines der monumentalsten Gebäude Roms aus dem 16. Jahrhundert ist das Collegium Romanum inmitten der Stadt. Wer heute die eindrucksvollen Mauern dieses Gebäudes betrachtet, das 1582—1584 dank der Großzügigkeit von Papst Gregor XIII. erbaut wurde, kann sich die bescheidenen Anfänge kaum mehr vorstellen. Es begann am 22. Februar 1551, als man in der Via d' Aracoeli, die zum Kapitol führt, an einem dafür gemieteten Haus folgenden Anschlag lesen konnte: »Schola di grammatica, d'humanità e dottrina cristiana gratis«. Die Gründung dieses Kollegs hatte Ignatius gewünscht. In seinen Hörsälen sollten künftige Jesuiten und auch andere Studenten Latein, Griechisch und Hebräisch studieren können. Vierzehn Scholastiker der Gesellschaft Jesu zogen mit ihrem Rektor, dem Franzosen P. Jean Pelletier, in das neue Kolleg ein.

Das Erstaunlichste für die Römer war das kleine Wort »gratis«, das auf dem Schild prangte. Die Freigebigkeit des Herzogs von Gandía, Francisco de Borja, der anläßlich des Heiligen Jahres 1550 in Rom gewesen war, ermöglichte die Stiftung. Als er von Ignatius' Absichten erfahren hatte, entschloß er sich, sie materiell zu unterstützen. Die Schüler füllten bald die Säle des bescheidenen Gebäudes. Bereits fünf Monate später, am 13. Juli 1551, wurde ein Mietvertrag für ein Haus der Brüder Mario und Fabio Capocci unterschrieben. Es lag an der heutigen Via del Gesù, die von der Kirche Sta. Maria della Strada zur Piazza Sta. Maria sopra Minerva führt. Der Mietvertrag lautete auf fünf Jahre über 180 Escudos jährlich. Natürlich erweckte der sichtbare Erfolg des Kollegs den Neid der Lehrer an öffentlichen Anstalten, die eine Verminderung ihrer Schülerzahlen und den daraus entstehenden materiellen Verlust befürchteten. Aber diese Schwierigkeit konnte die günstige Entwicklung des begonnenen Werkes nicht aufhalten. Am 8. Oktober 1552 feierte das Kolleg sein erstes öffentliches Auftreten in der Kirche St. Eustachio. Die Unterrichtsmethode im Kolleg war die sogenannte »Pariser Ordnung«, für die einerseits die Auswahl der zu kommentierenden klassischen Autoren, andererseits der Wechsel von Vorlesung und Repetition bestimmend waren. Im folgenden Jahr 1553 traten die Schüler und Lehrer des Kollegs am 28. und 29. Oktober und am 4. November in Sta. Maria della Strada im Beisein von Kardinälen und anderen Gästen auf. Dabei wurden Disputationen in Theologie, Philosophie und Rhetorik geboten. Der Unterricht hatte sich auf diese Disziplinen ausgeweitet, die von guten Professoren übernommen worden waren. Unter anderen lehrten der Baske Martín de Olabe scholastische Theologie, der Kastilier Baltasar Torres Mathematik und Physik, der Italiener Fulvio Cardulo Rhetorik, der Franzose André des Freux (Andreas Frusius) Griechisch.

Das Collegium Romanum lag im Mittelpunkt der christlichen Welt, und so strömten ihm junge Menschen aus vielen Nationen zu. Ignatius dachte es sich als Modell für andere Kollegien und als Verbindungsglied zu den in verschiedenen Städten schon bestehenden. Die Schwierigkeit bestand jedoch darin, daß durch die wachsende Schülerzahl und die Erweiterung des Studienprogramms auch die Ausgaben wuchsen. Es dauerte nicht lange, und materielle Sorgen machten sich bemerkbar, besonders als 1555 sowohl Julius III. wie Marcellus II. starben, die beiden Päpste, die am meisten geholfen hatten und von denen man weitere Hilfe erwartet hatte. Aber Ignatius verlor sein Gottvertrauen nicht und unterließ es ebensowenig, menschliche Bemühungen anzuwenden. Ende 1555 sandte er P. Jerónimo Nadal nach Spanien mit dem ausdrücklichen Auftrag, Geldmittel für das Collegium Romanum zu beschaffen. Nadal wandte sich erneut an den freigebigen Francisco de Borja, der dem Kolleg durch die Bankiers von Burgos in Florenz einen Betrag von 3000 Escudos überwies, von denen jährlich 300 abgehoben werden sollten. So wurden die Schwierigkeiten überwunden. 1583 nahm sich Papst Gregor XIII. großzügig des Kollegs an, das später nach ihm den Namen Gregorianische Universität erhielt.

Die römischen Bruderschaften

Ignatius nahm regen Anteil am religiösen und karitativen Leben Roms. Hervorgehoben zu werden verdient seine Mitgliedschaft in zwei wichtigen Bruderschaften der Stadt: der Bruderschaft des Spitals vom Heiligen Geist und der vom Allerheiligsten Sakrament. Das altehrwürdige Heilig-Geist-Spital »in Saxia« war 1201 von Innozenz III. gegründet worden. Es stützte sich auf eine Bruderschaft, die für den Unterhalt dieses frommen und sozialen Werkes sorgte. Die Mitglieder entrichteten jährlich einen Beitrag und erhielten dafür eine Reihe geistlicher Privilegien. Ignatius wurde am 24. September 1541 Mitglied der Bruderschaft vom Heiligen Geist. An diesem Tag ließen Antonio de Araoz und Martín de Santa Cruz im Namen von Ignatius eine in der Mitgliederliste nicht angeführte Summe als Beitrag für 20 Jahre verbuchen.

Wenngleich das Dokument, auf das wir uns beziehen, undatiert ist, scheint es, daß Ignatius im gleichen Jahr 1541 in die Bruderschaft vom Allerheiligsten Sakrament eingetreten ist; sie wurde volkstümlich »della Minerva« nach dem Namen der römischen Kirche genannt, in der der Dominikaner Tommaso Stella sie 1538 gegründet hatte.

Es ist oben bereits erwähnt worden, daß Ignatius unmittelbar nach der Gründung der Bruderschaft dafür sorgte, daß seiner Geburtsstadt eine Kopie der Gründungsbulle zugeschickt wurde, damit auch seine Landsleute an den für die

Mitglieder bewilligten Gnaden Anteil gewinnen könnten. Unmittelbar traten Ignatius selbst und fünf Gefährten aus dem römischen Haus der Gesellschaft in die Bruderschaft ein. Im Mitgliederverzeichnis der Kirche Sta. Maria della Strada an der Piazza de Altieri im Stadtteil Pigna stehen die Namen Egnacio de Loyola, Jacobo Laínez, Alfonso Salmerón, Pascasio Broët, Pietro Codacio und Gianbattista Viola. Neben ihnen finden wir die Namen einiger Personen aus bekannten Familien des Stadtviertels: die Altieri, Astalli, Capisucchi, Fabi, Maddaleni. Einige von ihnen hatten auch mit dem Bau von Haus und Kirche del Gesú zu tun.

Die Verteidigung des Glaubens

Wie schon die Zeitgenossen Polanco, Nadal und Ribadeneira haben alle Biographen auf folgende zeitliche Übereinstimmung hingewiesen: Im Jahr 1521, als Ignatius in Pamplona verwundet wurde, brach Martin Luther in Worms endgültig mit der katholischen Kirche. Eine weitere erstaunliche Gemeinsamkeit besteht darin, daß am 4. Mai jenes Jahres Luther von den Soldaten des Kurfürsten Friedrich von Sachsen auf die Wartburg gebracht wurde, wo er bis zum März 1522 zurückgezogen lebte, während Ignatius wiederum nach seiner Verwundung am 20. Mai 1521 die gleiche Zeit in der Einsamkeit seines väterlichen Schlosses in Loyola verbrachte, das er etwa Ende Februar 1522 als Bekehrter verließ.

Der Vergleich von Ignatius mit Luther wurde zu einem Gemeinplatz, während doch vielleicht zwischen Calvin und Ignatius mehr Ähnlichkeit bestünde.

Von der Gegenüberstellung Luther – Ignatius war es nicht mehr weit zu der Behauptung, Ignatius habe die Gesellschaft Jesu als einen Deich gegen den Protestantismus gegründet. Für viele ist Ignatius der Vorkämpfer der Gegenreformation oder der Anti-Luther schlechthin. Vereinfachungen wie diese halten einer geschichtlichen Kritik nicht stand. Ignatius gründete die Gesellschaft, um Gott und der Kirche zu dienen. Sein Ideal war, die Ehre Gottes und das Wohl des Nächsten zu fördern. Dieses Ideal des Dienens sah er in der demütigen und vorbehaltlosen Verfügbarkeit dem Papst gegenüber verwirklicht, den er als Repräsentanten und Stellvertreter Christi auf Erden ansah. Den Willen des Papstes auszuführen bedeutete für ihn ebensoviel, wie den Willen Gottes zu erfüllen und sein eigenes Leben wie das seiner Nachfolger für die denkbar größte Sache einzusetzen.

Natürlich lag in den unruhigen Zeiten, in denen der Heilige lebte, das Hauptgewicht der kirchlichen Aktivitäten auf der Reform ihrer eigenen Institutionen und auf der Abwehr des Protestantismus, der allmählich einen Teil Europas erfaßte. In den Plänen des Ignatius mußte der katholische Glaube besonders dort verteidigt werden, wo er stärker bedroht war, das heißt in Deutschland und in England. Was die Gesellschaft Jesu in dieser Hinsicht zur Zeit des hl. Ignatius geleistet hat, war nur ein Anfang dessen, was sie in den zwei folgenden Jahrhunderten weiterführte.

Wenn wir uns auf die Lebenszeit des hl. Ignatius beschränken, läßt sich dieses Thema vor allem in zwei Richtungen entfalten: erstens der Einsatz der Gesellschaft in den Ländern Mitteleuropas und zweitens die von Ignatius entworfenen und geförderten Methoden, um dem Protestantismus zu begegnen.

Zur Arbeit in den deutschsprachigen Ländern wurden bald drei der ersten Gefährten bestimmt. Faber reiste im Oktober 1540 von Rom mit dem Auftrag ab, Dr. Ortiz zu begleiten. In Worms nahm er an den Religionsgesprächen zwischen Katholiken und Protestanten teil, im folgenden Jahr war er anläßlich des Reichstags in Regensburg. Dort legte er am 9. Juli 1541 die feierliche Profeß ab, und am 27. des gleichen Monats reiste er – wieder mit Dr. Ortiz – nach Spanien. Im selben Jahr kam Bobadilla mit dem Kardinal Giovanni Morone nach Deutschland. An die Stelle Fabers, der 1542 nach Deutschland zurückkehrte, trat Jay.

Wenn Faber einmal äußerte, er möchte lieber in Deutschland arbeiten als in Spanien, dann sicher deshalb, weil es ihm in Deutschland nötiger schien. Aber im Gehorsam reiste er 1544 wieder nach Portugal und Spanien. Glücklicherweise war der junge Petrus Canisius für die Gesellschaft gewonnen worden. Er sollte in Deutschland die Arbeit zu Ende führen, die sein Lehrer vorbereitet und begonnen hatte. In Spanien erreichte Faber der Ruf nach Trient. Bereits von den verschiedensten Krankheiten geschwächt, machte er sich im Juni 1546 auf den Weg. Er erreichte Rom und starb dort am 1. August wenige Tage nach seiner Ankunft.

Bobadilla bereiste weiterhin und mit wechselndem Erfolg

Deutschland und Österreich. 1548 mußte er Deutschland verlassen. Wegen seiner Kritik am Interim, das den Protestanten im selben Jahr gewährt worden war, hatte ihn der Kaiser ausgewiesen. Er kehrte nach Rom zurück, während Jay bis ans Ende seiner Tage in Deutschland blieb. Er starb in Wien am 6. August 1552.

Die Arbeit dieser Jesuiten entsprach ihrer Gründungsakte: in vollkommener Verfügbarkeit dorthin zu gehen, wohin sie gerufen werden oder wo sie glauben, größeren geistlichen Gewinn zu erlangen. Sie gaben Exerzitien, predigten, missionierten in den Städten und nahmen an Dialogen mit den Protestanten teil und übten das Apostolat des Gesprächs, das sich neben den Exerzitien als besonders wirksam erwies. Bobadilla begleitete eine Zeitlang das kaiserliche Heer. Um ihre Arbeit kontinuierlicher gestalten zu können, erwogen die Jesuiten, einen festen Wohnsitz für die Gesellschaft zu errichten.

Dies war besonders Fabers Wunsch gewesen. Er fand in Köln seine Erfüllung, wo schon 1544 ein Kolleg mit sieben Jesuiten eröffnet wurde, unter ihnen ein Neffe von Ignatius, Emiliano de Loyola. Ihr Unterhalt wurde von den Kartäusern, ihren großen Freunden und Wohltätern in Köln, und von anderen Gönnern bestritten. Der Aufenthalt in der rheinischen Metropole war dennoch nicht ohne Schwierigkeiten, u. a. deshalb, weil der Bischof 1546 zum Luthertum übertrat. Im Jahre 1550 wohnten in Köln 14 Jesuiten, 1551 waren es 17, und 1556 waren es 21. Ihr Oberer war P. Leonard Kessel.

Ab 1549 wurde an eine Kollegsgründung in Ingolstadt gedacht. Auf Drängen des bayrischen Herzogs Wilhelm IV. schickte Ignatius die Patres Jay, Canisius und Salmerón. Vor ihrer Abreise gab er ihnen eine seiner berühmten Anweisungen. Leider erzwang der Tod des Herzogs einen längeren Aufschub, weil sein Nachfolger Albert weniger Interesse zeigte. Man mußte mit der Einweihung des Kollegs bis 1556 warten.

1551 wurde das Kolleg in Wien gegründet, das trotz des Widerstands der Universität aufblühte. Beim Tod des hl.

Ignatius zählte es 320 Schüler. In Wien wurde auch ein Noviziat eröffnet.

Für Deutschland war Petrus Canisius von entscheidender Bedeutung. Er hatte seine Ausbildung im Umkreis der Kölner Kartäuser empfangen. Nachdem er unter Faber die Exerzitien gemacht hatte, trat er 1543 in die Gesellschaft ein. Seine Einführung in das Ordensleben erhielt er in Rom in der Nähe des hl. Ignatius. Nachdem er eine Weile in Messina verbracht hatte, ging sein Wunsch in Erfüllung, und er konnte, als das Kolleg in Ingolstadt gegründet werden sollte, in Deutschland arbeiten. Da dieses Projekt zunächst aufgeschoben wurde, ging er nach Wien und lehrte an der Universität. Sein Ansehen nahm ständig zu. 1553 wurde er für einen Bischofsstuhl vorgeschlagen, aber er lehnte ab. 1554 wurde er zum Dekan der Theologischen Fakultät ernannt. Sein Hauptwerk war der berühmte Katechismus in seinen drei Ausgaben, als Großer, Mittlerer und Kleiner Katechismus, entsprechend der Aufnahmefähigkeit der jeweils angesprochenen Leser.

1556 gründete Ignatius die zwei Jesuitenprovinzen von Nieder- und Oberdeutschland. Für letztere wurde Canisius zum Provinzial bestimmt. 1556 ging Canisius nach Prag, wo im selben Jahr ein Kolleg eröffnet wurde. Dafür bestimmte Ignatius zwölf Jesuiten. Mit insgesamt 19 Mitarbeitern begann am 7. Juli 1556 der Unterricht.

Ignatius und der Protestantismus

Wie stellte sich Ignatius zum Problem des Protestantismus? Zuerst ist zu fragen, was er überhaupt von diesem Problem wußte. Man hat darauf aufmerksam gemacht, daß er in seinen Briefen den Namen Luthers nur selten und andere Reformatoren überhaupt nicht erwähnt hat. Luthers Tod 1546 wurde mit Schweigen übergangen. Bedeutet dies, daß Ignatius über die Reformatoren und ihre Lehren nicht Bescheid wußte? Oder ist es vielmehr Zeichen einer teils unbewußten, teils bewußten Ablehnung? Vielleicht trifft letzteres zu. Ganz sicher stammte sein Wissen nicht aus dem eingehenden

Studium protestantischer Bücher. Wahrscheinlich wäre es ihm auch nicht so leichtgefallen wie Laínez und Salmerón, für den Gebrauch der Konzilsväter in Trient eine Liste mit den Thesen der Reformatoren sowie eine Reihe geeigneter Schriftstellen zu deren Widerlegung aufzustellen, worum sie von Kardinal Cervini gebeten worden waren. Selbstverständlich aber beobachtete Ignatius die Auseinandersetzungen seiner Zeit aufmerksam; besonders bewegten ihn die in Paris und in Italien geführten geistigen Kämpfe mit den Ideen des Erasmus von Rotterdam und Martin Luthers.

Als seine Grundhaltung wird deutlich, daß er das Drama seiner Zeit in erster Linie als ein Drama sah, das sich im Gewissen der Menschen abspielte. Deshalb sah er die innere Erneuerung der Menschen als seine Hauptaufgabe an. Doch mußte sich diese Erneuerung innerhalb kirchlicher Grenzen vollziehen. Den Auffassungen von Luther und Calvin setzte Ignatius seine Treue und Unterordnung unter die hierarchische Kirche entgegen. Er war überzeugt, daß der Geist Christi und der Geist der Kirche ein und derselbe sei. Die Kirche sei aber nicht nur eine Gemeinschaft unter der Autorität des Papstes. Daher heißt es an der entsprechenden Stelle der Exerzitien: »Nachdem wir alles Urteil abgelegt haben, müssen wir bereiten und willigen Sinn haben, um in allem der wahren Braut Christi, unseres Herrn, zu gehorchen, die unsere heilige hierarchische Mutter Kirche ist.« Das Beiwort »hierarchisch« sagt alles. In der ersten lateinischen Übersetzung hatte Ignatius »römisch« hinzugefügt. Statt die Vorschriften der Kirche zu bekämpfen, müsse der Katholik nach Gründen suchen, sie zu verteidigen. »Loben« – dieser Ausdruck wird in den entsprechenden Regeln mindestens neunmal wiederholt – statt Kritisieren, Aufbauen statt Niederreißen. Die Reform der Kirche sei in erster Linie durch die Heiligung ihrer Glieder zu erreichen.

Welche Pläne hatte Ignatius zur Verteidigung des katholischen Glaubens? Wir sahen bereits, daß er nach Deutschland einige seiner besten Mitarbeiter sandte. Für sie stellte er eine Reihe von im ganzen sieben Anleitungen zusammen, die seine ganze Strategie erkennen lassen.

An erster Stelle rangiert das Vertrauen auf die übernatürlichen Mittel: »Vertrauen Sie großherzig auf Gott«, schrieb er. Die Hauptwaffe sollte das Gebet sein. Darum ordnete er an, daß alle Priester der Gesellschaft jeden Monat eine Messe für die Anliegen in Deutschland und England lesen sollten. Dies sollte »für ganz Deutschland eine Hilfe sein zur Reinheit des Glaubens, zum Gehorsam gegenüber der Kirche und schließlich für die gründliche Lehre und die guten Sitten.«

Das zweite Mittel sollte das gute Beispiel im Leben sein. Mehr Taten als Worte! Danach kam die Predigt in ihren verschiedenen Formen. Dies ist vielleicht der bezeichnendste Punkt. Ignatius war überzeugt, daß es viel wirkungsvoller sei, die Wahrheit »in spiritu lenitatis« (im Geist der Sanftmut) zu predigen, als sich den Andersdenkenden direkt entgegenzustellen und ihre Lehren zu widerlegen. Das persönliche Gespräch und die Exerzitien schienen ihm hier von vorrangiger Bedeutung. Faber schrieb diesen Methoden den größten Teil des Erfolgs in Deutschland zu, Jay stimmte mit ihm darin überein. In einem Brief, der für die nach Ingolstadt entsandten Jesuiten bestimmt war, schrieb Ignatius: »In dieser Weise zu predigen, Vorlesungen zu halten, in der christlichen Lehre zu unterweisen, diese zu beweisen und zu bestätigen, wird friedlicher sein, als viel Lärm zu machen, wenn man die Häretiker verfolgt; sie werden höchstens verhärtet, wenn man direkt gegen sie predigt.« Alles habe mit Bescheidenheit und christlicher Liebe zu geschehen; darum dürfe man auch nichts Beleidigendes sagen und keinerlei Verachtung Andersgläubigen gegenüber äußern, sondern nur Güte; ja, man solle nicht einmal direkt gegen ihre Irrtümer vorgehen, sondern indem man die katholischen Dogmen darstelle, müsse sich die Falschheit der ihren von allein ergeben.

Es ist bemerkenswert, daß diese Art des Vorgehens mit der des seligen Petrus Faber übereinstimmt, wie er sie in acht Punkten 1546 P. Laínez vorlegte. Der erste Rat war, den Häretikern mit viel Nächstenliebe zu begegnen und sie in Wahrheit zu lieben. Der zweite Rat bestand darin, die

Häretiker zu gewinnen und zu lieben, indem man mit ihnen vertraulich über Dinge spricht, die wir und sie gemeinsam haben, und sich vor allen Streitigkeiten hütet. Drittens sei es den Häretikern gegenüber besser, das Herz zu bewegen als nur den Verstand zu unterweisen. Es folgten weitere Ratschläge: die Häretiker zu guten Gewohnheiten anleiten, weil es eine alte Erfahrung ist, daß Abweichungen von der Lehre häufig ihren Ursprung in einem schlechten Leben haben. Sie ermutigen, gute Werke zu lieben, denn durch deren Vernachlässigung sei es oft zum Verlust des Glaubens gekommen. Da sie häufig die Gebote als unerfüllbar empfinden, »muß man sie geistlich ermuntern, sie stärken und ihnen Mut machen. So werden sie Hoffnung schöpfen, mit Hilfe der göttlichen Gnade alles vollbringen und erdulden zu können, was von ihnen gefordert wird, und sogar noch mehr.«

Es sei also notwendig, sie zu ermahnen, sie zur Furcht und Liebe Gottes und zur Verrichtung guter Werke anzuregen. Faber schloß damit, daß das Übel selten oder nie im Verstand, »sondern in den Füßen und den Händen der Seele und des Leibes liege«.

Ähnlich hatte sich Faber schon 1541 in einem Brief an die Ordensstudenten in Paris ausgedrückt: Das Notwendigste für die Arbeit in Deutschland sei ein heiliges Leben und der Geist der Hingabe. Nach seiner Auffassung war die Entwicklung an einem Punkt angelangt, wo »gegen die Häretiker mit der bloßen Wissenschaft nichts mehr auszurichten ist, weil die Welt bereits so sehr im Unglauben versunken ist, daß es der Beweise durch Blut und durch Werke bedarf«, sonst werde das Übel fortschreiten und die Irrtümer nähmen zu.

Zu diesem allen müssen noch zwei Dinge hinzukommen: der mündliche und schriftliche Unterricht in der Glaubenslehre und die Gründung von Kollegien. Ignatius gab Laínez den Auftrag, einen Leitfaden der Theologie zu verfassen, der Katholiken und Protestanten dienen könnte. Wegen der vielfältigen Beschäftigungen Laínez' wurde dieser Leitfaden nie fertiggestellt. Dagegen fand der Katechismus von Petrus Canisius in seinen drei Fassungen große Verbreitung.

Unbestritten ist unter den Historikern die Bedeutung, die den Jesuitenkollegien beim Eindämmen des Protestantismus in Europa und insbesondere in Deutschland zukam. Freilich wurde diese Wirkung erst nach dem Tode des hl. Ignatius deutlicher spürbar, aber die Kollegien in Köln, Wien und Ingolstadt wurden doch bereits zu seinen Lebzeiten gegründet.

Von großer Tragweite war die Gründung des Collegium Germanicum 1552 in Rom. Einer Anregung des Kardinals Giovanni Morone folgend, bemühte sich Ignatius mit großer Beharrlichkeit darum; er hatte große Schwierigkeiten vor allem materieller Art zu überwinden. Das Vorhaben bestand darin, im Mittelpunkt der Christenheit eine Gruppe ausgewählter junger Männer der verschiedenen deutschsprachigen Gebiete in einem Kolleg zusammenzuführen. Daraus sollten die künftigen Hirten und Bischöfe für die Arbeit in Deutschland hervorgehen. Für die Gründung dieses Kollegs setzte Ignatius seine ganze Verhandlungskunst und allen Einfluß ein, den er bei hochgestellten Personen besaß, sogar und vor allem beim Papst selbst.

Härter als die Ratschläge und Richtlinien, die Ignatius seinen Untergebenen gab, waren seine Vorschläge und Hinweise für die kirchlichen und weltlichen Autoritäten, die in der Lage waren, zur Unterdrückung der Häresie Zwangsmaßnahmen anzuordnen. So empfahl er zum Beispiel dem 1553 zum Nuntius am Hof des künftigen Kaisers Ferdinand I. berufenen Zaccaria Delfino, vor allem das gute Beispiel unter der Geistlichkeit zu fördern. Jede Art von Habgier müsse vermieden werden, »da sie solchen Schaden verursacht habe und Gelegenheit biete, dem Apostolischen Stuhl zu mißtrauen«. Man müsse für die Auswahl katholischer Lehrer an den Schulen Sorge tragen und Lutheraner davon ausschließen. Häretische Bücher seien aus den Schulen zu verbannen und durch katholische zu ersetzen. Der katholischen Erziehung der Jugend widmete er breiten Raum. Schließlich empfahl er dem Nuntius neben den privaten Gesprächen, auf die er in den Anleitungen für seine Untergebenen so viel Nachdruck gelegt hatte, auch die öffentlichen Streitgespräche bei Reichstagen und anderen Zusammenkünften.

Am 13. August 1554 schickte Ignatius zwei Anleitungen an Petrus Canisius. Die eine, in italienischer Sprache, gab ihm Richtlinien für sein eigenes Verhalten, die andere, in Latein, hatte – wenigstens indirekt – den zukünftigen Kaiser als Adressaten. In diesem zweiten Brief, der sicher das Ergebnis einer Besprechung des Ignatius mit einigen seiner engsten Mitarbeiter war, schlug er Maßnahmen vor, die der König durchführen solle, um die Häresie dort auszumerzen, wo sie bereits Wurzeln geschlagen hatte, und um ihre Ausbreitung auf die noch katholischen Gebiete zu verhindern. In einer Vorbemerkung überließ er die Entscheidung darüber, welche Vorschläge er König Ferdinand zu Gehör bringen wolle und welche nicht, dem Urteilsvermögen von Canisius selbst. Man kann sie etwa folgendermaßen zusammenfassen:

Der König solle sich persönlich als Feind jeder Art von Häresie erklären. Ein wirkungsvolles Mittel, die Gefahr zu bannen, sei es, aus den Regierungsämtern und aus den Schulen alle diejenigen zu entfernen, die vom Irrtum angesteckt seien. Häretische Bücher seien zu verbrennen; auch solche Bücher seien zu entfernen, die zwar keine Irrtümer enthielten, aber von Autoren stammten, die von der Häresie angesteckt seien.

Diesem Prinzip folgte Ignatius auch sonst: Die Lektüre häretischer Autoren sei zu vermeiden, auch wenn sie an sich nicht schädlich sei; der Leser könne allmählich Zuneigung zu dem Autor gewinnen und dann sehr leicht auch von seiner Lehre angezogen werden. Ignatius riet weiterhin, Synoden einzuberufen, auf denen die Irrtümer entlarvt würden. Es müsse auch bei Geldstrafe verboten werden, daß ein Häretiker sich »evangelisch« nenne.

Um der Häresie in den noch katholischen Gebieten vorzubeugen, schlug Ignatius vor, nur eindeutig rechtgläubige Personen für verantwortungsvolle Posten auszuwählen; es seien Bischöfe, Priester und Prediger zu ernennen und auf die verschiedenen Gegenden zu verteilen, damit das Evangelium recht erklärt werde; ungebildete Pfarrer seien aus ihren

Pfarreien zu entfernen. Die Schulleiter und Lehrer seien sorgfältig auszuwählen. Ein guter Katechismus der christlichen Lehre solle erarbeitet und im Unterricht verwendet werden. Zuletzt empfahl er die Gründung von Seminaren, um Priesteramtskandidaten heranzubilden. Eines dieser Seminare war das Collegium Germanicum in Rom.

Diese Anleitung ist sowohl von Katholiken wie von Protestanten wegen ihrer Härte als problematisch empfunden worden, zumal in ihr zweimal die Todesstrafe als Mittel gegen die Häresie vorgeschlagen wird. Solche Methoden stehen im Gegensatz zu unserer heutigen Auffassung von der religiösen Freiheit. Man muß sie jedoch in der Zeit sehen, für die sie angeraten wurden, und die damalige Denkweise in Rechnung stellen, die für Katholiken wie für Protestanten selbstverständlich war. Auch ist darauf hinzuweisen, daß nicht einfach die Todesstrafe vorgeschlagen wurde, sondern daß die Alternative »Todesstrafe oder Verlust der Güter und Verbannung« hieß. An der zweiten diesbezüglichen Stelle wird gesagt, es sei »vielleicht ein angebrachter Rat, die Schuldigen mit Verbannung oder Gefängnis zu bestrafen und sogar einmal mit dem Tod; aber von der letzten Strafe«, so fügt Ignatius hinzu, »und von der Einsetzung der Inquisition spreche ich nicht, denn das scheint mehr zu sein, als die gegenwärtigen Verhältnisse in Deutschland zulassen«.

Die Abschwächung durch »vielleicht« und »sogar einmal« lassen die Anwendung der Todesstrafe weniger geraten erscheinen. An dieser zweiten Stelle lehnte Ignatius für Deutschland sowohl die Verurteilung zum Tode wie die Einführung der Inquisition ab, obwohl er letztere in Rom und Portugal angeraten hatte. Die Situation in Deutschland schien ihm anders zu sein.

Es empfiehlt sich, die Einstellung von Ignatius mit der von Thomas Morus zu vergleichen. Morus hatte sich in seiner 1516 veröffentlichten »Utopia« als Befürworter friedlicher Toleranz bekannt. Einige Jahre später bezog er jedoch angesichts der lutherischen Reformation einen radikalen Standpunkt. In dieser Situation griff er auf die mittelalterliche Theorie zurück, die die Häresie dem Verrat gleichstellte. Da es um eine Gefahr sowohl für den Glauben wie für die weltliche Ordnung gehe, schrieb er, »sahen sich Fürsten und Völker genötigt, die Häresie mit einem schrecklichen Tod zu ahnden«.

Es ist nicht sicher, ob Canisius die von Ignatius gegebenen Ratschläge an Ferdinand weitergeleitet hat. Jedenfalls dienten einige von ihnen mit Erfolg der Erhaltung des Katholizismus in Österreich, Bayern und anderen Gebieten Deutschlands. Über die Arbeit der Jesuiten in diesen Gegenden schreibt Joseph Lortz, der bekannte Reformationshistoriker: »Den Jesuiten kommt zweifellos das Hauptverdienst an der katholischen Neugestaltung auch in Deutschland zu. Sie erfolgt jedoch nicht in der Art, daß die ausländische Gesellschaft Jesu hier alle Fundamente neu gelegt hätte. Es ist vielmehr so, daß die neue Kraft der Ignatiusschüler in deutsch-mittelalterlichen Elementen der Frömmigkeit wichtige Vorbereiter und in deren Trägern willkommenste Helfer fand.«

Lortz fährt mit der Frage fort: »Was war nun eigentlich inhaltlich das Neue, das die Jesuiten nach Deutschland brachten? Was befähigte sie, die so oft als notwendig bezeichnete Reform umfassend (wenn auch nur sehr allmählich) in Angriff zu nehmen?« Der Kölner Kartäuserprior Kalkbrenner bezeichnete sie als »Männer, mit Gottes Geist und Kraft erfüllt, von neuem Mut und neuer Kraft. Ihre Worte sind wie sprühende Funken; sie entzünden die Herzen.«

Weniger erfolgreich als in Deutschland war – wegen der ungünstigen Verhältnisse – die Arbeit der Jesuiten in England und Irland. Mit Freuden hatte Ignatius 1541 die Ernennung der Patres Salmerón und Broët zu apostolischen Nuntien in Irland aufgenommen, einem Land, das vom Schisma angesteckt zu werden drohte. Für sie verfaßte er eine seiner Anleitungen. Die Jesuiten kamen in Irland an, aber ihre Mission scheiterte schon nach wenigen Tagen am Widerstand der Iren. Über Schottland, wo sie sich mit König Jakob V. besprachen, kehrten sie nach Rom zurück. 1554 begrüßte Ignatius die Heirat zwischen Philipp II. und Maria Tudor mit großer Freude. Er schrieb dem König einen Glückwunschbrief; und der Gehorsam gegen Rom schien in England endgültig wiederhergestellt zu werden. Aber diese frohe Erwartung dauerte nur kurze Zeit. Als 1558 Elisabeth I. den Thron bestieg, verfiel das Land von neuem dem Schisma. Die Jesuiten konnten bis 1562 nicht nach England zurückkehren, und auch dann nur heimlich.

Selbst in Polen, einem katholischen Königreich, das jedoch von der Gefahr des Protestantismus bedroht war, konnte die Gesellschaft zur Zeit des Ignatius nicht dauerhaft Fuß fassen. 1555 wurde P. Bobadilla als Gefährte des Nuntius Luigi Lippomano nach Polen geschickt. Im Oktober kamen sie in Warschau an; Bobadilla reiste nach Wilna weiter. Wenig später kehrte er nach Rom zurück, um dem Papst über die Lage dort zu berichten. Von der Tätigkeit der Gesellschaft zur Verteidigung des katholischen Glaubens verdient die Arbeit einiger Jesuiten auf beiden Sitzungen des Konzils von Trient (1545–1547; 1551–1552) hervorgehoben zu werden. Vom Beginn des Konzils an nahm P. Jay in Trient als Prokurator des Bischofs von Augsburg, Kardinal Otto Truchseß, teil. Im Februar 1546 schickte der Papst weitere drei Jesuiten in die Konzilsstadt: Laínez, Salmerón und Faber. Die beiden ersten kamen am 18. Mai an; Faber erhielt die Nachricht in Spanien. Er machte sich sogleich auf den Weg und kam Mitte Juli in Rom an. Übermüdet von der langen Reise und krank starb er dort am 1. August im Alter von nur vierzig Jahren.

Die nach Trient entsandten Jesuiten hatten zunächst keine andere Aufgabe als die geistliche Betreuung der Prälaten und ihres Gefolges, abgesehen von dem Apostolat, das sie in der Stadt ausüben konnten. Für ihr Verhalten bei dieser Tätigkeit erhielten sie von Ignatius eine Anleitung, die er Mitte 1546 schrieb. Aber schon eine Woche nach ihrer Ankunft wurden sie unter diejenigen Theologen aufgenommen, die die Konzilssitzungen inhaltlich vorbereiteten. Anfangs stießen die schlecht gekleideten und äußerlich unansehnlichen jungen Priester besonders bei den spanischen Prälaten auf Abwehr. Aber nach und nach wuchs ihr Ansehen, als man merkte, daß sich hinter ihrer bescheidenen Erscheinung eine umfassende theologische Bildung verbarg. Der Legat Kardinal Marcello Cervini wählte P. Laínez als Beichtvater.

Während der Plenarsitzungen des Konzils ergriffen Laínez und Salmerón das Wort, um über die Erbsünde, die Rechtfertigung und die Sakramente zu sprechen. Besonders beachtet wurden Laínez' Ausführungen gegen die Theorie von der doppelten Rechtfertigung, einer inhärierenden und einer imputierten, die Girolamo Seripando vertrat. Neben diesen Auftritten während der Plenarsitzungen entwickelten beide eine intensive Arbeit in den vorbereitenden Sitzungen der Theologen. Viele Konzilsväter berieten sich mit ihnen, und sie wurden mit der Zusammenstellung der von den Lutheranern verteidigten Irrlehren beauftragt.

Als die Verlegung des Konzils nach Bologna beschlossen wurde, verließen Laínez und Salmerón am 14. März 1547 Trient. In Bologna wohnten sie der neunten Sitzung bei und legten ihre Ansicht über die Sakramente der Buße, der Krankenölung und der Ehe dar. Hier gesellte sich Petrus Canisius zu ihnen, den Kardinal Truchseß gesandt hatte, damit er zusammen mit Jay arbeite.

Das Konzil wurde für vier Jahre (1547–1551) unterbrochen. Am 1. Mai 1551 wurde es in Trient wiederaufgenommen. Laínez und Salmerón kamen diesmal als päpstliche Theologen. In den Sitzungen während dieser Periode griffen sie bei der Behandlung der Dekrete über die Eucharistie, die Buße und die Priesterweihe ein. Laínez tat sich in der 14. Sitzung hervor, als er am 7. Dezember 1551 ausführlich und abgesichert über die Messe als Opfer sprach.

Während dieser zweiten Sitzungsperiode des Konzils waren, allerdings vergebens, protestantische Theologen erwartet worden. Ihr Ausbleiben erschwerte die Arbeit. Noch komplizierter wurde die Lage durch eine bewaffnete Erhebung, die durch den Abfall des Prinzen Moritz von Sachsen ausgelöst wurde, der zur lutherischen Kirche übergetreten war. Für Karl V. stand es schlecht, als die Protestanten Mitte April 1552 die Stadt Augsburg besetzten. Die Bedrohung durch die nahen Kriegsheere gefährdete die Ruhe der Konzilssitzungen. Dies bewog Papst Julius III. am 15. April 1552, einen Aufschub des Konzils anzuordnen. Mit dem Fall von Innsbruck am 15. Mai war jede Hoffnung auf eine Fortsetzung des Konzils zerstört.

Die Jesuiten zogen sich zurück, um andere Aufgaben zu übernehmen. Abgesehen von der Tätigkeit, die sie auf dem Konzil geleistet hatten, diente ihre Anwesenheit in Trient dazu, vielen Bischöfen eine erste Bekanntschaft mit dem eben erst gegründeten Orden zu ermöglichen. Das war eine der Voraussetzungen, die zur Gründung von Kollegien in Deutschland und Österreich führten. Ein weiterer Erfolg war, daß Martín de Olabe, ein Theologe aus Alava, den Kardinal Truchseß zum Konzil gesandt hatte, für die Gesellschaft gewonnen wurde. Er hatte sie dort kennengelernt, und nachdem er die Exerzitien gemacht hatte, entschied er sich 1552 zum Eintritt.

»Geht hinaus in alle Welt!«
Europa

Spanien

Die ersten Jesuiten, die den Fuß auf Spaniens Boden setzten, waren die Patres Antonio de Araoz und Petrus Faber. Araoz war ein Neffe von Magdalena de Araoz, der Schwägerin des Ignatius. Schon 1539 hatte er sich in Rom den ersten Gefährten angeschlossen. Zwischen 1539 und 1544 reiste er dreimal nach Spanien, besuchte verschiedene Städte und machte die Gesellschaft Jesu im Lande bekannt. Über lange Jahre hin bekleidete er wichtige Funktionen innerhalb des Ordens und besaß für die Ausbreitung der Jesuiten in Spanien große Bedeutung. 1547 wurde er erster Provinzial Spaniens und 1554 Provinzial von Kastilien. Unter allen Jesuiten hatte er die besten Beziehungen zum spanischen Hof, die bis zu seinem Tod 1573 bestanden.

Faber war 1541 als Begleiter von Dr. Pedro Ortiz nach Spanien gereist. 1545 kehrte er noch einmal dorthin zurück. Zusammen mit Araoz stellte er die Gesellschaft bei Hofe vor. Wohin er auch kam, überall gewann er die Menschen durch sein gutes Beispiel, sein taktisches Verhalten und das Feuer seiner Predigten. In Spanien erreichte ihn auch der Ruf zur Teilnahme am Konzil von Trient.

Die Bekanntschaft mit Faber und Araoz gab Francisco de Borja einen wesentlichen Anstoß, in die Gesellschaft einzutreten. Borja war Vizekönig von Katalonien, als die beiden Jesuiten durch Barcelona kamen. Er freundete sich mit ihnen und dem neuen Orden an. Sehr bald erbat er die Gründung eines Kollegs in Valencia, die 1544 zustande kam. Es war das erste Kolleg, das die Gesellschaft in Spanien eröffnete. Für den weiteren materiellen Unterhalt sorgte P. Jerónimo Doménech, der erste Jesuit aus Valencia. Dem Kolleg von Valencia folgte 1545 das von Gandía, für das Borja 1547 von Papst Paul III. den Titel einer Universität erwirkte. Seine Bewunderung für die Gesellschaft veranlaßte ihn, nachdem er seine Frau, Leonor de Castro, am 27. März 1546 verloren hatte, selbst bei Ignatius um Aufnahme zu bitten. Man kann sich leicht vorstellen, welchen Eindruck der Eintritt eines Mannes vom Rang des Herzogs von Gandía auf Ignatius machte. Er erklärte, die Welt werde nicht die Ohren haben, einen solchen Donnerschlag zu ertragen. Die Aufnahme Borjas in die Gesellschaft wurde, selbst nachdem er am 1. Februar 1548 die feierlichen Gelübde abgelegt hatte, noch geheimgehalten. Erst nach seiner Romreise aus Anlaß des Heiligen Jahres 1550 erbat er von Karl V. die Erlaubnis, auf das Herzogtum zugunsten seines erstgeborenen Sohnes Karl verzichten zu dürfen. Am 23. Mai 1551 wurde Borja in Oñate zum Priester geweiht; seine erste hl. Messe wollte er im Haus Loyola feiern. Der Eintritt Borjas in die Gesellschaft gab dem neuen Orden nicht nur in Spanien Auftrieb, sondern auch in Italien, wo die Borjas gute Beziehungen zu den Farnese, den Verwandten Papst Pauls III., und zu der Familie des Herzogs von Ferrara, Ercole d'Este, hatten.

Als gegen das Exerzitienbüchlein vor allem in Spanien Kritik laut wurde, suchte ihr Borja dadurch zu begegnen, daß er bei Paul III. um eine offizielle Billigung der ignatianischen Schrift nachsuchte. Sie wurde durch das Breve »Pastoralis officii cura« vom 31. Juli 1548 ausgesprochen. Es ist, wie P. Nadal schreibt, ein seltener Fall in der Kirche, daß ein Buch durch ein päpstliches Breve quasi beglaubigt wird.

Allmählich breitete sich die Gesellschaft Jesu in Spanien aus. Schon 1547 wurde die spanische Ordensprovinz errichtet, die 1554 in die Provinzen Aragón und Kastilien geteilt wurde. 1554 wurde noch einmal geteilt, und es entstanden die drei Provinzen Kastilien, Aragón und Andalusien mit den Provinziälen Antonio de Araoz, Francisco de Estrada und Miguel de Torres.

Noch zu Lebzeiten von Ignatius wurden außer in Valencia und Gandía in folgenden Städten Kollegien gegründet: Barcelona und Valladolid (1545), Alcalá (1546), Salamanca (1548), Burgos (1550), Medina del Campo und Oñate

(1551), Córdoba (1553), Avila, Cuenca, Plasencia, Granada und Sevilla (1554), Murcia und Zaragoza (1555) und Monterrey (1556). Natürlich hatten einige von ihnen einen recht bescheidenen Anfang. Ursprünglich für die Ausbildung der jungen Jesuiten gegründet, öffneten sie sich nach und nach auch externen Schülern. Als Ignatius starb, also 1556, hatte z. B. das Kolleg von Medina 170 externe Schüler, etwa ebenso viele hatte das von Plasencia; das größte Kolleg in Córdoba zählte 300 Schüler. Die Provinz Kastilien besaß seit 1554 ein aufblühendes Noviziat in Simancas, etwa 10 km von Valladolid entfernt.

Zu Lebzeiten des hl. Ignatius fand die Gesellschaft am spanischen Hofe nicht den gleichen entschiedenen Rückhalt wie etwa in Portugal unter Johann III. Sie hatte mit heftigen Angriffen von seiten des Klerus zu kämpfen. Der neue Stil religiösen Lebens, den die Gesellschaft verwirklichte, gab Anlaß zu vielen Anfeindungen, so durch den Dominikaner Melchior Cano und den Erzbischof von Toledo, Siliceo. Von einem anderen Dominikaner, P. Fr. Tomás de Pedroche, wurden die Exerzitien angegriffen. Mit Geduld und Geschicklichkeit wurden diese Schwierigkeiten überwunden. Es fehlte auch nicht an hilfreicher Unterstützung. So erkannte der hl. Magister Juan de Avila, daß die Gesellschaft jene Ideale verwirklichte, die er sich für seine Erneuerungsbestrebungen gestellt hatte. Einige der besten Mitglieder, die die Gesellschaft in Spanien hatte, kamen aus seinem Kreis.

Beim Tod des Ignatius besaß die Gesellschaft in Spanien 18 Kollegien und zählte schon 293 Mitglieder.

Portugal

In Portugal begann die Gesellschaft so vielversprechend wie vielleicht in sonst keinem Land. Zwei Faktoren waren dabei maßgebend: der entschiedene Rückhalt durch König Johann III. und den ganzen Hof wie auch der weitreichende Einfluß, den P. Simon Rodrigues ausübte. Er wirkte vor allem von Lissabon aus, wo bereits 1542 das Kolleg S. Antão-o-Velho eröffnet wurde. Das Zentrum wurde Coimbra, wo schon 1542 ein Kolleg mit insgesamt 103 Personen, Lehrern und Studenten, bestand. 1550 waren es 150 und 1556 beim Tod des Ignatius sogar 900. In Coimbra wurde ein blühendes Noviziat eröffnet. Im Jahre 1555 übergab Johann III. das Philosophiekolleg (Colégio des Artes) in der gleichen Stadt Coimbra der Gesellschaft Jesu.

1551 wurde in Evora ein Kolleg eingeweiht, das Paul IV. 1559 in den Rang einer Universität erhob. Ein anderes entstand in Lissabon. Portugal war die erste Provinz der Jesuiten. Sie wurde 1546 mit Simon Rodrigues als Provinzial gegründet.

Die portugiesische Provinz entfaltete eine beachtliche missionarische Aktivitat. Von hier zogen 1541 die ersten Missionare nach Indien und 1549 nach Brasilien aus. Andere brachen nach Nordafrika und in den Kongo auf, hatten aber weniger Erfolg. Auch die nach Äthiopien entsandten Jesuiten mit Juan Nunes Barreto als Patriarch schifften sich in Lissabon ein. Sie kamen bis Goa, erreichten jedoch ihr eigentliches Ziel nicht. Als einziger kam Andrés de Oviedo 1557 nach Äthiopien.

Dem apostolischen Einsatz entsprach der Eifer im geistlichen Leben. P. Simon Rodrigues verfaßte 1545–1546 die ersten Regeln der Gesellschaft, die allerdings nur für Portugal galten. Dieses Regelwerk wurde später durch P. Jerónimo Nadal, der 1553 zum Kommissar für Spanien und Portugal ernannt wurde, ergänzt und verbessert.

Leider erlitt die portugiesische Provinz eine gefährliche und tiefgreifende Erschütterung. Die Gründe dafür sind schwer auszumachen. Vielleicht war man bei der Aufnahme der Kandidaten zu großzügig, vielleicht machte man auch Fehler bei der geistlichen Ausbildung. Sicher scheint auf jeden Fall, daß es der Provinz an einer klugen und umsichtigen Leitung fehlte. Tatsächlich dauerte es nicht lange, bis Anzeichen dafür bemerkbar wurden, daß im geistlichen Leben die für die Gesellschaft verbindlichen Grundsätze nicht mehr beachtet wurden. Besonders bedenklich waren diese Erscheinungen unter den Studenten des Kollegs von Coimbra. Die Abweichungen gingen in zwei entgegengesetzte Richtungen: einerseits eine auffallende Härte in körperlichen Bußübungen, andererseits die Tendenz zu einem verweichlichten und angenehmen Leben. Die Grundeinstellung des Gehorsams, der für die ignatianische Ausrichtung des Ordenslebens so wesentlich ist, fehlte weithin.

Um diese Entwicklung aufzuhalten, schrieb Ignatius zwei seiner am meisten bewunderten Briefe. Am 7. Mai 1547 sandte er an die Studenten von Coimbra den sogenannten Brief über die Vollkommenheit. Darin gab er ihnen Hinweise über das rechte Maß, die goldene Mitte zwischen Strenge und Weichlichkeit. Das Kriterium sollte die geistliche Unterscheidung sein, die sich vom Gehorsam erleuchten läßt. Der zweite Brief ist das berühmte Sendschreiben über den Gehorsam vom 26. März 1553. Er war an die Patres und Brüder in ganz Portugal gerichtet, nachdem die Krise schon offensichtlich und besorgniserregend ausgebrochen war.

An den Verwirrungen jener Jahre hatte der Provinzial Simon Rodrigues großen Anteil. Auch wenn man alle möglichen Entschuldigungen heranzieht, erscheint sein Verhalten in jeder Hinsicht uneinsichtig. Ganz gewiß hatte er gute Absichten, aber objektiv schadete er der Provinz. Er war weit über die in den Satzungen festgelegten drei Jahre hinaus in seinem Amt geblieben. Ende 1552 beschloß Ignatius, ihn zu versetzen. Er ernannte ihn zum Provinzial von Aragón; aber Rodrigues trat dieses neue Amt nicht an; mehr noch, er fand sich 1553 unbefugterweise wieder in Portugal ein. Ignatius rief ihn nach Rom und unterstellte seinen Fall dem Urteil von vier Patres: Miona, Olabe, Polanco und Cogordán. Es waren dies ein Portugiese, ein Baske, ein Kastilier und ein Franzose. Einmütig befanden alle vier, daß Rodrigues nicht mehr nach Portugal zurückkehren dürfe. Außerdem legten sie ihm eine Reihe von Bußen auf, von denen ihn Ignatius jedoch dispensierte. Der Angeklagte nahm anfänglich das Urteil mit Zeichen der Unterwerfung an. Es dauerte aber nicht lange, so lehnte er sich dagegen auf, da er es für ungerecht hielt. Spätestens jetzt gab es Anzeichen einer Unstetigkeit des Charakters, so daß der Fall Rodrigues geeigneter für eine psychologische Untersuchung als für eine geschichtliche Darstellung scheint. Häufige Wechsel von Gemütszuständen und Entscheidungen waren für ihn typisch geworden. Es gab Augenblicke, in denen er sich als Einsiedler zurückziehen wollte, dann wieder andere, in denen er an eine Wallfahrt nach Jerusalem dachte. Er führte aber weder das eine noch das andere aus. Statt dessen wandte er sich an den Protektor der Gesellschaft, den Kardinal Rodolfo Pio di Carpi, um von ihm die Befreiung vom Gehorsam gegenüber seinen Obern zu erwirken.

Man kann sich vorstellen, welchen Schmerz Ignatius bei solchen Vorfällen empfand. Rodrigues war einer seiner ersten Gefährten gewesen, und er liebte ihn aufrichtig. Nun sah er den Augenblick gekommen, da er ihn aus der Gesellschaft würde ausschließen müssen. Glücklicherweise mußte er nicht so weit gehen. Rodrigues arbeitete einige Jahre in Italien und Spanien und konnte schließlich in sein geliebtes Portugal zurückkehren, wo er 1579 starb.

Wie immer in solchen Fällen muß man zumindest einen Teil der Verantwortung denen zuschreiben, die einzugreifen verpflichtet gewesen wären. Die Folgen waren jedenfalls schmerzlich. Die Provinz war für einige Zeit in zwei Flügel gespalten; der eine forderte rigorose Maßnahmen, während der andere ein bequemes Leben ersehnte. Viele bestanden die Bewährungsprobe nicht und verließen die Gesellschaft wieder. Als jedoch die Krise überwunden war, blühte die Provinz Portugal wieder auf und entfaltete eine beachtliche missionarische Tätigkeit.

Italien

Sehr nachhaltig war das Wirken der ersten Jesuiten in ganz Italien, von Venedig bis Sizilien. Es handelte sich hier vor allem um ein Wanderapostolat entsprechend der Absicht der Gesellschaft, dorthin zu gehen, wohin der Papst sie senden wollte oder wohin sie zu apostolischen Arbeiten gerufen würden, etwa zu predigen, Sakramente zu spenden, Exerzitien zu halten, guten Rat zu erteilen, Konvente zu reformieren oder die Jugend christlich zu erziehen. In vielen Städten wünschte man bald die ständige Anwesenheit der Jesuiten. So kam es zur Gründung von Kollegien.

Von den ersten Gefährten des Ignatius wirkten lange Jahre hindurch fünf in Italien, Jean Codure nicht mitgerechnet, der schon 1541 in Rom allzufrüh seine irdische Laufbahn beendete. Laínez und Salmerón lebten ständig in Italien. Broët wurde, nachdem er in verschiedenen Städten gearbeitet hatte, 1551 zum ersten Provinzial Italiens ernannt. Im folgenden Jahr wurde er nach Frankreich gesandt, um die Leitung der dortigen Gesellschaft zu übernehmen. Er wurde in Italien von P. Laínez abgelöst. Claude Jay war in Ferrara, Faenza und Bologna, bevor er nach Deutschland ging. Nachdem 1548 Bobadilla Deutschland hatte verlassen müssen, blieb er in Italien. Unter anderem bereitete er die Gründung des Kollegs von Neapel vor. Er war vielleicht das bedeutendste Mitglied der Gesellschaft in Italien. Unter den Jesuiten der ersten Stunde muß Jerónimo Doménech hervorgehoben werden, der aus Valencia stammte. Er leitete die Provinz Sizilien 23 Jahre lang.

Das erste Kolleg der Gesellschaft überhaupt entstand in Padua. Deshalb soll von ihm etwas ausführlicher berichtet werden. 1542 erbat der Doge von Venedig, Pietro Lando, zwei Jesuiten für die Lagunenstadt. Die Verhandlungen hatte sein Botschafter in Rom, Francesco Venier, geführt. Entgegen dem Wunsch Landos wurde nur ein Jesuit hingesandt, nämlich Laínez. Er wirkte den größten Teil der Jahre 1542–1545 im Gebiet von Venedig. Er predigte, hörte Beichten und stand Ratsuchenden zur Verfügung. Er trat auch mit Andrea Lippomano, dem Prior des Dreifaltigkeitsklosters, in Verbindung. Schon 1537 hatte dieser in seinem Hause den Gefährten Gastfreundschaft gewährt, als sie sich auf die Pilgerfahrt nach Jerusalem vorbereiteten. Lippomano faßte den Plan, der Gesellschaft das Priorat Sta. Maria Magdalena in Padua, das seine Pfründe war, für ein Kolleg zu überlassen. Tatsächlich zogen 1542 die ersten von Ignatius geschickten Studenten dort ein. 1545 stellte Lippomano dem Papst das Priorat zur Verfügung, damit er es der Gesellschaft übergebe. Im September des gleichen Jahres kam Ignatius nach Montefiascone, wo sich der Papst aufhielt, um unter anderem auch wegen dieser Angelegenheit zu verhandeln. Der Papst erteilte seine Zustimmung. Aber damit waren noch nicht alle Schwierigkeiten ausgeräumt. Päpstliche Urkunden konnten in Venedig nur dann Rechtskraft erlangen, wenn sie vom Senat der Republik beglaubigt waren. Giovanni Lippomano, ein Bruder des Andrea, widersetzte sich der Schenkung, weil er die Ansprüche seiner Familie auf das Priorat von Padua nicht aufgeben wollte. Der Kampf, den er aufnahm, war langwierig und hartnäckig; aber die Beharrlichkeit des hl. Ignatius war nicht geringer. Schließlich wurde die Sache dem Senat zur Abstimmung vorgelegt. Das Ergebnis war positiv. Von 157 Stimmen waren 143 für die Gesellschaft, nur 2 dagegen, 12 enthielten sich. So konnten die Jesuiten endgültig in Padua bleiben. Man schrieb das Jahr 1548, aber das Kolleg der Gesellschaft bestand schon seit 1542.

Fast gleichzeitig wurde eine Kollegsgründung in der Stadt Venedig selbst geplant. Dazu aber kam es erst 1550.

Nach Rom und Padua war Bologna die dritte Stadt, in der sich die Jesuiten niederließen. Dort hatte vom Herbst 1517 bis Ostern 1538 als Priester der hl. Franz Xaver gewirkt. Unter den Personen, die sich seiner geistlichen Leitung anvertrauten, war Violante Casali, Witwe des Senators Camillo Gozzadini. Sie und der Pfarrer von Santa Luca, der zukünftige Jesuit Francesco Palmio, baten 1545 den hl. Ignatius um die Sendung einiger Jesuiten nach Bologna. 1546 wurde als Fastenprediger P. Girolamo Doménech geschickt, der von zwei anderen Jesuiten begleitet war. Er wurde im folgenden Jahr von Broët ersetzt, der vier Jahre blieb. 1551 wurde in Bologna ein Kolleg eröffnet, in dem man Latein und Griechisch dozierte, und das etwa von 100 Schülern frequentiert wurde.

Wegen seiner Organisation, die als Vorbild für andere Schulen diente, hatte das Universitätskolleg in Messina große Bedeutung; es wurde 1548 gegründet.

Im Jahre 1550 wurde ein Kolleg in Tivoli eröffnet. Außer

in Rom und Venedig wurde 1551 auch in Ferrara ein Kolleg gegründet. Schon Francisco de Borja hatte sich dafür eingesetzt und den Herzog Ercole II. d'Este darum gebeten. 1552 nahmen weitere vier Kollegien die Arbeit auf: in Florenz, Neapel, Perugia und Modena. Das in Monreale auf Sizilien entstand 1553, die in Argenta (Ferrara) und Genua 1554; 1555 eröffneten Loreto und Syrakus, schließlich 1556 Bivona, Catania und Siena. Alle diese Kollegien hatten neben einer mehr oder minder großen Zahl von Jesuiten-Studenten eine Reihe externer Schüler. Im Todesjahr des hl. Ignatius schwankte die Zahl zwischen 50 in Argenta und 280 in Palermo.

Diese rasche Verbreitung der Kollegien war möglich dank der vielen Berufungen, deren Zahl wuchs. Von 85 Aufnahmen in den Jahren 1540 bis 1545 stiegen sie auf 137 zwischen 1546–1550 und auf 513 zwischen 1551 bis 1555. Viele dieser Berufungen kamen aus den Kollegien selbst.

Zur religiösen Bildung der Kandidaten eröffnete die Gesellschaft Noviziate. Schon 1547 hatte Ignatius die Absicht geäußert, für die geistliche Schulung der Novizen gesonderte Häuser zu eröffnen. Aber dieser Plan konnte nicht so rasch verwirklicht werden. In Rom übte Ignatius selbst viele Jahre das Amt eines Novizenmeisters aus. Das erste unabhängige Noviziat Italiens wurde 1550 in Messina eingerichtet. 1551 gab es ein zweites in Palermo.

Die rasche Ausbreitung der Gesellschaft in Italien gestattete die Errichtung einer Provinz. Sie wurde 1551 gebildet. Die Häuser von Rom und Neapel waren ausgenommen, sie unterstanden direkt dem General. Der erste Provinzial Italiens war P. Broët. Ihm folgte 1552, wie schon erwähnt, P. Laínez, der dieses Amt bis 1556 bekleidete. Nach dem Tode des hl. Ignatius wurde er zum Generalvikar der Gesellschaft gewählt. Die Provinz Sizilien wurde 1553 mit P. Jerónimo Doménech als Provinzial gegründet. Für dieses Amt wurde er zweimal wiederernannt, und er versah es bis 1576.

Frankreich

Ignatius bewahrte den Studienjahren an der Universität von Paris immer ein dankbares Gedenken. 1532 empfahl er seinem Bruder Martín García dringend, seinen Sohn Emiliano zum Studium an diese Universität zu schicken. »Ich glaube, daß in der ganzen Christenheit keine Universität so viele Möglichkeiten bietet«, schrieb er.

Einen ähnlichen Rat wiederholte er 1539 in einem Brief an seinen Neffen Beltrán; Martín García war inzwischen verstorben, und es ging noch immer um die Studien von Emiliano.

Als die Gesellschaft anfing, in den verschiedenen Städten Kollegien zu gründen, wollte Ignatius, daß als Studienplan der »modus parisiensis« eingeführt werde.

Im Frühjahr 1540 wurden unter der Leitung von Diego de Eguía einige junge Jesuiten nach Paris geschickt, um ihre Studien zu vervollständigen. Weitere kamen 1541 und 1542 hinzu. In diesem Jahr mußten sie in Löwen Zuflucht suchen, weil wegen der Feindseligkeiten zwischen Franz I. und Karl V. die kaiserlichen Untertanen aus Paris ausgewiesen wurden. Die Studenten konnten 1543 zurückkehren, aber bald danach sollten sie wieder abgeschoben werden. Es gelang ihnen jedoch, bei den Studenten des lombardischen Kollegs unterzutauchen und heimlich in Paris zu bleiben.

Die Gesellschaft besaß in Frankreich zwei aufrichtige Gönner, den Kardinal von Lothringen, Charles de Guise, und den Bischof von Clermont, Guillaume du Prat. Letzterer hatte in Trient mit den Jesuiten, die am Konzil teilgenommen hatten, enge Beziehungen geknüpft. Er stellte den Studenten in der französischen Hauptstadt eines seiner Häuser zur Verfügung. Er wünschte, daß in seiner Diözese, in der Auvergne, ebenfalls ein Kolleg eröffnet würde.

Der Verwirklichung dieses Planes jedoch stellte sich eine gravierende Schwierigkeit entgegen: Um sich in Frankreich mit allen Rechten niederlassen zu können, mußte die Gesellschaft das »französische Bürgerrecht«, das heißt die gesetzliche Anerkennung, besitzen. König Heinrich II. gewährte sie 1550 mündlich und im folgenden Jahr schriftlich. Um nun diesem Schriftstück Gesetzeskraft zu verleihen, bedurfte es der Billigung durch das französische Parlament. Dieses verweigerte die Genehmigung. Um die Dinge noch verwickelter zu gestalten, reichte das Parlament 1553 die Frage an die Theologische Fakultät in Paris weiter. Diese war noch feindseliger gegen die Gesellschaft gesonnen und gab am 1. Dezember 1554 ein Dekret gegen sie heraus. Das war ein großer Rückschlag. Aber Ignatius ließ sich nicht entmutigen. Er erklärte sogar, diese Angelegenheit werde ihn keine Stunde Schlaf kosten. In der für ihn üblichen Weise brachte er seine Beziehungen ins Spiel. Er ließ einen Brief an die Fürsten, Statthalter und Universitäten jener Städte schreiben, in denen Jesuiten arbeiteten, um von ihnen eine Empfehlung für den Orden zu bekommen. Dabei sollten sie vor allem die Gunsterweise der Päpste gegenüber der Gesellschaft betonen. Die Art, wie er diesen Brief abfassen ließ, ist aufschlußreich für sein Vorgehen in wichtigen Dingen. Der Brief sollte so formuliert werden, daß ihn selbst die Pariser Universität mit Zufriedenheit und Erbauung lesen könnte, falls er dorthin käme. Der erste Entwurf gefiel ihm nicht, und er ließ einen neuen schreiben. Die zweite Fassung verbesserte er persönlich, »und er ließ sie lesen und wieder lesen, so daß über zweieinhalb Stunden, fast drei, vergingen. Der Vater bewies eine bewunderungswürdige Aufmerksamkeit. Er ist zwar bei allem, was er tut, sehr aufmerksam, aber hier war er es noch mehr.« Einige sagten, gegen das Dekret der Universität müsse ein scharfer Brief aufgesetzt werden. Aber Ignatius schlug einen milderen Ton vor und zitierte die Worte Jesu: »Den Frieden hinterlasse ich euch, meinen Frieden gebe ich euch.« Er wollte unter keinen Umständen irgendwelche Schritte unternehmen, die den Orden mit der Universität unwiderruflich verfeindet hätten.

Glücklicherweise bot sich eine gute Gelegenheit, die Streitpunkte zwischen den Beteiligten klar zu benennen und zu besprechen. Im August 1555 kamen vier Doktoren der Universität von Paris nach Rom. Sie begleiteten den Kardinal von Lothringen in einer diplomatischen Mission zu Papst

Paul IV. Einer der Doktoren war der Dominikaner Jean Benoit, der Verfasser des Dekrets. Ignatius erfuhr es und ließ diese gute Gelegenheit nicht vorübergehen. Er veranlaßte ein Gespräch der vier Doktoren mit ebenso vielen Jesuiten, und zwar mit den Patres Laínez, Polanco, Frusio und Olabe. Es sind uns zwei Schriftstücke erhalten, die bei jenem Anlaß abgefaßt wurden, eines von P. Olabe, das andere von P. Polanco.

Das Ergebnis war, daß die Doktoren zufriedengestellt waren. Das genügte aber nicht, daß die Universität etwas rückgängig gemacht hätte. Erst nach dem Tode des Ignatius konnte die Angelegenheit geregelt werden. Trotz dieser Schwierigkeiten faßte die Gesellschaft in Frankreich Fuß. Ignatius entband P. Broët von seinen Aufgaben, damit er die Leitung der Gesellschaft in seinem Vaterland übernähme. 1555 wurde die Provinz Frankreich mit Broët als Provinzial errichtet. Schon 1554 waren in Paris zwölf Jesuiten ansässig gewesen. 1556 erfüllte sich der Wunsch von Guillaume du Prat: In der Stadt Billom, in seiner Diözese, wurde ein Kolleg eröffnet, das bereits im Gründungsjahr zehn Jesuiten zählte. Die Zahl der Schüler betrug im Jahr 1556 800. Der gesamte Unterhalt wurde von dem bischöflichen Wohltäter getragen.

»Geht hinaus in alle Welt!«
Die Missionen

Die Gesellschaft Jesu ist aufgrund ihres Ursprungs und ihrer Verfassung wesentlich ein missionarischer Orden. Ihr Ziel, wie es in der ersten Bestätigungsbulle von 1540 formuliert wurde, ist die Ausbreitung des Glaubens. Die Professen legen ein besonderes Gehorsamsgelübde gegenüber dem Papst ab, ohne Ausreden und Entschuldigungen überallhin, an jeden Ort der Welt, zu gehen, wohin der Papst sie zu senden wünscht, ob »zu den Türken ... oder zu anderen Heiden, selbst in jene Länder, die man Indien nennt (Süd- und Mittelamerika und Indien), oder zu beliebigen Häretikern und Schismatikern oder zu allen beliebigen Gläubigen«. Jedem, der in die Gesellschaft eintritt, wird die Verpflichtung vorgelegt, bereitwillig an jeden Ort »zu Gläubigen oder Ungläubigen« zu gehen.

Der Ursprung dieser missionarischen Berufung ist in der persönlichen Berufung des Ignatius zu suchen. Mochte die Wallfahrt ins Heilige Land für den Bekehrten von Loyola eine vorübergehende Andachtsübung sein, für den Exerzitanten von Manresa verwandelte sie sich zum Dauervorhaben seines Lebens. Als er sich 1523 nach Jerusalem einschiffte, hatte er den festen Vorsatz, sein Leben lang dort zu bleiben. Er wollte, indem er die heiligen Stätten besuchte, sich der Andacht widmen und »den Seelen helfen«, das heißt konkret, den Mohammedanern. Wir wissen bereits, daß er diesen lang gehegten Plan nicht durchführen konnte. Das Gelübde von Montmartre, das Ignatius und seine ersten Gefährten 1534 ablegten und das sie in den beiden folgenden Jahren erneuerten, war ein Missionsgelübde. Wie P. Polanco schreibt, hatten sie eigentlich vor, »nach Jerusalem zu reisen und dort, wenn möglich, den Ungläubigen zu predigen oder für den Glauben an Jesus Christus unter ihnen zu sterben«. Auch dieser Plan konnte nicht verwirklicht werden. Doch das scheinbare Scheitern brachte jene Männer dazu, ihr Gesichtsfeld zu erweitern und die ganze Welt einzubeziehen. Sie würden von nun an keine persönliche Vorliebe mehr zeigen; sie würden dahin gehen, wohin der Papst sie senden würde.

Nachdem Ignatius zum General der Gesellschaft gewählt worden war, konnte er nicht als Missionar leben; aber sein ganzes Leben lang hatte er das Verlangen danach. Die Missionen, an die er dachte und wo er seine Tage zu beschließen gewünscht hätte, waren die schwierigsten: die in Nordafrika und in Äthiopien. Aber da er nicht dorthin reisen konnte, mußte er sich damit zufriedengeben, von Rom aus Missionar zu sein, indem er viele seiner Söhne in die Missionen schickte, ihnen Anleitungen für ihr Verhalten gab, mit Interesse die von ihnen gesandten Briefe las und sie in seinen Briefen tröstete und ermunterte.

Die bereits zu seinen Lebzeiten gefestigten Missionen waren Indien und Brasilien. Beide wurden bald als unabhängige Ordensprovinzen errichtet: Indien bereits 1549, Brasilien 1553. Es fehlte nicht an Versuchen, auch anderswo Missionen einzurichten, etwa in Lateinamerika oder in Äthiopien; aber es gelang den Jesuiten erst nach dem Tod des hl. Ignatius, dort festen Fuß zu fassen. Andere Versuche, wie im Kongo, sollten damals nur von kurzer Dauer sein.

Indien und der Ferne Osten

Der große Missionar der ersten Stunde des Ordens war Franz Xaver. P. Ribadeneira entdeckte einen frühen Hinweis auf Xavers missionarische Berufung in einer Begebenheit, die Laínez berichtet: Als die Gefährten durch Norditalien zogen und wahrscheinlich gerade in Venedig waren, schliefen Xaver und Laínez im gleichen Raum. Unter dem starken Eindruck eines Traumes erwachte Xaver mehrmals und sagte: »Jesus, was bin ich geschafft! Wißt Ihr, was ich geträumt habe? Daß ich einen Inder auf dem Rücken schleppte, der so schwer war, daß ich ihn nicht tragen konnte.« P. Jeróimo Doménech fügte hinzu, daß Xaver in Bologna ihm gegenüber den starken Wunsch geäußert habe, nach Indien zu gehen.

Trotz dieser Anzeichen seiner künftigen Bestimmung verdankte Xaver seine Aussendung nach Indien einem Zufall. Ignatius wollte einem Wunsch des Königs von Portugal, Johann III., entsprechen und bestimmte Simon Rodrigues und Nicolás de Bobadilla für Indien. Rodrigues reiste sofort von Rom nach Portugal. Bobadilla sollte die Fahrt als Begleiter des Botschafters von Portugal, Pedro de Mascarenhas, unternehmen. Aber zur geplanten Abreisezeit wurde er krank. Ribadeneira berichtet, Ignatius, der selbst bettlägerig war, habe Xaver rufen lassen und zu ihm gesagt: »Magister Francisco ... das ist eure Aufgabe!« Darauf habe dieser mit großer Freude und Bereitschaft geantwortet: »Also, auf geht's! Hier bin ich!« und sei dann am selben oder am nächsten Tag, nachdem er noch irgendwelche alten Hosen und eine Soutane geflickt hatte, abgereist. Das war am 16. März 1540; die Gesellschaft war damals rechtlich noch nicht bestätigt, und Ignatius war noch nicht Ordensgeneral.

Die seelsorgliche Tätigkeit von Rodrigues und Xaver in Lissabon, während sie auf ihre Einschiffung warteten, wurde vom König und dem ganzen Hof so geschätzt, daß Johann III. beide dort behalten wollte. Schließlich wurde vereinbart, daß Rodrigues bleiben und Xaver abreisen sollte. Am 7. April 1541 fuhr er von Lissabon ab, und nach dreizehn Monaten Seereise legte das Schiff am 6. Mai 1542 im Hafen von Goa an.

Es ist hier nicht der Ort, über die Evangelisierungsarbeit Xavers zu berichten. Aber wenigstens in großen Zügen wollen wir seine Wege verfolgen, um zu sehen, wie sich die Gesellschaft noch zu Lebzeiten von Ignatius ausbreitete. Das erste Arbeitsfeld Xavers war Kap Komorin, wo er an der Bekehrung der Paraver, der Perlenfischer, arbeitete. In Travancore taufte er, wie er selbst schrieb, mehr als 10 000 Personen in einem Monat. Am 1. Februar 1546 unternahm er eine Kreuzfahrt von 1740 Meilen. Er begann sie bei den Molukken-Inseln. Am 14. Februar ging er auf der Insel Amboina an Land, er hielt sich auch auf den Inseln Ternate und

Moro auf. Bei der Rückreise nach Malakka stieß er auf einen Japaner namens Anjirô. Dieser war auf der Suche nach einem geistlichen Führer, der seinem beunruhigten Gewissen den Frieden wiederbrächte. Er fand ihn in Xaver und reiste mit ihm nach Goa zurück. Nach der erforderlichen Vorbereitung empfing Anjirô am 20. März 1548 in der Kathedrale von Goa die Taufe. Aus den Gesprächen mit diesem Japaner schloß Xaver, daß große Möglichkeiten bestanden, das Christentum nach Japan zu bringen. Der Weg dazu wäre Argumentation und gutes Beispiel, weil sich die Japaner ganz und gar vom Gesetz der Vernunft leiten ließen. Mit dieser Hoffnung schiffte sich Xaver am 15. April 1549 wieder nach Malakka ein und am 24. Juni nach Japan. Er hatte eine beachtliche Anzahl von Geschenken für den Kaiser von Japan mitgenommen, sowie sein Beglaubigungsschreiben als Apostolischer Nuntius »vom Kap der Guten Hoffnung und dem Roten Meer bis zum Stillen Ozean«. An Mariä Himmelfahrt, dem 15. August 1549, ging er in Kagoshima, der Geburtsstadt Anjirôs, an Land. Der Aufenthalt in Japan währte bis November 1551. Wir finden Franz Xaver in Yamaguchi, Miyako (dem heutigen Kyoto) und abermals in Yamaguchi und am Hof des Königs von Bungo. Den größten Erfolg hatte er wohl in Yamaguchi, wo er 500 Menschen bekehren konnte. Aber diese Missionsreise sollte in erster Linie der Erkundung dienen. Andere Missionare sollten durch ihre Predigt und ihr Blut das Christentum im Reich der aufgehenden Sonne endgültig einpflanzen.

In Japan erkannte Xaver, daß er, um in Japan erfolgreich sein zu können, in China beginnen müsse. Denn in Japan begegnete ihm immer wieder der Einwand, wie könne die christliche Religion die wahre sein, wenn sie in China nicht bekannt sei. Xaver entschloß sich also, ins Reich des Himmelssohnes zu reisen, nicht ohne vorher seine Pflichten in Indien zu erfüllen. Deshalb war er im Dezember 1551 erneut in Malakka, wo er einen Brief von Ignatius vorfand, der seine Ernennung zum Provinzial Indiens und der Länder des Ostens enthielt. In Goa angekommen, versuchte er, die nicht wenigen Probleme zu lösen, die seiner harrten. Aber seine Gedanken waren fest auf die Reise nach China gerichtet. Er scheute weder vor den Gefahren der Reise zurück noch vor der Androhung der Todesstrafe für alle, die China ohne Genehmigung betraten. Xaver wollte dieses Hindernis zunächst dadurch überwinden, daß er sich zusammen mit einer Gesandtschaft des Königs von Portugal dorthin begäbe. Da sich dies jedoch nicht verwirklichen ließ, wollte er sich damit begnügen, von jemandem bis an die Küste von Kanton mitgenommen zu werden. Das gelang ihm zwar, aber den Fuß sollte er nicht mehr auf das Festland setzen. Bald nachdem er auf der Insel Sanzian, zehn Kilometer von der Festlandküste entfernt, gelandet war, erkrankte er schwer. In der Nacht vom 2. zum 3. Dezember starb er heiteren Sinnes. Er war erst 46 Jahre alt und hatte Europa vor elfeinhalb Jahren verlassen.

In einer Biographie des hl. Ignatius ist vor allem die enge Freundschaft hervorzuheben, die diese beiden großen Männer, Ignatius und Xaver, verband. Einen seiner Briefe an den Freund aus der Pariser Zeit schloß Ignatius mit den bezeichnenden Worten: »ganz der Eure, der Euch niemals vergessen kann, Ignatius«. In der Antwort darauf schrieb Xaver: »So wie ich diese Worte mit Tränen las, schreibe ich nun unter Tränen, da ich mich vergangener Zeiten erinnere und der großen Liebe, die Ihr immer für mich hattet und habt.« Als er Ignatius mitteilte, er habe vor, nach Japan zu gehen, schloß er mit Worten, die die Schule der Exerzitien erkennen lassen: »So schließe ich, auf dem Boden knieend, während ich dies schreibe, indem ich Eure heilige Liebe, aufmerksamster Vater meiner Seele, als wäret Ihr hier, darum bitte, Ihr möget mich Gott, unserm Herrn, in Euren heiligen Opfern und Gebeten sehr anempfehlen. Er möge mir in diesem gegenwärtigen Leben seinen Willen kundtun und die Gnade gewähren, ihn vollkommen zu erfüllen ... Euer geringster und untauglichster Sohn, Francisco.«

Wie sehr Ignatius Franz Xaver schätzte, geht neben vielem anderen zum Beispiel aus der Freiheit hervor, die er ihm in seinen Unternehmungen ließ, wie im Fall der geplanten Reise nach Japan; zum anderen aus seinem Brief vom

28. Juni 1553, in dem er ihn nach Rom zurückrief. Er sollte dem König von Portugal und dem Heiligen Stuhl über die Lage in Indien einen Bericht geben, »damit in geistlichen Dingen Sorge getragen werde, was notwendig oder sehr wichtig ist für das Wohl dieser neuen Christenheit und der dort lebenden europäischen Christen«.

Es gibt Stimmen, die meinen, der eigentliche Grund dafür, daß Ignatius den Freund nach Rom zurückrief, sei der Wunsch gewesen, ihn als Nachfolger im Generalat vorbereiten zu können. Aber als Ignatius diesen Brief schrieb, wußte er nicht, daß Franz Xaver bereits ein halbes Jahr vorher seine Seele Gott zurückgegeben hatte. Die Nachricht von Xavers Tod kam in Rom nicht vor 1555 an, und selbst dann wurde sie noch bezweifelt.

Über den Stand der Jesuitenmission im Osten beim Tod des hl. Ignatius bringt ein in Goa zusammengestellter Katalog von Ende 1555 genaue Angaben. In jenen fernen Ländern arbeiteten 78 Jesuiten, davon 28 Priester. Von der Gesamtzahl dieser Missionare waren sieben für die Mission in Äthiopien bestimmt. Außer den in Indien arbeitenden gab es drei Patres und fünf Brüder auf den Molukken; vier Patres und acht Brüder waren in Japan, ein Pater und ein Bruder in Ormuz. Es gab – zum Teil sehr kleine – Kollegien der Gesellschaft in Goa, Bassein, Cochin, Quilon und Ormuz. Auf der Insel Ormuz am Eingang zum Persischen Golf hatte P. Caspar Barzäus, den Xaver gesandt hatte, selbstlos gewirkt. 1555 waren P. Antonio Heredia und Fr. Simón de Vera dort. Weitere indische Missionsstationen gab es in Thâna, Komorin und São Tomé.

Amerika

Die Frage nach einer eventuellen Jesuitenmission in Amerika tauchte zum ersten Mal in einem Angebot auf, das Ignatius jedoch glaubte, nicht annehmen zu dürfen. Er selbst erzählt in seiner Autobiographie davon: Als 1540 sein ehemaliger Gefährte von Barcelona und Alcalá, Juan de Arteaga, zum Bischof von Chiapas (Mexiko) ernannt wurde, schrieb ihm dieser und bot sein Amt einem Mitglied des neuen Ordens an. Ignatius wies das Angebot ab; schon damals wurde deutlich, daß der neue Orden auf kirchliche Würden verzichten werde.

Der Bischof von Calahorra und Mitglied des Indienrates, Juan Bernal Diaz de Luco, und der Bischof von Michoacán, Vasco de Quiroga, baten in Briefen vergeblich um Mitglieder der Gesellschaft für ihre Diözesen. Die einzige Erwähnung Lateinamerikas in den Briefen des Ignatius findet sich am 12. Januar 1549. Ignatius schrieb an die PP. Francisco Estrada und Miguel de Torres: »Entsendet Brüder nach Mexiko! Wenn Ihr es für nötig haltet, sorgt dafür, daß sie erbeten werden oder sendet sie so.« Aber diese Aussendung fand zu Lebzeiten des Heiligen nicht mehr statt. Erst sein übernächster Nachfolger, Francisco de Borja, war der erste, der Jesuiten nach Florida, Mexiko und Peru schickte.

Eine Mission, die bereits zu Lebzeiten des hl. Ignatius als sehr vielversprechend eröffnet wurde, war die von Brasilien. P. Simon Rodrigues hatte erwogen, selbst dorthin zu gehen. Schließlich bestimmte er aber P. Manuel de Nóbrega mit noch fünf anderen Jesuiten dafür. Am 1. Februar 1549 schifften sie sich in der Flotte des Generalgouverneurs Tomás de Souza ein. Sie gingen am 29. März in Bahía an Land. An dieser ersten Expedition nahm ein Scholastiker namens Juan de Azpilcueta teil, ein Neffe des berühmten Doktors Martín de Azpilcueta aus Navarra und Verwandter von Franz Xaver.

Die Aufgabe, die den Missionaren aufgetragen wurde, war eine dreifache: den Heiden den Glauben zu predigen, die Portugiesen geistlich zu betreuen und die Kinder christlich zu erziehen.

Eine zweite Expedition von vier Patres folgte 1550. Die dritte von 1553 bestand aus drei Patres und vier Brüdern, unter ihnen der zukünftige Apostel Brasiliens, José de Anchieta, damals ein junger Mann von 19 Jahren. Er war in La Laguna (Teneriffa) als Sohn des Juan de Anchieta geboren und entstammte einer Familie aus Urrestilla in Guipúzcoa, die mit der des Ignatius verwandt war.

Am 9. Juli 1553 ernannte Ignatius P. Manuel de Nóbrega zum Provinzial der neuen Jesuitenprovinz Brasilien; sie bestand insgesamt aus etwa dreißig Patres und Brüdern. Diese waren über Pernambuco, Porto Seguro, Rio de Janeiro, São Vicente und das Dorf Piratininga verteilt. In diesem Dorf wurde 1554 das Kolleg São Paulo gegründet; das Dorf sollte später zur mächtigen Metropole Brasiliens werden und den Namen des Kollegs tragen, São Paulo.

Ignatius und die Kirchen des Ostens

Seit der Bekehrung in Loyola und der Erfahrung von Manresa waren Ignatius' Pläne auf Jerusalem gerichtet. Er wollte sich dem Besuch der heiligen Stätten widmen und »den Seelen helfen«. Er dachte dabei an die Mohammedaner in Palästina und an die christlichen Pilger, die das Heilige Grab besuchten. Im Gelübde von Montserrat bewog die Gefährten – einer Formulierung von P. Laínez zufolge – das Verlangen, »unter Gläubigen und Ungläubigen« zu wirken. Ungläubige nannte man damals sowohl die Heiden als auch die Häretiker und Schismatiker. Die Bestätigungsbulle der Gesellschaft, die Paul III. im Jahre 1540 ausstellte, erläuterte das Ziel der Gesellschaft genauer: Wer in sie eintreten wolle, müsse ohne eigene Vorlieben überallhin zu gehen bereit sein, wohin ihn der Papst senden wolle, »sei es zu den Türken oder zu allen anderen Ungläubigen, selbst in die sogenannten Indien oder zu jeglichen Häretikern, Schismatikern oder gläubigen Christen«. Die Gesellschaft öffnete sich also ausdrücklich in Richtung auf den Orient.

Wenn wir von einzelnen anderen Versuchen absehen, wie dem Plan, etwa zehn oder zwölf griechische Studenten nach Rom zu rufen oder einige Jesuiten zu den nestorianischen Christen zu senden, so bewegten Ignatius im Blick auf die Kirchen des Ostens vor allem zwei Vorhaben, die er lange Jahre mit größtem Interesse verfolgte, die aber zu seinen Lebzeiten keine praktische Verwirklichung fanden. Das eine war die Gründung von Kollegien in Jerusalem, auf Zypern und in Konstantinopel, das andere die Mission in Äthiopien.

Jerusalem, Zypern und Konstantinopel

Pedro de Zárate, ein Ritter aus Bermeo in der Vizcaya, der zur kaiserlichen Botschaft in Rom gehörte, hatte aus Sorge wegen der Bedrohung des Mittelmeers durch die Türken den Plan gefaßt, eine Bruderschaft vom Heiligen Grab mit Sitz in Rom und Niederlassungen in anderen Städten zu gründen. Sie sollte die materiellen Mittel aufbringen, um von Zerstörung bedrohte Gotteshäuser zu erhalten und die geistlichen Interessen der Christen des Mittleren Orients zu verteidigen. Zárate schlug auch die Gründung von Jesuitenkollegien in Jerusalem, Konstantinopel und auf Zypern vor. Er teilte diesen Plan dem Papst und Ignatius mit. Julius III. genehmigte ihn und gründete die Bruderschaft vom Heiligen Grab. Sie wurde am 8. März 1554 in der Kirche Sta. Maria sopra Minerva in Rom eingesetzt.

Ignatius nahm den Plan zur Gründung der drei Kollegien günstig auf, zumal der Papst eine ausreichende Geldsumme zur Verfügung stellte. Simon Rodrigues, der nach seiner Ausreise aus Portugal gerade eine Reise ins Heilige Land plante, sollte die ersten Schritte zur Gründung einleiten. Aber er mußte von dieser Reise abstehen, und auch andere Umstände stellten sich der Verwirklichung des Vorhabens in den Weg. 1555 starb Julius III., der bisherige Hauptförderer des Planes. Nach dem kurzen Pontifikat von Marcellus II. verstrickte sich sein Nachfolger Paul IV. in den Krieg gegen Spanien. In Jerusalem selbst gab es Schwierigkeiten von seiten der Franziskaner, die mißtrauisch gegenüber einer Gründung waren, die ihre Privilegien im Heiligen Land zu bedrohen schien. Ignatius verfolgte seinen Plan dennoch weiter. Noch 11 Tage vor seinem Tode, am 20. Juli 1556, beauftragte er seinen Sekretär, in dieser Angelegenheit an Pedro de Zárate zu schreiben. Doch, realistisch wie er war, mußte er zugeben: »Aber dies liegt noch in weiter Ferne, und es hat noch keinen Sinn, jetzt die Einzelheiten zu behandeln.« 1563 starb auch Pedro de Zárate, und der Plan fiel dem Vergessen anheim.

Äthiopien

Vielleicht gab es keinen anderen apostolischen Plan, den Ignatius mit so großem Eifer und solcher Beharrlichkeit verfolgte, wie die Mission in Äthiopien. Alles, was er über dieses Land erfuhr, erweckte in ihm die feste Hoffnung, der Augenblick sei gekommen, da sich die koptische Kirche Äthiopiens mit der römischen vereinigen könne.

Wie war es möglich, daß Ignatius solche Hoffnungen auf eine Mission setzte, die in Wirklichkeit mit äußersten Schwierigkeiten verbunden war und die damals tatsächlich auch scheiterte?

Das Hauptproblem lag bei der Einstellung der beiden Könige, die über diesen Schritt mit zu bestimmen hatten, Lebna Dengel und sein Sohn und Nachfolger Galâwdêwos. Wenn man bei dem Älteren Zweifel an der Ehrlichkeit seiner Absichten anmelden kann, die koptische Kirche mit Rom zu vereinigen, so liegen die Dinge im Fall des Jüngeren, mit dem zu Lebzeiten von Ignatius verhandelt wurde, ungleich komplizierter. Der Negus von Äthiopien war dringend auf das Bündnis mit Portugal angewiesen, um die wiederholten Angriffe der Moslems abwehren zu können.

Sicher waren es das Bündnis und die Freundschaft mit Portugal, die Äthiopiens Annäherungsbereitschaft an die katholische Kirche verstärkten. Ob dieser Wille fest und ehrlich war, ist freilich ungewiß. Als nämlich der letzte Schritt unmittelbar bevorstand, verweigerte Galâwdêwos die Unterwerfung unter Rom. Manuel Fernandes, der Begleiter des Patriarchen Andrés de Oviedo, bezeichnete das Verhalten des Königs als »perfide«. Es ist nicht daran zu zweifeln, daß er mit diesem Ausdruck dem Negus Wortbruch vorwarf.

Die Mission der Gesellschaft entwickelte sich folgendermaßen: 1540 starb Lebna Dengel, in Europa David genannt. Ihm folgte sein Sohn Galâwdêwos (1540–1559), den Europäern als Claudius bekannt. Er war ein junger Mann von 18 Jahren, als er die Regentschaft übernahm. Die Lage seines Landes schien wegen der durch die Moslems erlittenen Niederlagen hoffnungslos. Fast das ganze äthiopische Gebiet war in ihren Händen. Durch eine Reihe von geglückten Gegenangriffen besserte der junge König die Situation.

Um 1546 glaubte man in Portugal, der Zeitpunkt, daß sich die die koptische Kirche Rom unterwürfe, sei gekommen. Johann III. war der Meinung, die Gesellschaft Jesu solle diese wichtige Mission durchführen. Am 26. August 1546 schrieb er an Ignatius und empfahl ihm, die Vorschläge, die sein Botschafter in Rom, Baltasar de Faria, machen werde, mit Wohlwollen anzunehmen. Als erstes sei ein Pater zu benennen, der in den Rang eines Patriarchen von Äthiopien erhoben werden könne. Johann III. schlug Petrus Faber vor; er wußte noch nicht, daß dieser am 1. des gleichen Monats in Rom gestorben war.

Ignatius nahm den Auftrag für Äthiopien von Anfang an mit großer Begeisterung an. Er war sogar bereit, persönlich an ihm teilzunehmen. In seinem Antwortbrief an den König von Portugal schrieb er: »Ich habe im Herrn diesen Brief eigenhändig schreiben wollen. Wenn die Brüder mit der gleichen Aufgabe oder Berufung, zu der uns, soweit wir dies beurteilen können, seine göttliche Majestät berufen hat, mich nicht daran hindern – ich kann mich ja nicht allen widersetzen, glaube jedoch, sie werden es nicht tun –, dann biete ich mich an, falls kein anderer von uns diese Aufgabe in Äthiopien übernehmen will, sie sehr gern selbst auf mich zu nehmen, wenn es mir so befohlen wird.«

Den verheißungsvollen Ankündigungen folgten sieben tatenlose Jahre. Erst 1553 sprach man wieder von dieser Mission. Einer der Gründe, warum Ignatius damals Franz Xaver nach Rom rief – er wußte ja noch nicht, daß er vor einem halben Jahr gestorben war –, bestand darin, daß Xaver die äthiopische Frage voranbringen sollte: »Abgesehen von diesen Gründen, die alle dem Wohl Indiens gelten, denke ich, Ihr könntet des Königs Interesse für Äthiopien erneuern; denn seit so vielen Jahren hat er schon vor, etwas zu tun, und es ist noch ihrer kein Ergebnis zustande gekommen.«

Von da an ruhte Ignatius nicht mehr. Fünf Tage lang mußten die Jesuiten des römischen Hauses und des Kollegs alle Messen und Gebete in dieser Meinung aufopfern. Ignatius bat alle Patres und Brüder, sie möchten sich bereit erklären, in die neue Mission zu gehen. »Das ganze Haus und das Kolleg ist voll von Leuten, die nach diesem Unternehmen verlangen«, schrieb der Heilige am 24. Juni 1554 an P. Salmerón.

Das wichtigste und schwierigste Problem war die Auswahl des Patriarchen und der zwei Weihbischöfe. Ignatius, der sich so sehr einer Bischofsweihe von Jay und der Kardinalswürde für Laínez widersetzt hatte, sah nun keine besondere Schwierigkeit, diese Bischofsämter im Missionsgebiet für Mitglieder der Gesellschaft anzunehmen. Da er mit Faber nicht mehr rechnen konnte, schlug er P. Broët als Patriarchen vor. Aber Johann III. wollte lieber, daß ein Portugiese gesandt werde. Nachdem Simon Rodrigues ausgeschieden war, an den man zunächst gedacht hatte, war João Nunes Barreto der Erwählte. Er hatte in Tetuán beim Loskauf von Gefangenen gute Arbeit geleistet. Als Weihbischöfe mit Nachfolgerecht wurden die Patres Andrés de Oviedo und Melchior Carneiro gewählt. Ihnen sollten sich weitere zwölf Jesuiten anschließen. P. Oviedo und die Missionare der Gesellschaft, die ihn begleiten sollten, reisten im September 1554 von Rom nach Portugal.

João Nunes Barreto und Andrés de Oviedo erhielten in Lissabon am 5. Mai 1555 die Bischofsweihe. Die übrigen Ausgesandten waren unter der Leitung von P. Melchior bereits einen Monat vorher nach Indien abgereist. Nunes und Oviedo folgten ihnen. Sie schifften sich am 28. März 1556 ein. Von Goa als Zwischenstation wollten sie nach Äthiopien gelangen. Dem eben erst ernannten Patriarchen João Nunes gelang es nicht, sein Ziel zu erreichen; er starb 1562 in Goa.

Um die Bischöfe und Missionare anzuleiten, wandte sich Ignatius im Februar 1555 mit einem Schreiben an João Nunes. Es trägt den Titel: »Erinnerungen, die helfen können, um das Königreich des Priesters Johann zur Einheit mit der Kirche und der katholischen Religion zurückzuführen.« In diesem Schreiben erläuterte er, welche Taktik die Jesuiten befolgen sollten, sobald sie in Äthiopien angekommen wären. Der erste Schritt sollte sein, die Sympathie des Negus zu erwerben. Wenn dieser zusage, ihre Pläne zu unterstützen, sei es sicher, daß das ganze Volk ihm folgen werde. Gut sei es auch, die einflußreichsten Personen am Hofe zu gewinnen. Statt mit heftigen Methoden, wie theologischen Streitgesprächen, sollten sie mit Sanftmut und Überzeugungskraft vorangehen.

Die Tätigkeit der Ausgesandten sollte streng geistlicher Art sein; sie sollten predigen, Exerzitien leiten und Sakramente spenden. Sie sollten sich auch durch die Gründung von Kollegien der Erziehung der Jugend annehmen. Für die Sakramentenspendung und die übrigen Riten empfahl Ignatius ihnen, sich an die lateinische Weise zu halten. Dies sei aber nur ein Rat, nicht eine Verpflichtung. Um diese Ziele leichter erreichen zu können, sei es günstig, wenn junge Leute des Landes in die Gesellschaft einträten.

Am 23. Februar 1555 schrieb Ignatius einen langen Brief für den Negus Claudius, in dem er die Einheit der Kirche hervorhob. »Die katholische Kirche ist nur eine einzige auf der ganzen Welt, und so ist es nicht möglich, daß eine Kirche unter dem römischen Pontifex steht und eine andere unter dem alexandrinischen.« Er lobte vor dem König den ernannten Patriarchen, die Weihbischöfe und die übrigen ausgesandten Jesuiten. Diesen empfahl er, ihrerseits dem Herrscher Respekt und Gehorsam zu erweisen.

Um den Boden für die ersehnte und seit langem vorbereitete Mission zu bereiten, riet der Vizekönig von Indien, Pedro de Mascarenhas, dem Patriarchen einen Boten vorauszuschicken, der seine Ankunft vorbereiten sollte. Mascarenhas übrigens war es gewesen, der 15 Jahre vorher sich eingesetzt hatte, daß die ersten Jesuiten nach Indien geschickt würden. Als Wegbereiter des Patriarchen wurde P. Gonçalo Rodrigues ausersehen; er reiste am 7. Februar von Goa ab. Zwar wurde er von Galâwdêwos empfangen, aber als dieser erfuhr, worum es dem Gesandten ging, wies er ihn ab. Auch eine schriftliche Darlegung seiner Absichten half nicht. Der Negus ließ sich nicht überzeugen, und Rodrigues mußte im Februar 1556 unverrichteter Dinge nach Indien zurückfahren.

Der so lang gehegte Plan des Ignatius konnte zu seinen Lebzeiten nicht mehr verwirklicht werden. Ein Jahr nach seinem Tod, 1557, gelang es P. Andrés Oviedo, nach Äthiopien zu kommen. Aber auch er konnte nur wenig ausrichten. Er zog sich nach Fremona in der Provinz Tigrai zurück, um von dort sein bischöfliches Amt so gut wie möglich auszuüben. Er lebte in äußerster Armut und mußte zu seinem Unterhalt sogar den Boden bestellen. Am 9. Juli 1577 starb er in Fremona.

Die Satzungen
der Gesellschaft Jesu

Nachdem Ignatius und seine Gefährten 1539 die Gründung eines neuen Ordens beschlossen hatten, begannen sie auch sogleich damit, der Gesellschaft eine rechtliche Ordnung zu geben.

Als erstes sollte die sogenannte »Formel des Instituts« ausgearbeitet werden. P. Nadal schreibt, Ignatius sei beauftragt worden, sie im Einverständnis mit den anderen Gefährten zu verfassen. Diese Formel, von der weiter oben schon die Rede war, ist zum Dokument päpstlichen Rechts geworden, indem sie der Bestätigungsbulle der Gesellschaft eingefügt wurde. Seitdem wird sie als die »Grundregel« des Ordens angesehen; sie enthält seine wesentlichen Bestimmungen.

Das heißt jedoch nicht, daß die »Formel« unantastbar war. Bereits wenige Monate nach der Bestätigung durch den Papst im März 1541 erkannten die Patres, daß einige ihrer Punkte klarer und genauer ausgedrückt oder den neuen Erfahrungen angepaßt werden müßten. Im Laufe der Jahre wurden mehrere Verbesserungen notiert, die später eingefügt werden sollten. Schließlich wurde 1550 dem Papst eine neue Fassung der »Formel« zur Bestätigung vorgelegt. Mit der Bulle »Exposcit debitum« vom 21. Juli 1550 entsprach er dem Wunsch der Gesellschaft.

Weshalb es den Jesuiten ratsam erschien, den Papst um eine neue Bulle zu bitten, wird in ihrer Einleitung dargelegt. Verkürzt lassen sich die Gründe in drei Punkten zusammenfassen:

1. Julius III. sollte erneut bestätigen, was Paul III. gewährt hatte.
2. Der Bulle sollten die nach 1540 gegebenen päpstlichen Privilegien eingefügt werden. Dabei handelte es sich hauptsächlich um die Streichung der Begrenzungsklausel auf 60

Professen (1544), um die Einführung geistlicher und zeitlicher Koadjutoren (1546) und um die Bestätigung der Privilegien, die Paul III. in seiner Bulle »Licet debitum« vom 18. Oktober 1549 gewährt hatte und die man als das »Große Meer« (mare magnum) der Privilegien zu bezeichnen pflegte.
3. Einige Punkte, die Raum für Skrupel ließen, sollten genauer und eindeutiger formuliert werden.

Dies alles wurde mit der Bulle von 1550 gewährt. Später wurde die »Formel des Instituts« nicht mehr geändert.

Das »Examen generale«

Gleichzeitig mit den Satzungen erarbeitete Ignatius einen Text, der »Examen generale«[26] genannt wird. Er sollte eine Art Einführung in die Satzungen sein. Die erste Redaktion wurde zwischen 1546 und 1547 abgeschlossen.

Bereits der Name des Buches besagt, daß es die Punkte enthält, die der Kandidat, der in die Gesellschaft eintreten will, einer Prüfung unterziehen soll, und zugleich auch diejenigen Punkte, nach welchen er selbst von denen geprüft werden soll, die über seine Aufnahme zu entscheiden haben.

Dem Kandidaten muß vor allem das Ziel der Gesellschaft vorgelegt werden, das darin besteht, nicht nur auf die Rettung und Vervollkommnung der eigenen Seele mit der göttlichen Gnade zu achten, sondern mit der gleichen Gnade sich unter Anspannung aller Kräfte einzusetzen, um bei der Rettung und Vervollkommnung der Seelen der Nächsten zu helfen.

Nach dem Ziel werden die Mittel genannt, um es zu erreichen; das sind die drei Ordensgelübde, so wie sie die Gesellschaft versteht; weitere Punkte, die man den Kandidaten vorlegt, sind das ausdrückliche Gehorsamsgelübde gegenüber dem Papst, überallhin zu gehen, wohin er es anordnet; die äußere Lebensform in der Gesellschaft, die eine »gewöhnliche« ist, ohne daß die Regel besondere Bußübungen auferlegte; die verschiedenen Personengruppen, die es in der Gesellschaft gibt: Professen, geistliche und zeitliche Koadjutoren (Priester und Laien), Studenten, die sich auf das Priestertum vorbereiten, und Novizen; die einfachen Gelübde, welche die Studenten ablegen, bevor sie endgültig in die Gesellschaft aufgenommen werden.

Das vierte Kapitel des Examens ist von besonderer Tragweite, weil es dem Kandidaten das Ideal des geistlichen Lebens vorlegt, nach dem er streben soll. In die Gesellschaft werden nur Personen aufgenommen, »die der Welt entsagt haben und die sich entschlossen haben, Gott ... zu dienen«. Das bedeutet vor allem, daß sie »ihre sämtlichen zeitlichen Güter, die sie besessen haben mögen, verteilen müssen und auch jenen absagen und über sie verfügen müssen, die ihnen noch zufallen könnten«. Denn das Evangelium rät: »Gib den Armen und folge mir!« Der Kandidat solle sich bemühen, »alle fleischliche Neigung gegenüber den Verwandten zu verlieren und in eine geistliche zu verwandeln, indem er sie allein so liebt, wie es die geordnete Liebe fordert, als einer, der der Welt und der eigenen Liebe abgestorben, einzig für Christus, unseren Herrn, lebt und ihn an Stelle von Eltern, Brüdern und allen Dingen besitzt«.

Wer in die Gesellschaft eintritt, muß bereit sein, daß alle seine Irrtümer und Fehler dem Oberen mitgeteilt werden, und er selbst »soll ebenfalls zur brüderlichen Zurechtweisung beitragen mit der geschuldeten Liebe und Güte, um einander mehr im Geiste zu helfen«.

»Essen und Trinken, Kleidung, Schuhwerk und Schlafgelegenheit ... werden so sein, wie es Armen eigen ist.« Man stellt hier den Kandidaten das Beispiel der ersten Patres vor Augen: »Denn wo die Ersten der Gesellschaft solche Nöte und noch größere Entbehrungen erfahren haben, müssen die anderen, die zu ihr hinzukommen, sich darum bemühen, in unserem Herrn nach Möglichkeit ebensoweit wie die ersten oder noch weiter zu gelangen.«

Nach diesem Ideal der Armut stellt man dem Kandidaten das der Demut nach dem Beispiel Christi vor. Wie die, welche der Welt folgen, Ehre, Ruhm und Achtung der Menschen lieben und suchen, lieben und suchen die, welche im Geiste leben und ernstlich Christus, unserem Herrn, nachfolgen, das ganze Gegenteil, »nämlich aus geschuldeter Liebe und Verehrung für ihren Herrn mit dem gleichen Gewand und mit derselben Diensttracht angetan zu werden«, daß sie sogar verlangen, Schmähungen, falsches Zeugnis und Beschimpfungen zu erdulden, um »von ferne unserm Schöpfer und Herrn Jesus Christus zu gleichen und ihn nachzuahmen, indem sie sich mit seinem Gewande und seiner Diensttracht bekleiden, da er diese selbst zu unserem größeren geistlichen Fortschritt anzog«.

Ein so hoher Grad der Vollkommenheit und vor allem eine so gänzliche Nachfolge des armen und gedemütigten Christus kann gewiß nur dem nahegelegt werden, der die ignatianischen Exerzitien bereits absolviert hat. Denn darin wird dem Kandidaten als höchstes Ziel vor Augen gestellt, sich unter das Banner des armen und demütigen Christus zu stellen und so vollkommen dem göttlichen Meister nachzufolgen, wie es im dritten Grad der Demut ausgeführt wird. Ignatius war sich dessen bewußt, daß man das nicht schon von demjenigen erwarten kann, der eben erst die Welt verlassen hat. Darum riet er, man solle ihn fragen, falls er dieses Verlangen nicht besitzt, »ob er wenigstens einiges Verlangen nach jenem Verlangen habe«.

In einem weiteren Schritt wird dem Kandidaten gesagt: Um leichter zu einem solchen Grad der Vollkommenheit zu gelangen, »sei seine größere und inständigere Bemühung darauf gelenkt, in unserem Herrn nach größerer Selbstverleugnung zu streben und nach beständiger Abtötung«.

Die Satzungen – ihre Entstehung

Man kann sagen, daß Ignatius während der ganzen Zeit, da er Ordensgeneral war, an der Formulierung der Satzungen gearbeitet hat. Soweit es ihm möglich war, behandelte er alle Punkte in Zusammenarbeit mit denjenigen Gefährten, die sich in Rom aufhielten. Wie schon erwähnt worden ist, wurde 1541 noch vor der Wahl des Generals ein Schema der Satzungen in 49 Punkten zusammengestellt, die die wichtigsten Themen nannten. Dieses Dokument unterschrieben Ignatius, Laínez, Salmerón, Codure, Broët und Jay. Später konnten sie nicht mehr zusammenkommen. Als Codure am 29. August 1541 starb, fiel die ganze Arbeit auf Ignatius.

Von 1541 bis 1547 bearbeitete er einige Themen wie die Aussendungen, die Ablehnung kirchlicher Würden, den Katechismusunterricht für Kinder, die Gründung von Kollegien und die Armut in den Häusern der Gesellschaft. Aus der Zeit von 1544 bis 1545 stammen auch die Blätter des Geistlichen Tagebuchs, die auf uns gekommen sind und die Ignatius schrieb, während er das Thema von der Armut in den Kirchen der Gesellschaft behandelte. Aber seine schwache Gesundheit und seine Aufgaben in der Leitung der Gesellschaft ließen ihm nicht viel Zeit für die Ausarbeitung der Satzungen.

Nach der Wahl von P. Polanco zum Sekretär im Jahre 1547 kam die Ausarbeitung mit großen Schritten voran. Nadal bemerkt, daß Ignatius ab 1547 »ernstlich« anfing, sich den Satzungen zu widmen. Die Anspielung auf das Eintreffen des neuen Sekretärs ist offensichtlich.

P. Polanco wurde 1517 in Burgos geboren. Nachdem er in Paris Philosophie studiert hatte, ging er nach Rom. Dort erhielt er das Amt eines Apostolischen Sekretärs. 1541 trat er in die Gesellschaft ein, von der er nach Padua zum Theologiestudium geschickt wurde. Bald nach dessen Beendigung rief man ihn nach Rom; er sollte das Amt eines Sekretärs der Gesellschaft antreten. Dies war eine besonders glückliche Wahl, denn Polanco vereinte in sich alle Qualitäten des idealen Sekretärs: große Arbeitsfähigkeit, Einfühlung in seinen Vorgesetzten bei der Wiedergabe von dessen Gedanken, Klarheit und Genauigkeit in der Ausführung der übertragenen Aufgaben. Er wurde zum »Gedächtnis und zu den Händen« des Generals, so wie der in den Satzungen beschriebene Sekretär sein soll. Die Frage, welchen Beitrag Polanco bei der Abfassung der Satzungen geleistet hat, ist mit voller Sicherheit nicht zu beantworten. Eine Reihe von Hinweisen scheint jedoch den von P. Nadal überlieferten Ausspruch des hl. Ignatius zu bestätigen, daß es in den Satzungen nichts gebe, was von Polanco sei, ausgenommen die Frage der Kollegien. Polanco hat vieles ausgearbeitet; aber selbst dort, wo er mit einer gewissen Selbständigkeit handelte, tat er es immer im Sinn des Ordensgründers und besprach sich in unklaren Problemen stets mit ihm.

Klugerweise begann Polanco bei seiner Ankunft in Rom damit, alles vorhandene Material zu sammeln. Außerdem studierte er die Regeln und Satzungen der alten Orden. Davon besitzen wir noch seine eigenhändigen Auszüge.

Einen weiteren Schritt tat er, als er seine zwölf Anleitungen (industrias), mit deren Hilfe die Gesellschaft ihr Ziel besser erreichen könne, schrieb. Diese Arbeit kann als ein Vorentwurf der Satzungen betrachtet werden. 1549 schrieb er die »Satzungen der Kollegien«. Mit diesen und anderen Materialien konnte man zur Vorbereitung eines zusammenhängenden Gesamttextes übergehen. Mitte 1550 wurde der erste Text, den wir von den Satzungen haben (Text a), vollendet. Er hatte bereits zehn Teile wie das endgültige Buch auch. Dieser Text war nur der Vorläufer eines zweiten, besser ausgearbeiteten, der bald danach folgte (Text A). Er war gegen September des gleichen Jahres fertig. Ignatius korrigierte ihn eigenhändig; und es finden sich nicht weniger als 230 Eintragungen von seiner Hand; entweder er verbesserte ein Wort oder einen Satz, oder er strich ganze Abschnitte oder machte Anmerkungen verschiedenster Art.

Der Zeitpunkt schien gekommen, die bisherige Arbeit den Patres, die nach Rom kommen könnten, zur Prüfung und Bestätigung vorzulegen. Ignatius rief sie zusammen, und die Versammlung fand vom Ende des Heiligen Jahres 1550 bis zum Beginn des folgenden Jahres statt. Ignatius benutzte diese Gelegenheit, um den Patres den Rücktritt von seinem Amt anzubieten. Alle wiesen den Antrag zurück, außer P. Andrés de Oviedo, der schlicht meinte, wenn sich Ignatius für ungeeignet halte, müsse man ihm glauben, weil er ein Heiliger sei.

1552 war ein weiterer Text (Text B) fertig, der »Autograph« genannt wird. Ignatius arbeitete jedoch an den Satzungen Zeit seines Lebens weiter. Sechs Monate vor seinem Tod schrieb Polanco, es würden immer noch Verbesserungen eingefügt.

Immerhin konnte man nach dem Zeugnis von P. Laínez und P. Nadal beim Tod des Ignatius die Arbeit an den Satzungen als abgeschlossen betrachten. Wenn der Heilige sie nicht abschließen wollte, müssen wir das mit P. Polanco seiner Demut zuschreiben. Als er starb, ließ er jenes Werk auf seinem Tisch zurück, das ihn so viele Gebete und Mühe gekostet hatte und von dem er wollte, daß die Gesellschaft selbst das letzte Wort darüber zu sprechen habe. Die Bestätigung der Satzungen wurde in der ersten Generalkongregation verkündet, die 1558 zusammenkam, um einen Nachfolger für Ignatius zu wählen.

Dies ist in großen Zügen die äußere Geschichte der Satzungen. Wir wissen, daß sie nicht nur der Arbeit des hl. Ignatius, sondern auch seinen Gebeten und den Erleuchtungen zu verdanken sind, die er von Gott während der langen Zeit ihrer Erarbeitung empfangen hat. Ignatius selbst erwähnte das immer wieder. Als er von P. Gonçalves da Câmara gefragt wurde, wie er bei ihrer Abfassung vorgegangen sei, antwortete er: »Die Art und Weise, die er zur Zeit der Abfassung der Konstitutionen befolgte, war diese: Er feierte jeden Tag die heilige Messe, legte Gott den Punkt vor, den er bearbeitete, und betete dann in dieser Absicht. Das Gebet und die Messe waren dabei stets mit Tränen begleitet.«

Zuvor hatte er, als er von den göttlichen Visionen sprach, gesagt, er habe sie, »als er die Konstitutionen abfaßte, ... ebenfalls sehr häufig ... gehabt«. Und er könne dies jetzt um so leichter bestätigen, als er täglich aufgeschrieben habe, was in seiner Seele vorgegangen sei, was er jetzt niedergeschrieben finde. P. da Câmara nützte die Gelegenheit und bat ihn, diese Notizen sehen zu dürfen. Der Heilige zeigte ihm ein Bündel seiner Schriften, aus denen er ihm einiges vorlas. »Das meiste waren Visionen, die er als Bestätigung für irgendeine Satzung hatte.« Er sah zuweilen Gott Vater, dann wieder die drei göttlichen Personen, andere Male die Muttergottes, die für ihn Fürbitte einlegte oder bestätigte, was er geschrieben hatte. P. da Câmara bat ihn, er möchte ihm die Schriften für kurze Zeit überlassen, aber der Heilige wollte nicht. Dies ist zu bedauern, denn Ignatius hat sie später vernichtet; uns ist nur das erhalten geblieben, was er 1544/45 geschrieben hat, während er darüber nachdachte, wie die Kirchen der Gesellschaft das Ideal der Armut verwirklichen können. Das ist wenig, aber es reicht aus, um uns die höchsten Gaben der Kontemplation erkennen zu lassen, die Gott ihm geschenkt hatte.

Die Satzungen – ihr Inhalt

Die Satzungen gliedern sich in zehn Teile. Der Stoff wird nicht in thematischer Ordnung behandelt, sondern in einer, die wir evolutiv nennen könnten, denn sie verfolgt die einzelnen Abschnitte im Leben eines Jesuiten von der Aufnahme in die Gesellschaft bis zur apostolischen Sendung. Dies ist das Thema der sieben ersten Teile. Die übrigen drei handeln von der Leitung der Gesellschaft: der Generalkongregation (Teil 8), dem Amt des Generals (Teil 9) und der Weise, wie der ganze Leib der Gesellschaft in seinem guten Stand erhalten und gemehrt wird (Teil 10). Der *erste* Teil beschäftigt sich mit der Aufnahme der Kandidaten in die Gesellschaft, mit den Eigenschaften, die man von ihnen verlangt, und den Hindernissen, die ihrer Aufnahme im Wege stehen.

Im *zweiten* Teil wird das Problem der Entlassung aus der Gesellschaft mit großer Klugheit behandelt. Zu Beginn dieses schwierigen Abschnitts werden zwei grundsätzliche Hinweise gegeben. Der erste lautet: »Wie aber bei der Aufnahme keine Leichtigkeit walten darf, so noch weniger bei der Entlassung; vielmehr muß mit vielem Überlegen und Abwägen in unserem Herrn vorgegangen werden.« Der zweite ist, daß für eine Entlassung »die Gründe um so schwerwiegender sein müssen, je mehr einer in die Gesellschaft eingegliedert ist«. Die Entlassung soll nicht so sehr in bloß rechtlicher, als vielmehr in väterlicher Weise geschehen. Der Obere muß viel beten und sich mit anderen beraten, ehe er diesen Entschluß faßt.

Der *dritte* Teil enthält den Kern der ignatianischen Spiritualität, er handelt vom geistlichen Leben des Aufgenommenen. Der Titel des ersten Kapitels ist bezeichnend: »Die

Bewahrung in bezug auf die Seele und den Fortschritt in den Tugenden«. In diesem Teil werden die Achtsamkeit den Sinnen gegenüber behandelt, das rechte Maß, die Tätigkeit im Gegensatz zum Müßiggang, die Armut, der Gehorsam, die Frömmigkeitsübungen, die Klarheit des Gewissens und die Fügsamkeit gegen den Seelenführer, die Weise, Versuchungen zuvorzukommen, die Zurechtweisungen, der Gehorsam gegenüber den Ärzten und Krankenpflegern, die Einheit in der Lehre und die Geradheit der Absicht.

Nach der Behandlung der geistlichen Fragen wird im zweiten Kapitel die Sorge für den Leib besprochen: Nahrung, Schlaf, Kleidung und die Sorge für die Gesundheit.

Der *vierte* Teil gilt der intellektuellen Ausbildung der Jesuiten und dem Apostolat in den Schulen und Universitäten. Dieser Teil ist als Vorwegnahme der künftigen »Ratio studiorum« der Gesellschaft angesehen worden. Behandelt werden die Gründung von Kollegien, die den Stiftern geschuldete Dankbarkeit, die Studienfächer, die geistliche Erziehung der Schüler und die Leitung der Studienanstalten.

Ist die geistliche und kulturelle Ausbildung des Jesuiten abgeschlossen, so solle er endgültig in die Gesellschaft eingegliedert werden. Davon handelt der *fünfte* Teil. Er beschäftigt sich mit den verschiedenen Problemen, die die Eingliederung mit sich bringt, mit den Eigenschaften der Zugelassenen, mit der Weise der Profeßablegung und mit der Aufnahme geistlicher und weltlicher Koadjutoren.

Der *sechste* Teil widmet sich den schon Aufgenommenen »bezüglich ihrer selbst«. Zentrales Thema dieses Teils sind die Ordensgelübde, wie sie in der Gesellschaft verstanden und gelebt werden sollen. Hier entwickelt Ignatius in besonderer Weise das Thema Gehorsam und ergänzt das im dritten Teil Dargelegte. Ignatius will, daß die Seinen in dieser Tugend »sich auszeichnen«, indem sie nicht nur ausdrücklichen Befehlen des Oberen gehorchen, sondern schon einem bloßen Anzeichen seines Willens. Dies wird dem Untergebenen möglich, wenn ihm dabei »Gott, unser Schöpfer und Herr, vor Augen steht, um dessentwillen solcher Gehorsam geleistet wird; und es ist Sorge zu tragen, daß im Geist der

Liebe und nicht mit der Verwirrung der Furcht vorgegangen wird«. Der Gehorsam soll sich nicht nur auf die Durchführung dessen, was befohlen ist, erstrecken, sondern bereits auf den Willen und das Urteil. Ignatius greift hier zurück auf die Vorstellung vom blinden Gehorsam, vom toten Körper und vom Stab des alten Mannes, die nicht von ihm erdacht sind, sondern die er aus der religiösen Tradition entnimmt und sich zu eigen macht. Der Ordensmann muß sich von der Vorsehung leiten und regieren lassen, die sich für ihre Ziele des Oberen bedient. Nach der Erörterung der Gelübde wird das übrige religiöse Leben des herangebildeten Jesuiten besprochen.

Ist der Jesuit in die Gesellschaft eingegliedert und hat versprochen, nach den Normen seines Standes zu leben, dann ist er soweit, dorthin gesendet zu werden, wo seine Tätigkeit am nützlichsten ist.

Der *siebte* Teil ist den Aussendungen (missiones) gewidmet. Der Begriff »missiones« ist vom Lateinischen abgeleitet und bedeutet jede Art von »Zu-einem-Ziel-gesandt-Werden«. Der Inhalt dieses Teiles ist die Aussendung der Jesuiten in den Weinberg des Herrn. Es geht hier um ein wesentliches Anliegen der Gesellschaft. Der Jesuit ist ein Gesandter, ein Apostel, ein Arbeiter im Weinberg, der dorthin zu eilen hat, wohin man ihn schickt. Welches Feld wird es sein? Darauf beziehen sich die typisch ignatianischen Grundsätze für die Auswahl der Aufgaben. Oberste Norm ist die größere Ehre Gottes und das größere Wohl für die Menschen. Man muß jenes Feld vorziehen, wo die größere Notwendigkeit besteht und wo man sich eine größere Breite des Erfolgs erhofft, wie zum Beispiel bei der Arbeit mit einflußreichen Personen. Die geistlichen Aufgaben sind den leiblichen vorzuziehen, ebenso die allgemeineren denen, die nur wenige Menschen erreichen. Hier wird die Goldene Regel angeführt, das Wohl sei um so göttlicher, je allgemeiner es sei. Außerdem seien folgende Gesichtspunkte zu beachten: arbeiten, wo der Feind Unkraut gesät hat; die dringenden Aufgaben den weniger dringenden vorziehen; die Werke, in denen niemand arbeitet, eher übernehmen als solche, in denen sich bereits andere einsetzen; eher solche Aufgaben angehen, deren Wirkungen von Dauer sind, als solche, die nur kurzzeitigen Erfolg bringen. Mit einem Wort: Wir sehen, daß Ignatius in einer so wichtigen Sache wie der Auswahl der Aufgaben die Regel des »mehr« (magis) aus dem Prinzip und Fundament der Exerzitien anwendet. Natürlich müssen auch die Eigenschaften der Personen beachtet werden. Zu schwierigen Aufgaben sind Personen mit guter Gesundheit zu senden; in solche mit größerer Bedeutung fähigere und besser vorbereitete. Und so in allem übrigen.

Daß die Jesuiten dazu bestimmt sind, über die ganze Welt zerstreut zu werden, kann die Gefahr der Uneinigkeit einschließen. Ihr soll das im *achten* Teil Niedergelegte vorbeugen: »Von dem, was die Ausgesandten mit ihrem Haupt und unter sich zu vereinen hilft.«

Vor allem soll man sich um die Einheit der Herzen bemühen. »Je schwieriger es ist, die Glieder des Ordens mit ihrem Haupte und unter sich zu vereinen, weil sie in verschiedenen Weltteilen unter Gläubigen und Ungläubigen so sehr verstreut sind, desto mehr müssen alle Hilfsmittel hierzu ausfindig gemacht werden. Und so soll von dem, was zur Einheit im Geiste hilft, die Rede sein.« Das Band des Gehorsams mit der erwünschten gegenseitigen Kommunikation zwischen Untergebenen und Oberen wird dazu helfen. »Das wichtigste Band von beiden Seiten für die Einheit der Glieder unter sich und mit ihrem Haupte ist die Liebe Gottes, unseres Herrn; denn wenn der Obere und die Untergebenen mit seiner göttlichen und höchsten Güte aufs innigste vereint sind, werden sie ganz von selbst untereinander geeint werden.« Ignatius wünschte, in der Gesellschaft solle »die größtmögliche Angleichung bestehen, sowohl im Inneren: in der Lehre, im Urteilen und im Wollen, wie auch im Äußeren: in der Kleidung, in den Zeremonien der Messe und allem Übrigen, soweit es sich mit den verschiedenen Eigenschaften der Personen und Orte usw. vereinbaren läßt«. Ein sehr geeignetes Mittel für die Einheit wird der Briefverkehr sein. Alle vier Monate soll in jedem Haus ein Beauftragter dem Provinzial einen Brief schreiben, in dem er die wichtigsten Dinge berichtet, die sich in diesem Zeitabschnitt zugetragen haben. Diese Briefe werden von den verschiedenen Provinzen weitergeleitet. Es sind dies die »Viermonatsbriefe«, die für die Geschichte der Gesellschaft so interessant sind. Seit dem Ende des 16. Jahrhunderts wurden die Briefe nur noch jährlich geschrieben, die berühmten »Litterae annuae«, welche besonders für die Missionsgeschichte sehr bedeutsam sind.

In diesem achten Teil wird auch alles behandelt, was die Generalkongregation betrifft. Dies ist ein deutliches Zeichen, daß diese nicht-periodische Zusammenkunft, die das höchste legislative Organ der Gesellschaft darstellt, von Ignatius als Faktor der Einheit angesehen wurde. Es werden die Fälle genannt, in denen eine Generalkongregation zusammentreten muß, wer an ihr teilnehmen soll, wer sie einberufen kann, außerdem Ort, Zeit und Weise ihrer Durchführung. Im einzelnen werden die Fälle behandelt, daß ein neuer Ordensgeneral gewählt werden muß oder daß die Generalkongregation andere Probleme zu lösen hat.

Der ganze *neunte* Teil ist dem Generaloberen gewidmet, dessen Amt in der Gesellschaft aus bestimmten Gründen lebenslänglich ist. Bei der Aufzählung der Eigenschaften, die der General haben soll, sind sich alle Biographen darin einig, daß Ignatius ungewollt sein eigenes Abbild entwarf. Die erste Eigenschaft, die der General haben soll, ist, daß er sehr mit Gott verbunden und im Gebet mit ihm vertraut sei; die zweite, daß er Tugend, Liebe und wahre Demut besitze, damit er seinen Untergebenen als Beispiel diene. Er muß alle seine Leidenschaften überwunden haben. Er soll die notwendige Geradheit und Strenge mit Güte und Sanftmut verbinden. Er soll großherzig und starkmütig sein; diese Eigenschaften benötige er, um die Schwächen der Untergebenen zu ertragen und um große Dinge im Dienste Gottes zu unternehmen und in den begonnenen auszuharren, ohne sich bei Schwierigkeiten entmutigen zu lassen. Er muß mit viel Verstand und gutem Urteilsvermögen begabt sein. Sosehr er die Wissenschaften brauche, so sei es doch noch wichtiger, Klugheit zur Unterscheidung der Geister zu besitzen, um so viele Angelegenheiten zu behandeln und mit so verschiedenartigen Menschen innerhalb und außerhalb der Gesellschaft zu sprechen. Er muß wachsam sein, ehe er eine Sache beginnt, und beständig in ihrer Durchführung. Äußere Eigenschaften sollen körperliche Gesundheit, ein gutes Aussehen und das entsprechende Alter sein. Bei sonst gleichen Bedingungen mehrerer Kandidaten für das Amt können Adel und Reichtum, die er in der Welt besessen hatte, ausgeübte Ämter und ähnliches hilfreich sein.

Es ist schwierig, alle diese Eigenschaften in einer Person vereint zu finden. »Und wenn einige der oben erwähnten Gaben fehlen sollten, so fehle wenigstens nicht große Heiligkeit und Liebe zur Gesellschaft und gutes Urteil, verbunden mit gutem Wissen.«

Die Krönung der Satzungen ist der *zehnte* und letzte Teil, worin die Mittel erörtert werden, »wie sich dieser ganze Leib in seinem guten Zustand erhalten und mehren wird«, wie es im Titel heißt. Das erste Mittel kann nichts anderes als die auf Gott allein gesetzte Hoffnung sein. Denn die Gesellschaft, »die nicht mit menschlichen Mitteln eingerichtet wurde«, kann »mit ihnen weder erhalten noch gemehrt werden«, »sondern nur durch die allmächtige Hand Christi, unseres Gottes und Herrn«. Zur Erhaltung und Mehrung der Gesellschaft »sind die Mittel, die das Werkzeug mit Gott verbinden und es dafür bereiten, sich von seiner göttlichen Hand gut lenken zu lassen, wirksamer als jene, die es gegenüber den Menschen bereiten«. Dieses Fundament vorausgesetzt, muß man sich auch der natürlichen Mittel bedienen, »nicht um auf sie zu vertrauen, vielmehr um mit der göttlichen Gnade mitzuwirken gemäß der höchsten Vorsehung Gottes, unseres Herrn«.

»Desgleichen wird es viel helfen, die Kollegien in ihrem guten Zustand und ihrer Ordnung zu bewahren ... Denn diese werden eine Pflanzschule der Gesellschaft der Professen und ihrer Helfer sein.« Die Armut muß in ihrer vollen Kraft erhalten bleiben, weil sie »gleichsam das Bollwerk der Orden ist, die sie in ihrem Sein und in ihrer Ordnung bewahrt«. Aus diesem Grund muß man jeden Anschein von Habsucht meiden. Auch die Ehrsucht ist auszuschließen, »die Mutter aller Übel in jedweder Vereinigung oder Gemeinschaft«. Darum muß das Streben nach Würden innerhalb und außerhalb der Gesellschaft unmöglich gemacht werden. Es sind ferner die Kriterien für die Auswahl derer, die in die Gesellschaft eintreten wollen, unbedingt einzuhalten, damit nicht für unser Institut ungeeignete Personen aufgenommen werden. Andere Mittel für den Bestand des Ordens sind: die Einigkeit der Herzen, Mäßigung in den geistigen und körperlichen Arbeiten, »das Mittelmaß in den Satzungen, die weder dem Extrem der Härte noch übermäßiger Lockerheit zuneigen sollen«, Liebe und Wohlwollen gegen alle, auch außerhalb der Gesellschaft, maßvoller Gebrauch der vom Heiligen Stuhl gewährten Gnaden und die Erhaltung der Gesundheit zum Dienst für Gott.

Die Satzungen – ihr Geist

Wenn man die Satzungen der Gesellschaft betrachtet, erkennt man bald einige charakteristische Züge, an denen sich ihre spezifische Bedeutung erweist. Sie sind nicht nur ein Gesetzeskodex, sondern in ihnen verflechten sich juridische mit geistlichen Elementen, institutionelle mit asketischen. Man hat sie als ein Gesetz, das kein Gesetz ist, bezeichnet, als ein Recht, das kein Recht ist, weil die juridischen Elemente so weise mit den geistlichen verschmolzen sind.

Das Fundament für die Satzungen sind die Exerzitien. Darin wird als Ideal vorgestellt, dasjenige zu suchen, was am meisten zu seiner eigentlichen Bestimmung führt, nämlich dem Bilde Christi, vor allem in seinen wesentlichen Kennzeichen der Armut und Demut, ähnlich zu werden. Diese Christusnachfolge ist nichts anderes als die Verwirklichung der höchsten Hingabe; man stellt sich damit unter das Banner Christi und sucht, dem dritten Grad der Demut zu entsprechen.

In der Gesellschaft sind die eigene Heiligung und das Apostolat nicht zwei voneinander getrennte Ziele. Der Jesuit heiligt sich selbst durch die Ausübung des Apostolats, und andererseits wirkt sich das Apostolat auf sein persönliches, geistliches Leben aus. Gerade die Armut und der Gehorsam sind aus dem Blickpunkt des Apostolats zu betrachten. Der Jesuit soll arm leben und auf Stipendien für Messen und für andere Dinge verzichten, um mit mehr Freiheit handeln zu können. Der Gehorsam soll helfen, den Orden zusammenzuhalten, und seine Glieder zu größtmöglichen Leistungen befähigen, ohne daß dabei die geistliche Seite des Gehorsams vernachlässigt wird. Auch im Gebet sucht der Jesuit nicht, sich in sich einzuschließen, sondern er will deshalb mit Gott vereint leben, um aus dieser Verbindung immer erneut Kraft für die Arbeit für die anderen Menschen zu erhalten. Das Apostolat seinerseits wird den Jesuiten wiederum bewegen, Gott im persönlichen Gebet zu suchen.

Der grundlegende Begriff in den Satzungen ist die »Sendung«, die im siebten Teil im einzelnen erklärt wird. Der Jesuit muß in der Bereitschaft leben, sich an jeden Ort der Welt zu begeben, wofür ihn der Papst oder der Ordensobere bestimmt. Dies ist der Sinn des Gelübdes von Montmartre, das als viertes Gelübde für alle Professen verbindlich geworden ist. Sie versprechen dem Papst Gehorsam in bezug auf die Aussendungen.

Die Sendung verlangt Beweglichkeit. Mehrmals wiederholen die Satzungen, daß »unser Beruf und unsere Weise, voranzugehen, darin besteht, in den verschiedensten Gegenden der Welt unterwegs zu sein«. Diese Lebensweise schließt das Verbleiben in einem Konvent und das Chorgebet aus. Sie bedingt ebenfalls, daß es keine für alle gemeinsam vorgeschriebenen Bußübungen gibt und daß die Professen keine Aufgaben übernehmen, die sie fest an einen Ort bänden.

Das Fehlen der Sicherheit, die ein Leben im Konvent und die verbindenden Formen einer gemeinsamen Frömmigkeitspraxis mit sich bringen, soll durch die lange Ausbildung ausgeglichen werden: zwei Jahre Noviziat statt einem, wie es die alten Orden vorschrieben; eine längere Zeit wissenschaftlicher und kultureller Bildung und schließlich ein sogenanntes drittes Probejahr am Ende des Studiums.

Der Zusammenhalt soll sich also nicht so sehr auf äußere

Regeln gründen als vielmehr auf den Gehorsam, in dem sich
– wie Ignatius es sich wünschte – die Seinen auszeichnen sollen. Durch die Rechenschaft über das Gewissen und durch
die Verfügbarkeit entsteht zwischen dem Oberen und dem
Untergebenen eine Beziehung wie zwischen Vater und
Sohn. Sie soll zu höchsten Leistungen befähigen und Gefahren vorbeugen. Dabei hilft auch die Verbindung der Herzen.
Sie war die Kraft, durch die sich Franz Xaver mit seinen
Brüdern in der von ihm so genannten »Gesellschaft der Liebe« eins fühlte, selbst wenn er sich allein in den entferntesten Ländern der Erde aufhielt.

So entsteht das Bild vom Jesuiten unterwegs, für das uns
Petrus Faber, ein anderer Gefährte von Ignatius, ein Beispiel gibt. Ignatius selbst mußte in Rom bleiben, obwohl
auch er Sehnsucht nach den schwierigsten Missionen, wie
etwa der von Äthiopien, hegte. Seine Gefährten waren unter
die verschiedensten Völker zerstreut, und jeder erfüllte den
Auftrag seiner Sendung.

Zwei wichtige Merkmale der Satzungen sind das »Maß«
und die »kluge Unterscheidung«. Das mittlere Maß ist als
das richtige Maß zwischen zu großer Gesetzesstrenge und
Nachgiebigkeit zu verstehen. Für den Jesuiten muß die
Grundregel gelten, die im Vorwort der Satzungen niedergelegt ist. Danach hilft mehr als alle äußere Satzung »das innere Gesetz der Liebe, das der Heilige Geist in die Herzen
schreibt und einprägt«. Ein Zeichen dafür ist, daß die Regeln der Gesellschaft nicht unter Sünde verpflichten.

Die in den Exerzitien erlernte »kluge Liebe«, die von der
Unterscheidung der Geister geleitet ist, bedeutet, daß sich
der Jesuit in seinem Handeln immer von der Liebe leiten lassen soll; in dieser Liebe aber soll ihn Klugheit führen, damit
er nicht in Extreme verfällt. Zum Beispiel setzt Ignatius für
Gebet und Bußübungen keine Normen, die für alle gleichermaßen gelten; er möchte vielmehr, daß der ausgebildete
Jesuit dem Impuls einer klugen Liebe folgt. So wird er weder
seine Aufgaben vernachlässigen, um zu beten und Buße zu
üben, noch wird ihn die äußere Tätigkeit so erdrücken, daß
dabei der Verkehr mit Gott erstickt wird. Nach der Erfül-

lung seiner Pflichten hat der Jesuit keine andere Vorschrift für sein Gebet und seine Bußübungen als seine eigene Klugheit.

Als Neuheiten, die die Gesellschaft in das Ordensleben einbrachte, sind die einfachen Gelübde zu nennen, die öffentlich, aber nicht feierlich am Ende des Noviziates abgelegt werden; die unterschiedlichen Formen der Armut für Ordenshäuser und Kollegien, wobei letzteren feste Einkünfte erlaubt sind; die zentrale Leitung durch den General mit lebenslänglichem Auftrag, aber begleitet und unterstützt durch seine Berater. Viele von der Gesellschaft Jesu eingeführte Neuerungen des Ordenslebens wurden Allgemeingut heutiger religiöser Gemeinschaften.

Die Gesellschaft besaß immer eine große Achtung vor den Satzungen, die ihnen ihr Gründer hinterlassen hatte. Aber es ist ein Merkmal gerade der jüngsten Zeit, daß ihnen noch größere Aufmerksamkeit zugewendet wird und man sich ausdrücklich darum bemüht, der ursprünglichen Absicht des hl. Ignatius nahezukommen. Im Laufe der Jahrhunderte hat die Gesellschaft in ihrer Gesetzgebung den Forderungen der Zeit und den Richtlinien der Kirche entsprochen, aber die Satzungen wollte sie unberührt erhalten. Niemals empfand sie die Notwendigkeit, sie zu ändern.

Geistliche und väterliche Leitung

Der hl. Ignatius übte fünfzehn Jahre lang, von 1541–1556, das Amt des Generaloberen der Gesellschaft Jesu aus. Vor seiner Wahl hatten sich die Gefährten wöchentlich in der Leitung der Gruppe abgelöst. In Faber sahen sie gleichsam ihren ältesten Bruder, als ihren eigentlichen Leiter anerkannten aber alle Ignatius, der sie zusammengeführt hatte. So fielen bei der Wahl alle Stimmen auf ihn.

Ignatius nahm die Wahl zum Generaloberen am 19. April 1541 an, nachdem er sich elf Tage lang geweigert hatte. Dieser Widerwille gegen Ämter stand im Gegensatz zu seinen unleugbaren Gaben für dieses Amt: Menschenkenntnis, Gewandtheit im Umgang, klare Einschätzung von Schwierigkeiten und Situationen, Klugheit bei Entscheidungen, Beständigkeit in ihrer Durchführung, Beweglichkeit und Anpassungsfähigkeit an die Umstände. Er besaß die Eigenschaften, die er in seinem nicht beabsichtigten Selbstbildnis im neunten Teil der Satzungen für den General der Gesellschaft als wichtig darstellte.

P. Luis de la Palma fand unter den Notizen von P. Ribadeneira eine kurze Abhandlung über die Weise, wie Ignatius das Amt des Oberen ausübte. Er hatte sie für die Oberen der Gesellschaft bestimmt, damit sie sich am Vorbild des ersten Generals ausrichten könnten. Die Beobachtungen des ersten offiziellen Biographen, der mehr als 16 Jahre mit Ignatius in der Gesellschaft zusammengelebt hatte und der mit großer Sorgfalt gerade die kennzeichnendsten Begebenheiten seines Lebens festgehalten hat, stimmen mit denen anderer Zeitgenossen überein.

Sammelt man einige dieser Zeugnisse, so kann man unschwer eine Vorstellung davon bekommen, wie Ignatius sein verantwortungsvolles Amt ausfüllte. Zwar können wir hier kein vollständiges Bild von Ignatius als Ordensoberen zeichnen, aber es seien doch einige wichtige Beispiele genannt.

Aufnahme und Entlassung

Für die Gesellschaft wollte Ignatius nur wirklich geeignete Mitglieder. Im Buch des Examens und im ersten Teil der Satzungen nannte er die Eigenschaften, die die Kandidaten besitzen sollten. Als allgemeine Norm galt: »Je mehr natürliche und eingegossene Gaben einer von Gott, unserem Herrn, besitzt, um der Gesellschaft in ihrem göttlichen Dienst zu helfen, und je mehr diese erprobt sind, desto geeigneter ist er für die Aufnahme.«

Der Heilige spricht von »natürlichen Gaben«. Ribadeneira umschreibt diesen Begriff so: Ignatius sah sehr darauf, »aus welchem Metall und von welcher Natur« einer sei. Er war der Ansicht, daß derjenige, der für die Welt nicht geeignet sei, es auch für die Gesellschaft nicht sei, und daß der, welcher Talent besitze, um in der Welt zu leben und es zu etwas zu bringen, auch für die Gesellschaft tauge. Diesem Grundsatz gemäß nahm er lieber einen Geschickten und Eifrigen auf als einen Ruhigen, der wenig Initiative besaß. Er achtete auf Gesundheit und Körperkraft, wie sie zum Studieren und Arbeiten nötig sind. Was das Alter angeht, wollte er, daß die Kandidaten »erwachsen und aus dem Knabenalter« seien. Er achtete sogar auf die äußere Erscheinung und schloß die aus, die einen abstoßend wirkenden Körperfehler hatten. Einmal beklagte er sich, daß man einen mit einer krummen Nase aufgenommen habe. Man schrieb ihm den Ausspruch zu: Ein schlimmes Gesicht kann Schlimmes bewirken. Selbstverständlich maß er den moralischen Eigenschaften des Kandidaten größere Bedeutung zu; im Zweifelsfalle konnten sie fehlende äußere Gaben ersetzen.

Wenn einer die gewünschten Eigenschaften und eine echte Berufung besaß, sorgte sich Ignatius bei der Aufnahme nicht darum, ob die Gesellschaft etwa gerade in Not war. Er vertraute auf Gott, der es nicht unterlassen würde, denen ihren Unterhalt zu gewähren, denen er die Berufung geschenkt hatte. Wegen der Zahl der Mitglieder machte er sich keine Sorgen. Er pflegte zu sagen, daß er nichts so sehr fürchte, als daß Mitläufer in die Gesellschaft einträten. War er auch anfangs bei der Aufnahme nicht so streng, wurde er es später sehr wohl. Er erklärte sogar, wenn es irgend etwas gäbe, weswegen er länger leben wollte, so sei es, um bei der Aufnahme in die Gesellschaft streng zu sein.

Er bemühte sich sehr darum, daß die einmal Aufgenommenen ihrer Berufung treu blieben. Wenn sie versucht waren, half er ihnen durch sein Gebet und seinen Rat und empfahl ihnen, ihren Fall mit verständigen Personen zu besprechen. Manchmal bat er sie, noch einige Zeit mit dem Austritt zu warten. Einem Novizen, der gehen wollte, sagte er, die Gesellschaft habe ihn vier Monate lang behalten, weil er darum gebeten hatte, nun solle auch er auf Bitten des Oberen noch vierzehn Tage bleiben; während dieser Zeit brauche er niemandem zu gehorchen. Einmal erriet er, daß der Grund der Versuchung irgendeine Schuld war, die der Betreffende in der Welt begangen hatte. Ignatius erzählte dem, der unter der Versuchung litt, aus seinem eigenen Leben und auch von dem Bösen, das er getan hatte. Das Heilmittel war wirksam. Der Novize bekannte seinen Fehler, und es stellte sich heraus, daß es sich um etwas Unbedeutendes handelte. Wenn einer trotz allem fortgehen wollte, bemühte sich Ignatius stets, ihn in Liebe zu entlassen. Ein bekannter Fall war der von Ottavio Cesari aus Neapel, dem Sohn des Sekretärs des Herzogs von Monteleone. Dieser junge Novize widerstand lange den Tränen und dem Druck seiner Mutter und blieb im Orden. Ignatius stand ihm bei, er bemühte sogar Kardinäle und selbst Papst Paul IV. um Vermittlung. Zuletzt unterlag Octavio doch, und Ignatius bedauerte es, daß er die Gesellschaft verließ.

In diesen Fällen ging es um Novizen. Schwieriger war die Situation bei denen, die nach Ablegung der Gelübde austreten wollten. Ignatius hielt sich an die Bestimmungen, die er selbst in den Satzungen formuliert hatte. »Die Gründe, die zur Entlassung ausreichen, soll die kluge Liebe des Oberen vor Gott, unserem Herrn, abwägen.« Sollte schon die Aufnahme nicht leichtfertig geschehen, so erst recht nicht die Entlassung. »Je mehr die Gesellschaft einer Person verpflichtet ist ..., desto mehr Bedenken wird sie bei ihrer Entlassung walten lassen müssen.«

In konkreten Fällen ist es oft schwer, sich ein genaues Urteil zu bilden. Bei so schwierigen Problemen kommen Angelegenheiten des Gewissens hinzu, die nicht immer zu Papier gebracht wurden. Der Heilige hat manche entlassen, ohne irgend jemandem den Grund der Entlassung aufzudecken; er wollte die Ehre des Betreffenden schützen. Weitere Gesichtspunkte, nach denen er vorging, waren: Der Grund zur Entlassung muß gerecht sein, und vor der Entscheidung müssen alle Mittel eingesetzt werden, um den Austritt zu verhindern. Solche Mittel waren zum Beispiel, den Betreffenden zu veranlassen, die Exerzitien zu machen oder seinen Fall mit klugen Personen zu besprechen. Wenn Ignatius einsah, daß einer nicht mehr in der Gesellschaft bleiben durfte, dann stellte er ihm die Gründe so dar, daß der Betreffende selbst zu der Einsicht gelangte, um seine Entlassung nachzusuchen. Ignatius bemüht sich darum, daß die Entlassenen in einem freundlichen Verhältnis zur Gesellschaft blieben.

Der Fall Isabel Roser

Beim Thema Entlassung aus der Gesellschaft ist ein Fall besonders zu besprechen, der in jeder Hinsicht einmalig war, der von Isabel Roser und ihren beiden Gefährtinnen. Es handelte sich um eine große Wohltäterin des Ignatius während seiner ganzen Studienzeit. Ihre Entlassung aus dem Orden bedeutete den entscheidenden Schritt zum gänzlichen Ausschluß eines weiblichen Zweiges der Gesellschaft.

Zusammengefaßt verlief dieser Fall so: Witwe geworden, beschloß Isabel Roser 1542, sich nach Rom zu begeben. Sie hatte die feste Absicht, sich unter den Gehorsam des Ignatius zu stellen; und mit ihr wollten dies auch zwei Gefährtinnen tun: die vornehme Isabel de Josa aus Barcelona und die Magd von Isabel Roser, Francisca Cruillas. Diese drei machten sich im April 1543 auf den Weg. In Rom angekommen, traten sie mit ihrer Bitte vor Ignatius. Dieser weigerte sich, die Frauen aufzunehmen. Vielleicht gab Isabel de Josa deshalb den Versuch auf. Dafür schloß sich in Rom noch eine Italienerin namens Lucrezia di Biàdene, einem Dorf in der heutigen Provinz Treviso, der kleinen Gruppe an.

Isabel Roser gab sich nicht geschlagen und wandte sich direkt an den Papst. In einem handgeschriebenen Brief aus dem Jahre 1545 bat sie inständig für sich und ihre Magd um die Erlaubnis, in die Hände von Ignatius die Profeß ablegen zu dürfen. Es mag uns heute seltsam anmuten: Der Papst bewilligte die Bitte. Zu Weihnachten 1545 legten die drei Frauen ihre feierliche Profeß in der Gesellschaft ab. Damit hatte die Gesellschaft faktisch einen weiblichen Zweig bekommen, was, als sie gegründet wurde, nicht vorgesehen war.

Aber dieser einmalige Fall sollte keine Zukunft haben. Ignatius bestimmte, daß Isabel Roser im Haus Sta. Marta leben sollte, das Bruder Esteban de Eguía leitete. Hier kam es sehr bald zu Schwierigkeiten. Isabel Roser, die sich Ignatius gegenüber so freigebig gezeigt hatte, schien in Rom mit einem Male auf ihren eigenen Vorteil bedacht. Sie klagte die Gesellschaft an, ihre Güter unberechtigt auszunützen. In ihrer Beschwerdeführung wurde sie von einem ihrer Neffen, Francisco Ferrer, unterstützt, der von Barcelona angereist kam. Die Rechnungen mußten nachgeprüft werden. Das Ergebnis war, daß die Gesellschaft für die Dame aus Barcelona mehr aufgebracht, als diese ihr gegeben hatte. Die Differenz betrug 150 Dukaten.

Es war klar, daß es so nicht weitergehen konnte. Nach vielen Überlegungen und Beratungen kam es am 30. September 1546 zu einer Zusammenkunft im Hause von Leonor de Osorio, der Frau von Juan de Vega, dem spanischen Botschafter in Rom. Von der einen Seite nahmen Ignatius und die Patres Nadal und der Ökonom des römischen Hauses, Codacio, teil, sowie der Einkäufer, Bruder Juan de la Cruz. Von der anderen Seite waren zugegen Isabel de Roser, Lucrezia di Biàdene, Francisca Cruillas und der Priester Juan Bosch aus Barcelona. In dieser Verhandlung kam es zur

Entscheidung. Am folgenden Tag, dem 1. Oktober, dispensierte Ignatius mit der bereits zuvor vom Papst eingeholten Erlaubnis die drei Frauen von ihren Gelübden.

Isabel Roser kehrte nach Barcelona zurück, wo sie sich in den Konvent der Franziskanerinnen Sta. Maria von Jerusalem zurückzog. Dort starb sie später eines frommen Todes. In ihrem Inneren bewahrte sie Ignatius gegenüber keine Bitterkeit; das belegen zwei Briefe, in denen sie ihm ihre Dankbarkeit für alles erwiesene Gute zum Ausdruck bringt. Die Erfahrung war nützlich gewesen. Bald danach, am 20.Mai 1547, gewährte der Papst eine entsprechende Bitte, so daß die Gesellschaft für immer von der Sorge für Frauen, die sich ihrem Gehorsam unterstellen wollten, frei blieb. Das Experiment mit Jesuitinnen war zu Ende.

Neue Versuche blieben jedoch nicht aus. Zwei Nonnen des Konvents der hl. Klara in Barcelona, Teresa Rejadell und Jerónima Oluja, wollten sich Ignatius unterstellen. Es schien ihnen dies in der beängstigenden Lage ihres Konvents, der einer Reform so dringend bedurfte, die beste Lösung. Ignatius förderte diese Reform mit allen ihm zur Verfügung stehenden Mitteln. Der Bitte der zwei Klosterfrauen kam er jedoch nicht nach, sosehr er ihr geistliches Wohl wünschte, wie aus den Briefen hervorgeht, die er Rejadell schrieb.

Geistliche Grundsätze

Ignatius war nicht nur Oberer, sondern er war auch ein wahrer geistlicher Vater für seine Untergebenen. Er war ein hervorragender Menschenbildner. Dazu half ihm das große Ansehen, das er bei allen genoß, und seine moralische Autorität. P. Laínez sagte, daß P. Faber, der ein so geübter Seelenführer war, neben Ignatius wie ein Kind neben einem Weisen wirke. Ignatius besaß die Gabe, jeden, der ihm begegnete, sofort und bis ins Innerste zu erkennen. Edmund Auger drückte es so aus, Ignatius verstünde die »Anatomie« der lebenden Seele. Er beruhigte die verwirrten und angefochtenen Gewissen. Konnte auch der, der mit ihm sprach, nicht gut ausdrücken, was in ihm vorging, so behandelte Ignatius ihn so, als wüßte er bereits alles über ihn. Und sein Rat gab der Seele den Frohsinn zurück, als wären die Wolken mit einer Handbewegung verjagt. Wer ihm seine Seele eröffnete, mußte ihn liebgewinnen.

Bei der geistlichen Führung richtete er sich nach folgenden Grundsätzen: Er beurteilte den Fortschritt in der Tugend mehr nach der Mühe, die sich einer gab, als nach seinen natürlichen Anlagen und seiner äußeren Bescheidenheit. Als sich der Pater Minister über einen jungen Bruder beklagte, erhielt er zur Antwort: »Ich glaube, daß er in sechs Monaten mehr Fortschritte gemacht hat als dieser und jener zusammen in einem Jahr«, und er nannte zwei, die sehr geregelt und erbaulich lebten.

Er legte mehr Wert auf die Überwindung der Leidenschaften als auf die Übung des Gebets. Er sagte: »Lieber Abtötung der Ehre als des Leibes, lieber Abtötung der Affekte als nur Gebet.« Als einmal ein Ordensmann sehr gelobt wurde, weil er ein großer Beter sei, entgegnete Ignatius: »Er ist ein Mensch, der sich selbst überwindet.«

Über die Zeit, die ein Student dem Gebet widmen sollte, sagte er, das Studium fordere den ganzen Menschen; deshalb bewillige er nicht viel Zeit für das Gebet, ausgenommen seien geistliche Notsituationen. Dafür gab er den Grund an, daß einem, der seine Leidenschaft abgetötet habe, eine Viertelstunde genügen müsse, um Gott zu finden.

Er besaß große Beweglichkeit und glich sich der Art eines jeden einzelnen an. Er wußte, daß in geistlichen Dingen kein Fehlgriff so schädlich war wie der, andere an sich selbst messen zu wollen und zu meinen, daß das, was für den einen gut ist, es auch für alle anderen sei. Wer mehr zu tragen vermochte, von dem verlangte er mehr. Wenn er von einem etwas Schwieriges verlangte, wußte er ihm die Prüfung angenehm zu machen. Es hieß von ihm, er könne einem mit großer Freundlichkeit Schmerzen aufladen und auch wieder nehmen. »Wer andere leiten will, muß mit gutem Beispiel vorangehen, und wer andere entflammen will, muß selbst in der Liebe brennen.« Als geeignete Hilfe zum Ablegen von

Fehlern empfahl er, häufig zu beten und einem anderen über die erzielten Fortschritte Rechenschaft zu geben.

Die genannten Punkte sind nur einige Beispiele für etwas, worüber sich ein langes Kapitel schreiben ließe.

Die Liebe zu den Untergebenen

Für Ignatius war die Leitung des Ordens in väterlicher Liebe begründet. Er machte keine Unterschiede, ja, jeder meinte, von ihm besonders geliebt zu werden. Er wußte die Strenge durch Freundlichkeit auszugleichen. Ribadeneira sagte, er sei mehr zur Liebe geneigt gewesen und deshalb von allen geliebt worden. Er fügte hinzu, daß er keinen aus der Gesellschaft kenne, der ihm nicht große Liebe entgegenbrächte und der sich nicht vom Vater geliebt glaube. Er war geneigt, die Handlungen anderer gut auszulegen; das ging so weit, daß die Wendung »Interpretation des Vaters« fast zu einer sprichwörtlichen Redensart wurde.

Er förderte alles, was geeignet schien, die ersehnte Einheit unter den Gliedern des Ordens zu fördern. Eines dieser Mittel waren die gemeinsamen Erholungszeiten. Einmal fragte man ihn, ob nicht an den Fasttagen die Erholungszeit ausfallen solle, da es ja kein Abendessen gab. Ignatius antwortete, die Erholungszeit solle nicht nur dazu dienen, daß das Studium nach dem Abendessen nicht schade, sondern auch dazu, daß die Brüder miteinander umgehen, sich kennen und achten lernen; dies sei es, was die Liebe fördere.

Die Sorge für die Kranken

Einer der auffallendsten Beweise seiner Liebe zu seinen Untergebenen war die besondere Sorge, die er den Kranken angedeihen ließ. Bezeichnend dafür war unter anderem, daß er dem Einkäufer befahl, ihn täglich zweimal zu benachrichtigen, ob man alles vom Krankenpfleger Benötigte gekauft hatte. Er legte Bußen auf wegen Unachtsamkeiten gegenüber den Kranken; er befahl dem Rektor des Kollegs, ihm zu melden, wenn einer krank sei. Für Kranke scheute er keine

Auslagen. Er verkaufte Zinnteller, die das Haus besaß, um die verordneten Arzneien erstehen zu können. Wenn es nötig sei, müsse man sogar die heiligen Gefäße veräußern. Im Hause gab es keine überzähligen Decken. Er ließ gegebenenfalls den auslosen, der eine Decke opfern sollte, wenn es notwendig war, sie zugunsten eines Kranken zu verkaufen. Er selbst stand den Kranken bei und diente ihnen in Demut und Liebe, als hätte er sonst nichts zu tun. Dabei machte er keine Unterschiede; selbst wenn jemand in der ersten Prüfungszeit krank wurde, wollte er, daß ihm die gleiche Fürsorge zuteil werde wie den anderen.

Als er einmal P. Nadal als seinen Vertreter im Amt des Oberen einsetzte, behielt er sich nur die Sorge für die Kranken vor. Was die Kranken bekämen, sei keine Ausnahme und widerspreche der Norm des gemeinsamen Lebens nicht. Zur Erholung für die Studenten des Collegium Romanum kaufte er einen Weinberg am Fuße des Aventin in der Nähe der Kirche Sta. Balbina und der Thermen des Caracalla, und dies zu einer Zeit, als der Orden in großer Geldnot war. Er baute dort ein Haus oder ließ ein schon vorhandenes ausbauen. Wenige Tage vor seinem Tod zog er sich dorthin zurück, aber der Aufenthalt brachte ihm keine Hilfe mehr; er kehrte nach Sta. Maria della Strada zurück, um dort zu sterben.

Die Art, wie Ignatius seine Untergebenen behandelte, war bewunderungswürdig. Das beweisen die folgenden, willkürlich herausgegriffenen Beispiele.

Er verstand es, sich der Eigenart eines jeden anzupassen. Den seelisch Kranken tat er alles Gute, soweit es ihnen nützlich war. Zu den Starken war er streng. Man sagte, den ersteren gebe er Milch wie Kindern, den anderen Brot mit harter Kruste wie Männern. Normalerweise war er kein Freund von äußeren Freundschaftbeweisen, auch wenn er innerlich alle schätzte. Im Umgang mit den Vertrauteren legte er eine gewisse Härte an den Tag, so bei Laínez, Nadal und Polanco.

Seine Ausdrucksweise war einfach, und er gebrauchte keine Superlative. Ignatius besaß eine große Fähigkeit, die

Sympathie derer zu gewinnen, mit denen er zu tun hatte. Man sagte von ihm, er sei der höflichste und aufmerksamste Mensch.

Die Hausordnung betreffend erklärte er, der Pater Minister müsse den Essig, er aber das Öl geben. Alle empfing er liebevoll, und wollte er einem besondere Liebe erweisen, dann war es, als wollte er ihn in seine Seele aufnehmen. Zur Begrüßung eines eben angekommenen jungen Flamen, der sehr groß war, sprang Ignatius, da er selbst von kleinem Wuchs war, hoch, um ihn umarmen zu können. Hatte er mit jemandem etwas zu verhandeln, lud er ihn zum Essen ein. Und dasselbe tat er mit seinen Gästen. Er besaß die Gabe, gute Gespräche zu führen. Niemals unterbrach er den Sprechenden, und er besaß viel Geduld, unnütze Dinge anzuhören. Wurde er um etwas Wichtiges gebeten, so bat er darum, es schriftlich zu bekommen, damit er darüber nachdenken könnte. War die Antwort negativ, trug er sie so vor, daß der Betreffende zufrieden und überzeugt davon war, es sei so am angemessensten.

Große Sorge trug er um den guten Ruf eines jeden einzelnen. Mußte er sich über jemanden beraten, rief er nicht zwei, wenn einer zur Auskunft genügte; waren zwei nötig, rief er nicht drei. Und selbst den Befragten legte er die Sache nur einfach und ohne längere Erklärung vor.

Einmal erhielt einer nur deshalb eine Buße auferlegt, weil er die Fieberphantasien eines Kranken weitererzählt hatte.

War einer widerspenstig, suchte er ihn zur Vernunft zu bringen, ohne ein Wort zu sagen, das den Betreffenden hätte gegen ihn aufbringen können; und so handelte er, bis der andere überzeugt war oder bis deutlich wurde, daß ihm nicht zu helfen sei.

Hatte er innerhalb oder außerhalb des Hauses mit jemandem etwas zu besprechen, das dem Betreffenden später als Vorwand für eine Anschuldigung dienen könnte, wollte er Zeugen zugegen haben, die berichten könnten, was von der einen und der anderen Seite gesagt worden war. Passierte irgend etwas Unerfreuliches, worüber sich andere aufregten, schien es, er gehe mit sich zu Rate, ehe er antwortete, oder er spreche mit Gott. Er ließ sich von der Vernunft leiten, nicht von Stimmungen. Nur in sehr schwerwiegenden Fällen befahl er kraft des ihm geschuldeten Gehorsams. P. Sebastiano Romei, Rektor des Collegium Romanum, sagte, zu Lebzeiten von Ignatius habe unter allen große Freude geherrscht, denn durch seine Gegenwart und seine Gespräche seien alle aufgelebt.

Wie Ignatius seine Untergebenen einsetzte

Ignatius wußte die Fähigkeiten seiner Untergebenen zu nutzen. Einen jeden bestimmte er für die Aufgaben, für die er Eignung zeigte. Dies war auch das Kriterium, das er in den Satzungen aufgestellt hatte. Sosehr er es befürwortete, daß einer keine besonderen Vorlieben hegte, so bemühte er sich doch, auf die Neigungen eines jeden einzugehen. Vertraute er einem ein Amt an, pflegte er ihn erst zu fragen, was er vorziehe. Aber dann lobte er doch denjenigen, der auf seine Frage antwortete, er ziehe es vor, nichts vorzuziehen.

Keinem legte er größere Lasten auf, als er zu tragen vermochte. Wenn er jemandem eine Arbeit übertrug, schenkte er ihm auch Vertrauen. Er erklärte ihm, worum es ging und welche Mittel erfolgversprechend schienen. Dann ließ er ihm freie Hand, nach eigenem Gutdünken vorzugehen. P. Câmara berichtet, daß er es selbst erlebt habe, wie ihn der Heilige, als er nach der Erfüllung eines Auftrags heimkehrte, fragte: »Seid Ihr mit Euch zufrieden?«

Wenn er jemandem ein Amt außerhalb Roms übertragen wollte, prüfte er ihn zuerst in Rom selbst. Und wenn es sich um ein leitendes Amt handelte, beauftragte er ihn, täglich über alles Vorgefallene einem anderen Pater zu berichten, von dessen Klugheit er überzeugt war. Er meinte, der sei zu anderen Menschen nicht gut, der es zu sich selbst nicht auch sei. Das Wohl der Person war ihm wichtiger als das des Werkes. Wenn er also bemerkte, daß einer für ein Amt tauglich war, das Amt sich für ihn aber nicht eignete, gab er es ihm nicht, oder er nahm es ihm, wenn er es schon hatte. Den Provinzialen ließ er Freiheit für alle Angelegenheiten, die ihr Amt betrafen und empfahl ihnen, mit den Ortsoberen ebenfalls so zu verfahren.

Bei Entscheidungen pflegte Ignatius folgendermaßen vorzugehen: Zuerst versuchte er, möglichst vollständige Informationen über die betreffende Angelegenheit zu erlangen. Dann folgte eine Phase des Überlegens, bei der er sich um die Unterscheidung der Geister bemühte. Danach beriet er sich mit anderen und betete über die betreffende Sache. Endlich traf er die Entscheidung.

Hatte er sich einmal entschieden, hielt er auch mit Beharrlichkeit daran fest. Deshalb sagte jemand von ihm: »Er hat den Nagel schon gesetzt«; das hieß, daß sich Ignatius davon nicht mehr werde abbringen lassen. Am Erfolg war dann zu sehen, daß er das Richtige getroffen hatte.

Wohl bediente sich Ignatius der Vermittlung durch Menschen, vor allem aber setzte er sein Vertrauen auf Gott. Man hat viel über den Sinn dieses ignatianischen Grundsatzes diskutiert. P. Ribadeneira drückte ihn mit folgenden klaren Worten aus: »In den Dingen, die er im Dienste unseres Herrn begann, bediente er sich aller menschlichen Mittel mit soviel Sorgfalt und Energie, als hinge von ihnen der Erfolg ab. Und er vertraute so sehr auf Gott und verließ sich so sehr auf die göttliche Vorsehung, als seien alle eingesetzten menschlichen Mittel ohne jede Wirkung.« Das Gottvertrauen bestand für Ignatius gerade darin, in seinem Dienst auch alle menschlichen Mittel einzusetzen.

Der Anlaß zu diesem Ausspruch war möglicherweise ein Fall, den uns Ribadeneira selbst erzählt. Einmal besuchte Ignatius den spanischen Botschafter in Rom, Marquis de Sarria. Dieser bereitete ihm keinen sehr freundlichen Empfang. Vielleicht war er verärgert, weil sich die Gesellschaft nur selten seiner Hilfe als Hauptprotektor bediente. Ignatius erzählte P. Ribadeneira, er überlege, ob er dem Botschafter erklären sollte, »daß ihm unser Herr seit dreißig Jahren die Einsicht gegeben habe, man solle sich in Sachen seines heiligen Dienstes aller nur möglichen guten Mittel bedienen; dann aber müsse man sein Vertrauen auf Gott setzen und nicht auf die Mittel; und wenn Euer Gnaden eines dieser

Mittel sein wollen, werde die Gesellschaft es dankbar annehmen, aber in einer Weise, daß er wisse, ihre Hoffnung stütze sich nicht auf das Mittel, sondern auf Gott, an den sie sich halte«.

Im November 1552 reiste Ignatius nach Alvito, einem kleinen Ort in der heutigen Provinz Frosinone, um Doña Juana de Aragón mit ihrem Gemahl Ascanio Colonna auszusöhnen. Es waren dies die Eltern des berühmten Marcantonio Colonna, des Helden von Lepanto. An dem Morgen, für den die Abreise geplant war, begann es, in Strömen zu regnen. P. Polanco riet Ignatius, das Treffen zu verschieben. Der Heilige antwortete, er habe dreißig Jahre lang nie unterlassen, eine Sache zur festgelegten Zeit auszuführen, trotz Regen, Wind oder anderer »atmosphärischer« Hindernisse.

Er wußte auch, daß der Apostel es nicht immer mit vollkommenen Menschen zu tun habe, sondern sich häufig unter verderbten Leuten befinde. Deshalb dürfe sich ein Jesuit nicht beunruhigen. Er müsse nur die Einfalt der Taube mit der Klugheit der Schlange vereinen.

Der Alltag
in Sta. Maria della Strada

Seit seiner Wahl zum Generaloberen im Jahre 1541 bis zu seinem Tode 1556 verließ Ignatius Rom nur noch selten. Im September 1545 begab er sich nach Montefiascone, um Papst Paul III. zu treffen, der auf der Reise nach Perugia dort Station machte. 1548 und 1549 unternahm er kurze Reisen nach Tivoli; die erste, um zwischen den Bewohnern jener Stadt und denen von Castel Madama Frieden zu stiften; die zweite, um an der Eröffnung des Jesuitenkollegs teilzunehmen. Im November 1552 reiste er nach Alvito, wovon am Schluß des vorigen Kapitels kurz berichtet wurde. Für Ostern 1555 hatte Ignatius eine Reise nach Loreto geplant; er wollte im Marienheiligtum beten und die Gründung eines Hauses oder Kollegs der Gesellschaft voranbringen. Aber wegen der Sedisvakanz nach dem Tod Julius' III. mußte er diesen Plan aufgeben.

Ignatius und seine Gefährten hatten das Haus des Antonio Frangipani verlassen und wohnten von Februar 1541 bis September 1544 in einem anderen, von Camillo Astalli gemieteten Haus. Im September 1544 zogen sie in das Haus, das sie neben der Kirche Sta. Maria della Strada gebaut hatten. Die Kirche war der Gesellschaft von Papst Paul III. am 24. Juni 1541 überlassen worden, und am 15. Mai 1542 wurde sie von den Jesuiten in Besitz genommen. Kirche und Haus befanden sich am jetzigen Platz Il Gesú an der Ecke der Via d'Aracoeli. Einen Teil dieses Hauses bildeten die »camarette«, die kleinen Zimmer, die Ignatius bis zu seinem Lebensende bewohnte. Auch seine beiden ersten Nachfolger, P. Diego Laínez († 1565) und Francisco de Borja († 1572) lebten und starben dort. Das sind die einzigen Räume des alten Hauses, die 1602 beim Bau des heutigen Gebäudes Il Gesú durch den Einspruch des Generals P. Claudio Acquaviva vor dem Abriß gerettet wurden.

Wenn Verehrer des hl. Ignatius nach Rom kommen, unterlassen sie es nicht, diese bescheidene Wohnung zu besuchen. Sie besteht aus vier engen Zimmern, die nur 2,60 m hoch sind. Die längste Wand mißt 8 m, die kürzeste 3,50 m. Die Deckenbalken sind noch erhalten, auch die Holztüren und Teile eines Kamins, außerdem zwei ärmliche Schränke. Zwei dieser Zimmer sind heute in Kapellen umgewandelt. In das größere hat man einen Altar mit dem Bild der Heiligen Familie gestellt; vor diesem Bild feierte Ignatius die hl. Messe. Die andere Kapelle war früher das Schlafzimmer des Heiligen. Es hat einen kleinen Balkon, von dem erzählt wird, daß Ignatius von ihm aus den Sternenhimmel betrachtete und ausrief: »Wie häßlich und gering erscheint mir die Erde, wenn ich den Himmel betrachte!« Heute ist der Ausblick fast ganz durch spätere Bauten verdeckt. Ein weiterer Raum ist jetzt Sakristei. Das war das Zimmer des Dieners, des Bruders Juan Pablo Borell. Ein vergilbtes Pergament an der Tür teilt uns mit: »Wenn der hl. Vater Ignatius seinen Diener, den Bruder Juan Pablo, rief, der im Nebenzimmer wohnte, öffnete er diese Tür.« Hier hat Ignatius sein Leben verbracht; von hier aus leitete er die Angelegenheiten der Gesellschaft, hier schrieb er seine Briefe, stellte die Satzungen zusammen und empfing die Gäste; hier starb er in Frieden.

Die Einrichtung seiner Räume war denkbar einfach, wenig Möbel und wenig Bücher, alles überschaubar und ohne Aufwand. Auf seinem Tisch habe Ignatius nichts als das Neue Testament und das Buch der Nachfolge Christi liegen gehabt. P. Câmara fügte hinzu, daß dem Heiligen dieses Buch so vertraut war, daß »mit dem Vater sprechen nichts anderes war, als die Nachfolge Christi in der Praxis lesen«. Auch das Meßbuch hatte er bei sich, um die Messe für den folgenden Tag vorzubereiten.

Der Tagesplan

Wenn man auch nicht von einem festen Tagesplan sprechen kann, so läßt sich doch ungefähr sagen, wie Ignatius die

Stunden des Tages und der Nacht einteilte. Er sagte, die Schlafenszeit solle zwischen sechs und sieben Stunden betragen, je nach den Bedürfnissen eines jeden. Im Collegium Romanum waren für den Schlaf sieben Stunden bestimmt. Ignatius selbst schlief wenig, wenngleich die Schlafdauer von seinem jeweiligen Gesundheitszustand abhing. Er begab sich spät zu Bett; zuvor ging er eine gute Weile in seiner Kammer auf und ab und dachte nach. Er hielt sich selbst an das, was er anderen, die wichtige Aufgaben hatten, anriet: Am Morgen solle man überlegen, was zu tun sei. Während des Tages sei zweimal zu prüfen, was man gedacht, gesagt und getan habe. Wer von ihm einen Auftrag empfangen hatte, sollte abends Rechenschaft geben, was er getan hatte; danach wies Ignatius ihm die Arbeit des nächsten Tages zu. Diese Selbstkontrolle übte er noch stärker im geistlichen Leben. Jede Stunde beim Glockenschlag hielt er eine kurze Gewissenserforschung, wenn er nicht beschäftigt war oder mit anderen verhandelte. War er wach, nahm er diese Prüfung auch bei Nacht vor. Er verglich den Fortschritt eines Tages mit dem des anderen, von einer Woche zur nächsten, einem Monat zum folgenden, wie er es in den Exerzitien beim Partikularexamen empfohlen hatte.

In Rom pflegte man um 10 Uhr vormittags und um 6 Uhr abends zu essen, so daß zwischen den beiden Mahlzeiten etwa acht Stunden lagen. Später werden wir auf die Diät des Heiligen zu sprechen kommen.

Außer der für das Gebet und die Messe bestimmten Zeit verbrachte Ignatius den Tag, indem er mit seinen Mitarbeitern verhandelte, Besuche empfing und Briefe schrieb. Die Publikation seiner erhaltenen Briefe umfaßt zwölf dicke Bände. Es wurde schon erwähnt, wieviel Zeit er für die Erarbeitung der Satzungen verwendet hat. Er ging wenig aus, es sei denn, um einen Kardinal oder eine andere einflußreiche Persönlichkeit aufzusuchen.

Einen erwähnenswerten Ausgang machte Ignatius am 27. August 1545, als er dringend in den Palast Madama gerufen wurde, um Margarete von Österreich zur Zeit einer schweren Geburt beizustehen. Die Tochter Karls V. beichtete bei Ignatius, hörte die Messe und kommunizierte mit großer Andacht. Sie brachte Zwillinge zur Welt; dem ersten von ihnen spendete die Hebamme die Nottaufe; er erhielt den Namen Juan Carlos und starb nach wenigen Monaten. Den zweiten sollte Ignatius auf Wunsch der Anwesenden taufen; er gab ihm den Namen Juan Pablo. Die feierlichen Zeremonien wurden am 20. November in der Kirche San Eustachio nachgeholt. Dabei erhielt das Kind den Namen Alexander. Unter diesem Namen ist er in die Geschichte eingegangen als Alexander Farnese, Herzog von Parma und Piacenza, Gouverneur der Niederlande.

Selten sah man Ignatius im Garten des Hauses spazierengehen. Der Arzt schrieb seine Beschwerden teilweise dem Mangel an Bewegung zu.

Das Gebet des Ignatius

Zum Gebet des hl. Ignatius sind drei allgemeine Bemerkungen zu machen. Die erste ist, daß der Heilige viel Zeit dem ausdrücklichen Gebet zugestand. Die zweite, daß die Meßfeier den Mittelpunkt seines Betens darstellte. Und drittens, daß er außer den Gebetszeiten in einer innigen und ständigen Vereinigung mit Gott lebte.

Es mag Schwankungen in den verschiedenen Epochen seines Lebens gegeben haben. Während der Jahre 1544/45, über die wir am besten unterrichtet sind, pflegte der Heilige sein Befinden »vor, während und nach der Messe« zu unterscheiden, eine Einteilung, die er oft in seinem Geistlichen Tagebuch wiederholt, das eben diese Jahre umfaßt.

Es gab also drei Zeiten in seinem Gebet. Die erste Zeit nannte er sein »gewöhnliches« oder »erstes« Gebet. Er begann es gleich nach dem Erwachen und, nach den Angaben des Tagebuchs zu urteilen, zuweilen noch vor dem Aufstehen. Eines Tages notierte er, daß er es morgens um halb fünf Uhr begann. Dieses Gebet, das manchmal mit einem Examen begann, scheint ausführlich gewesen zu sein. Manchmal spricht er davon, was er von der Mitte an verspürt habe, dann wieder vom Beginn bis zum Ende. P. Câmara erzählte, daß er in dieser Zeit den Rosenkranz betete, was ihm Paul III. 1539 anstelle des Breviergebets erlaubt hatte. Danach erhob er sich, kleidete sich an und bereitete sich zur Meßfeier vor. Manchmal begann er die Vorbereitung noch im Schlafzimmer. Er setzte sie immer in der Kapelle fort. Es gab zwei Momente in dieser Vorbereitung, die für ihn besonders wichtig waren, die Bereitung des Altars und das Anlegen des Meßgewands.

Es folgte die Meßfeier, die – nach den darin erlebten mystischen Erfahrungen zu urteilen – recht lange gedauert haben muß.

Nach der Messe sammelte er sich wieder im Gebet, in der Kapelle oder im Zimmer. Diese Gewohnheit behielt er immer bei. Für das Jahr 1555 bemerkte P. Câmara, daß er nach der Messe »zwei Stunden im inneren Gebet verblieb«. In dieser Zeit wollte er nicht gestört werden. Darum ordnete er an, eventuelle Probleme dem P. Minister vorzulegen; dieses Amt hatte damals P. Câmara selbst inne. Als einmal eine Angelegenheit keinen Aufschub duldete, betrat Câmara die Kapelle und sah dort Ignatius mit hell strahlendem Antlitz.

Die Feier der Messe war für Ignatius die wichtigste Gelegenheit für den innigen Verkehr mit Gott. Es ist dies eine der überraschendsten Seiten der Spiritualität des Heiligen. Oben wurde berichtet, daß er nach seiner Priesterweihe die erste Meßfeier eineinhalb Jahre aufschob, um sich dafür besser vorbereiten zu können. Wahrscheinlich spielte der niemals ausgesprochene Wunsch eine Rolle, die erste Messe in Betlehem oder einem anderen heiligen Ort Palästinas zu feiern.

Er schätzte das Priestertum so sehr, daß er sagte, man müsse »für das Amt, die Messe zu feiern, wie ein Engel wandeln oder sein«. Seine Andacht während des Opfers war so groß, daß er manchmal nicht mehr sprechen konnte.

Die größte Aufmerksamkeit aber widmete er in seinem Tagebuch den Tränen. Davon ist etwa 175mal die Rede. Der letzte Teil des Tagebuchs beschränkt sich fast nur noch darauf, festzustellen, ob er geweint habe oder nicht. Manchmal waren der »Tränen so viele, daß ihm die Augen schmerzten«; 26mal sind sie von Seufzern begleitet. Ignatius redet auch davon, daß sich ihm die Haare aufrichteten und daß er »eine ganz besondere Hitze im ganzen Körper« verspürte. Es wird niemanden verwundern, daß so starke Gefühle seine schwache Gesundheit in Mitleidenschaft zogen. Oft mußte er deshalb auf die Messe verzichten. Andere Male erkrankte er, nachdem er die Messe gefeiert hatte.

Er machte von der damals gewährten Freiheit Gebrauch, das Meßformular zu wählen, und feierte häufig die Messe zu Ehren der Heiligsten Dreifaltigkeit, auch die vom Namen Jesu oder von der Muttergottes. Zuweilen legte er sich wegen irgendeines Fehlers die Buße auf, keine Messe zu Ehren der Dreifaltigkeit zu lesen; so eines Tages, als er ungeduldig gewesen war, weil er während des Gebets in seiner Nähe Geräusche gehört hatte.

Während der Messe nahm Ignatius Gott am tiefsten wahr. Hier wiederholte sich, was er in La Storta erfahren hatte. Dort hatte er verspürt, wie in geheimnisvoller, mystischer Vereinigung »der Vater ihn zu seinem Sohn gestellt hatte«. In der Messe empfand er oft, ihm werde der Name Jesu eingeprägt. Er erfuhr Jesus als seinen Führer zum Vater. Jesus und Maria wirkten als Mittler, immer geneigt, zu seinen Gunsten einzutreten. Während er Jesus in den Händen hielt, sah er ihn hier auf Erden und im Himmel. Er brachte seine Pläne und Sorgen in die Messe ein; während der ganzen Zeit, die das Tagebuch umfaßt, ging es dabei um die Armut, wie sie in den Häusern der Gesellschaft verwirklicht werden sollte.

Dies alles wurde durch die vollständige Veröffentlichung des Geistlichen Tagebuchs im Jahre 1934 bekannt. Die Verbreitung dieses einzigartigen Dokuments hat manche falsche Vorstellung über Ignatius richtiggestellt; er ist nicht der kalte, berechnende Mensch, der harte Vorgesetzte, der strenge Asket, für den man ihn hielt, sondern ein kontemplativer, zu zärtlichsten Gefühlen fähiger Mensch, ein Mystiker, mit den höchsten Graden der Vereinigung mit Gott beschenkt.

Außer den Zeiten, die ausdrücklich der Zwiesprache mit Gott gewidmet waren, erfuhr Ignatius ständig die Gegenwart Gottes. Für ihn bedeutete Andacht, Gott in allen Dingen zu finden. Er sagte von sich selbst, daß er, wo und wann immer er diese Andacht ersehne, sie auch erlange, während eines Gesprächs, bei Amtsgeschäften oder auch, wenn er auf der Straße ging. Ein Beispiel berichtet er im Tagebuch unter dem 24. Februar 1544: »Als ich danach auf der Straße ging, stand mir Jesus vor Augen, und ich hatte heftige Regungen und Tränen. Nachdem ich mit Carpi (gemeint ist Kardinal Rodolfo Pio di Carpi) gesprochen hatte, empfand ich auf dem Rückweg ebenfalls wieder große Andacht. Nach dem Essen, vor allem nachdem ich aus der Tür des Vikars (Filippo Archinto) herausgekommen war und ins Haus von Trana ging[27], verspürte oder sah ich Jesus. Dabei viele innere Regungen und mit vielen Tränen.«

Ignatius lebte in ständiger geistlicher Anspannung, so daß er sich manchmal sogar davon ablenken mußte. Kurz, er lebte das, was P. Nadal inhaltsreich so zusammenfaßt: Er war in der Tätigkeit beschaulich.

Die Zeugnisse über den Grad der Beschauung, den er erreichte, sind beredt. Zu P. Laínez sagte der Heilige selbst, er verhalte sich in Dingen Gottes mehr passiv als aktiv. Laínez kommentiert, dies sei der höchste Grad der Vollkommenheit oder Kontemplation. Als er eines Tages mit P. Nadal sprach, sagte Ignatius: »Jetzt war ich höher als der Himmel.« Als ihn sein Gesprächspartner bat, ihm zu erklären, was das bedeute, lenkte Ignatius das Gespräch auf ein anderes Thema.

Er konnte sogar sagen, daß er seine Entscheidungen nicht nach dem Kriterium von Tröstung und Trostlosigkeit fälle, denn er finde Trost in überhaupt allen Dingen. Ohne die göttlichen Tröstungen könne er nicht leben.

Am Ende seines Lebens besaß er mehr Licht, Sicherheit und Gewißheit in den göttlichen Dingen als früher. Man beobachtete bei ihm eine unfaßbare Leichtigkeit, sich zu sammeln, selbst bei seinen Amtsaufgaben, so daß es schien, er verfüge selbst darüber, wann er in andächtiger Stimmung sein und wann er Tränen vergießen wolle.

Die Natur erhob ihn zu Gott. Gern betrachtete er den Sternenhimmel und verspürte dabei Geringschätzung für die Dinge dieser Welt. Hinter den Geschöpfen sah er Gott. So berichtete P. Nadal, daß er im Orangenblatt die Dreifaltigkeit sah. Musik und geistlicher Gesang unterstützten sein Beten in hohem Maß. Er bekannte, daß sich ihm das Innere zu verwandeln scheine, wenn er eine Kirche betrat, in der die Tagzeiten feierlich gesungen wurden. Daraus können wir sehen, was für ein großes Opfer es für ihn war, auf Chorgebet und gemeinschaftlichen Gesang in der Gesellschaft zu verzichten. Ignatius hatte also eine außerordentliche innere Erfahrung mit Gott. Wenn er in den Exerzitien von »innerer Erkenntnis« spricht, meint er damit ein Erkennen, das von der Sphäre des Verstehens zum innersten Erfassen übergeht, vom Erkennen zum Verspüren, vom Kopf zum Herzen. Solcher Art war die Erkenntnis, die Ignatius von Gott besaß.

Die Mitarbeiter Nadal,
Ribadeneira, Polanco, Câmara

Organisation und Leitung des Ordens forderten Ignatius die volle Kraft ab. In erster Linie hatte er der im Entstehen begriffenen Gesellschaft die Lebensregeln zu geben. Über die Arbeit bei der Abfassung der Satzungen haben wir bereits geschrieben. Zu den Satzungen kamen weitere Regeln, die für bestimmte Umstände, Orte, Zeiten und Personen galten, zum Beispiel die Regeln für die Studenten und die verschiedenen Ämter. Ignatius entschied nach Beratungen und Befragungen, auch aufgrund von Informationen, die er in privaten Gesprächen und Briefen erhalten hatte. Sein Briefwechsel soll weiter unten eigens behandelt werden. Da er auch Oberer des Hauses in Rom war, mußte er sich mit den dort lebenden Personen und den Problemen des Hauses befassen. Auch an die Novizen hatte er zu denken, um deren Ausbildung er sich eine Zeitlang selbst kümmerte. Ignatius verstand es, seine Mitarbeiter klug einzusetzen. Die wichtigsten waren seine ersten Gefährten.

Um den in Europa verstreuten Jesuiten den Inhalt der Satzungen bekannt zu machen und auch für andere wichtige Aufgaben, bediente sich Ignatius der Hilfe von P. Jerónimo Nadal (1507–1580). Mit Recht gilt er als der treue Interpret des Ordensgründers. Dieser gelehrte Jesuit stammte aus Mallorca. Er hatte in Alcalá, Paris und Avignon studiert. Ignatius, der ihn in Paris kennenlernte, sah sofort die großen Qualitäten dieses Mannes, der eine hohe Bildung in Mathematik, Sprachen, Theologie und der Heiligen Schrift besaß. Um ihn für seine Sache zu gewinnen, suchte er ihn geradezu einzukreisen. Aber Nadal widerstand den Bemühungen, teils, weil er eigene Pläne hatte, teils, weil er der Rechtgläubigkeit der um Ignatius gescharten Studenten mißtraute. Auf seine Heimatinsel zurückgekehrt, verbrachte er sieben Jahre angstvoller Ungewißheit in bezug auf seine Zukunft. Dann entschied er sich, nach Rom zu gehen und unter der Leitung des kundigen Jerónimo Doménech aus Valencia die Exerzitien zu machen. Nach hartnäckigem Widerstand, als es bereits schien, mit seinem Eintritt in die Gesellschaft sei nicht mehr zu rechnen, entschied er sich schließlich doch dazu. Er wurde am 29. November 1545 im Alter von 38 Jahren aufgenommen. Unter anderen wichtigen Aufgaben, die Ignatius ihm anvertraute, seien folgende erwähnt: der Aufbau des Kollegs in Messina (1548), die Ämter eines Generalkommissars der Gesellschaft für Portugal und Spanien (1553), des Generalvikars (1554), des Kommissars für Italien, Österreich und andere Länder (1555). Dabei beschränken wir uns auf die Lebenszeit von Ignatius. Wie gut Nadal die Ansichten des Heiligen kannte, belegt ein Zeugnis von Polanco: »Er hat viel Kenntnis über unseren Pater Magister Ignatius, weil er viel mit ihm umgegangen ist; und es scheint, daß er seinen Geist verstanden hat; ich wüßte niemanden in der Gesellschaft, der so wie er das Institut erfaßt hat.« Aus Toledo kam Pedro de Ribadeneira (1526–1611). Er war erst 13 Jahre alt, als er 1539 die Einladung des Kardinals Alexandro Farnese in Toledo annahm, ihm als Page nach Rom zu folgen. Im Dienste dieses Kardinals fürchtete er nach einem Streich die drohende Strafe. Er flüchtete in das Haus von Dr. Pedro Ortiz, einem Landsmann und vielleicht Verwandten, denn sein Vater war auch ein Ortiz. Dr. Ortiz stellte ihn Ignatius vor, und dies wurde für den jungen Pedro der Anlaß, sich am 18. September 1540, neun Tage vor der päpstlichen Bestätigung des Ordens, für immer der Gesellschaft anzuschließen.

Von Ribadeneira interessiert uns hier vornehmlich seine Kenntnis des Ignatius, die er im häufigen Umgang mit ihm über 16 Jahre lang gewann. Er hatte die ausgesprochene Neigung, Anekdoten über Ignatius zu sammeln und aufzuschreiben. So erklärt es sich, daß Francisco de Borja ihn auswählte, als man 1566 einen Biographen für Ignatius suchte. Zudem war seine gute humanistische Bildung bekannt. Er nahm den Auftrag mit allem Eifer an und veröffentlichte 1572 die erste lateinische Ausgabe seines klassischen »Leben des hl. Ignatius«. 1583 gab er eine zweite Biographie auf spanisch heraus. Diese Vita gilt mit vollem Recht als eines der anziehendsten Geschichtswerke des Goldenen Zeitalters; mit ihr bekommt die literarische Form des biographischen Berichts eine neue Qualität. Erst kürzlich ist die jüdische Abstammung P. Ribadeneiras bekannt geworden. Er war der Sohn von Alvaro Husillo Ortiz de Cisneros, einem Beamten im Magistrat von Toledo. Die Familie von Husillos stammte von bekehrten Juden ab.

Unter den Mitarbeitern des Ignatius sind vor allem noch zwei Namen zu nennen: der seines Sekretärs während neun Jahren, P. Juan de Polanco (1517–1576), und der des Ministers im römischen Haus, P. Luis Goncalves da Câmara (um 1519–1575).

Die Arbeit, die Polanco an der Seite des Ignatius bei der Abfassung der Satzungen geleistet hat, ist weiter oben gewürdigt worden. Aber seine Tätigkeit erstreckte sich auch auf alle sonstigen Pflichten eines Sekretärs. Kaum war er 1547 für dieses Amt benannt, arbeitete er noch im gleichen Jahr die Regeln »Vom Amt des Sekretärs« aus, die eine gute Arbeit des Ordenssekretariats ermöglichen sollten. Er ordnete auch das im Entstehen begriffene Archiv des Ordens, das er als eine Abteilung des Sekretariats verstand, in der alle den Orden betreffenden Akten aufzubewahren wären. Wenn heute noch die Originaldokumente der Ordensgründung und Schriften aus der Zeit der ersten Generäle existieren, so verdanken wir das zum größten Teil P. Polanco.

Wie bei jedem Sekretär bestand die Hauptarbeit von Polanco in der Erledigung der Korrespondenz. Er mußte die Briefe, die nach Rom kamen, in Empfang nehmen und die Antwort darauf vorbereiten. Abgesehen von den vielen Alltagsprobleme behandelnden Briefen, bei denen er sicher mitwirkte, scheinen einige bedeutende Briefe ausdrücklich von ihm »im Auftrag« von Ignatius geschrieben zu sein. Mit dem Blick auf die Zukunft stellte er bereits Material für eine Geschichte der Gesellschaft zusammen. Kaum war er in Rom angekommen, bat er schon P. Laínez, der sich damals in Trient aufhielt, seine Erinnerungen an den Anfang der Gesellschaft aufzuschreiben. Dieser Bitte ist der berühmte Brief von P. Laínez aus dem Jahre 1547 zu verdanken, der als die erste Lebensbeschreibung des hl. Ignatius anzusehen ist; sie wurde neun Jahre vor dem Tod des Heiligen verfaßt. Auf der Grundlage dieses Briefes schrieb Polanco 1547/48 die »Zusammenfassung der bemerkenswertesten Dinge, welche die Gründung und den Fortschritt der Gesellschaft Jesu betreffend«. Ihr folgte 1549/51 auf italienisch eine weitere, knappere und auch die jüngste Zeit einbeziehende Zusammenfassung. So hat er kontinuierlich eine gründliche Biographie von Ignatius vorbereitet. Und als er schließlich im Jahre 1573 von seinen Ämtern entbunden wurde und der Wahl zum General nur knapp entgangen war, schrieb er eine Geschichte der Gesellschaft in Form von Annalen, die von 1539 bis 1556 reichen.

Zur Erledigung der laufenden Angelegenheiten des Hauses in Rom hatte Ignatius in dem Portugiesen Luis Gonçalves da Câmara einen ausgezeichneten Mitarbeiter. Seit seinem Eintritt in die Gesellschaft 1545 hatte Câmara den Wunsch gehegt, Ignatius persönlich zu sehen und kennenzulernen.

Zwei Motive drängten ihn dazu: Von Ignatius selbst wollte er wissen, worin der Verstandesgehorsam bestehe, den man ihm seit dem Noviziat so sehr anempfohlen hatte; und er wollte dem Ruf der Heiligkeit des Ordensgründers nachgehen, der bis nach Portugal gedrungen war. Die Wünsche des Portugiesen erfüllten sich, als er 1553 vom Visitator für Portugal, P. Miguel de Torres, nach Rom gesandt wurde, um dem General über die Lage in der Provinz zu berichten. Nachdem er seine Mission erledigt hatte, blieb er in Rom, und 1554 wurde er zum Minister des römischen Hauses ernannt, was etwa einem Verwalter entspricht.

Von Anfang an nahm sich Câmara vor, alles, was er in seinem täglichen Umgang mit Ignatius hörte und beobachtete, aufzuschreiben. So entstand sein »Memoriale darüber, was unser Vater mir in Angelegenheiten des Hauses geantwortet hat, begonnen am 26. Januar des Jahres 1555«. Das auf spanisch geschriebene Buch umfaßt den Zeitraum vom 26. Januar 1555 bis zum Sommer des gleichen Jahres. Am 23. Oktober verließ Câmara Rom, neuerlich nach Portugal versetzt. Bei seiner Abreise nahm er die in Rom aufgezeichneten Notizen mit. Jahre später, zwischen 1573 und 1574, sah er sie durch und verfaßte auf portugiesisch einen Kommentar der wichtigsten Begebenheiten, deren er sich erinnerte. Es versteht sich, daß dieser Kommentar nicht den gleichen Wert hat wie die unmittelbaren Aufzeichnungen der Ereignisse selbst.

Es ist nicht das einzige Verdienst von Câmara, uns sein Memoriale hinterlassen zu haben; es gelang ihm, Ignatius für etwas zu gewinnen, was andere, von denen man es eher erwartet hätte, nicht erreicht haben: Ignatius gab ihm einen Bericht über sein Leben. So kam es, daß seine Lebenserinnerungen aufgeschrieben wurden, die zu recht den Namen »Autobiographie« tragen, oder, da der Heilige sich selbst oft so bezeichnet, nach modernen Übersetzungen, »Bericht des Pilgers«. Sind auch diese Memoiren nicht eigenhändig von Ignatius geschrieben, so versichert uns Câmara, er habe nach jedem Gespräch viel Sorgfalt darauf verwandt, genau niederzuschreiben, was er von Ignatius gehört habe, ohne auch nur ein Wort hinzuzufügen oder zu verändern. Der Bericht wurde im September 1553 begonnen, 1554 unterbrochen, wieder aufgenommen am 22. September 1555 und am 20. oder 22. Oktober beendet, am Vorabend von Câmaras Abfahrt nach Portugal. Daraus erklärt sich, daß der Bericht nicht das ganze Leben des Ignatius umfaßt, sondern nur die Ereignisse bis 1538 und außerdem einige kurze Angaben darüber, wie die Exerzitien und die Satzungen verfaßt worden sind.

Mit Ignatius täglich zusammengelebt hat auch Diego de Eguía aus Navarra, der Bruder von Miguel de Eguía, des Druckers von Erasmus' Enchiridion im Jahre 1526. Diego hatte Ignatius in Alcalá kennengelernt und ihm geholfen. Mit seinem Bruder Esteban schloß er sich 1537 in Venedig an die ersten Gefährten an. In Rom wählte ihn Ignatius zum Beichtvater. Don Diego, wie er meist genannt wurde, besaß eine seltene Eigenschaft: Er wußte zu trösten und die Versuchten in ihrer Berufung zu erhalten. In seiner großen Einfalt überbot er sich darin, Ignatius zu loben; so erklärte er, Ignatius sei heilig und mehr als heilig und ähnliches mehr. Das war dem Gelobten so unangenehm, daß er seinem Beichtvater nicht nur eine kräftige Buße auferlegte, sondern einstweilen, oder vielleicht sogar definitiv, auch nicht mehr bei ihm beichtete. Am Ende seines Lebens beichtete er jedenfalls bei Pedro Riera aus Barcelona. Der gute Don Diego starb vierzehn Tage vor Ignatius.

Unter den Mitarbeitern im häuslichen Bereich muß noch der italienische Bruder Gianbattista de Anzola (Travaglino) erwähnt werden. Er war der mehr oder minder tüchtige Koch des Hauses. Dieser gute Bruder war von Beruf Gewürzkrämer. Bei seinem Eintritt in die Gesellschaft brachte er ein Bildnis des gekreuzigten Christus mit, das er mit besonderer Andacht verehrte. Ignatius ließ es ihn einige Zeit behalten. Dann nahm er es ihm weg und sagte, da er den Gekreuzigten nun in sein Herz eingepflanzt und eingemeißelt habe, könne er ertragen, daß man ihm das Bild nehme. Es wird erzählt, daß sich der Koch eines Tages die Hand verbrannte und Ignatius ihn mit seinem Gebet heilte.

Über den Alltag des Ignatius erzählen seine Begleiter viele Anekdoten. Abgesehen von denen, die vorübergehend dieses Amt ausübten, handelt es sich hauptsächlich um zwei Katalanen: Juan Pablo Borell stammte aus Tremp und trat 1543 in Rom in die Gesellschaft ein. Er mußte für die Kleider des Generals sorgen und ihn außerdem bei seinen Ausgängen wie auch auf der Reise nach Alvito im Jahre 1552 begleiten. Dieser Bruder lebte von Skrupeln und Ängsten geplagt. Ignatius konnte ihm den Seelenfrieden wiedergeben, als hätte er ein Gewitter mit einer Handbewegung verjagt.

Juan Cors aus Barcelona trat 1551 in seiner Heimatstadt in die Gesellschaft ein. In Rom wurde er Diener von Ignatius, wahrscheinlich als Ersatz für Juan Pablo Borell. Er war recht unkompliziert. Ignatius stellte ihn als Vorbild hin, weil er niemals irgend jemandem widersprach. Der Heilige befahl ihm eines Tages, einem anderen eine Rüge mitzuteilen, und fügte hinzu, er solle dies mit Zorn und Galle tun. Bruder Juan antwortete, er habe keine Galle mehr; er habe sie auf der Seereise von Barcelona nach Rom völlig ausgespien. Er wohnte in dem Zimmer neben Ignatius, und wenn er keinen anderen Auftrag zu erfüllen hatte, verbrachte er die Zeit damit, Hanfschuhe zu flechten und Strümpfe zu stricken. Während des Konklaves, aus dem Marcellus II. als Papst hervorging, betete Ignatius mit ihm die Litanei.

Der Briefverkehr

Der Briefverkehr war nach dem Gespräch das Kommunikationsmittel, dessen sich Ignatius am meisten bediente. Von den ungefähr 7000 veröffentlichten Briefen sind nur wenige von ihm selbst geschrieben. Manchmal handelt es sich auch um einfache Notizen mit den Punkten, die für den eigentlichen Brief weiter ausgearbeitet werden sollten. Die Tatsache, daß nicht wenige Briefe von P. Polanco »im Auftrag« des Generals geschrieben wurden, ändert nichts an der Verfasserschaft des Ignatius. Abgesehen vom Stil gab der Sekretär nur wieder, was ihm sein Oberer aufgetragen hatte.

Ignatius war ein sehr intensiver Briefschreiber. Es steht fest, daß er einmal an einem Tag etwa dreißig Briefe absandte, nachdem er sie mehrmals gelesen hatte. Es ist uns ein außerordentlich interessantes »römisches Memoriale« erhalten geblieben, das eine Zusammenstellung der von Oktober 1545 bis Mai 1547 an den General gerichteten und der von ihm abgesandten Briefe enthält. Ein kurzer Blick in dieses Dokument läßt die Tätigkeit ermessen, die das Sekretariat der Gesellschaft in diesen anderthalb Jahren entfaltet hat. Und dies ist nur ein kleiner Ausschnitt dessen, was in den 15 langen Jahren des Generalats von Ignatius getan wurde.

Mehr noch als die große Zahl der Briefe überrascht die Sorgfalt und die Aufmerksamkeit, mit der sie geschrieben wurden, vor allem, wenn es sich um wichtige Angelegenheiten handelte oder der Brief für bedeutende Personen bestimmt war. Ribadeneira sagt, daß er viel Zeit darauf verwandte zu überlegen, was geschrieben werden sollte. »Die geschriebenen Briefe schaute er immer wieder durch, prüfte jedes Wort, strich aus und verbesserte, wie er es für notwendig hielt; er ließ die Briefe mehrmals schreiben; diese ganze Zeit wie auch die dazu benötigte Arbeit sah er als gut verwendet an.«

Von dieser Sorgfalt besitzen wir ein Beispiel in einem Brief, den er an alle Mitglieder der Gesellschaft schreiben ließ, um sie zu bitten, bei Fürsten, Staatsmännern und Universitäten um Zeugnisse zugunsten des Ordens nachzusuchen. Diese Zeugnisse wollte er der Universität Paris vorlegen, die sich weigerte, den neuen Orden in Frankreich anzuerkennen. Die außerordentliche Sorgfalt, mit der nach seinem Willen dieser Brief verfaßt werden sollte, haben wir bereits erwähnt, als von der Zulassung der Gesellschaft in Frankreich die Rede war.

Die Sorgfalt, die er auf seine Briefe verwandte, wollte er von den anderen nachgeahmt sehen. So wurde ein Bruder von ihm gerügt, weil er ihm einen Brief mit Streichungen und Korrekturen geschrieben hatte.

An P. Faber sandte er am 10. Dezember 1542 eine lange Anweisung darüber, wie Briefe zu schreiben seien. Hier gibt er den Grundsatz an, auf dem seine Sorgfalt beruhte: »Was man schreibt, ist noch viel mehr zu bedenken, als das, was man spricht; denn das Geschriebene bleibt und gibt immer Zeugnis, und man kann es nicht so leicht verbessern oder kommentieren wie das gesprochene Wort.«

Schrieben seine Untergebenen nach Rom, wollte er, daß sie zwei Briefe verfaßten, einen »Hauptbrief« mit den Nachrichten, die anderen mitgeteilt werden konnten, und einen sogenannten »Beibrief«, in dem die nicht zur Weitergabe bestimmten Dinge stehen sollten. Der Hauptbrief sollte mit Sorgfalt bearbeitet und verbessert sein.

Die Sammlung der Briefe zusammen mit der Autobiographie und dem Geistlichen Tagebuch geben das Persönlichkeitsbild des Ignatius am besten wieder. Hier finden wir reichlich Angaben über seine geistliche Lehre, seine apostolischen Anweisungen und seine Art der Leitung. Die Briefe zeigen uns auch, an wie viele und unterschiedliche Briefpartner er schrieb; es sind nicht nur Jesuiten, sondern alle Personenkreise. Wie seine Briefe an Frauen in einem eigenen Band herausgegeben wurden[28], so könnte man in einem ähnlichen Band leicht die Briefe an die Großen dieser Erde zusammenfassen: an Könige, Fürsten, Kardinäle, Bischöfe ...

Die ignatianischen Briefe wären auch nach Themen einteilbar wie etwa vertrauliche Briefe, Briefe geistlicher Leitung und amtliche Schreiben. In ihnen allen zeigt sich die einzigartige Gestalt dieses geistlichen Führers, Apostels, Oberen und Heiligen.

Beziehungen zu vier Päpsten

Während Ignatius General des Ordens war, regierten vier Päpste: Paul III., Julius III., Marcellus II. und Paul IV.

Paul III.[29] nahm Ignatius und seine Gefährten von Anfang an mit Wohlwollen auf. Er hielt es sogleich für gut, die Gründung der Gesellschaft zu genehmigen. Von ihm stammt der Satz »Hier ist der Geist Gottes«, den er in Tivoli am 3. September 1539 aussprach, als ihm die »Formel des Instituts« vorgelesen wurde. Ein Jahr darauf, nachdem die bürokratischen Schwierigkeiten überwunden waren, gab er die erste Bestätigungsbulle des neuen Ordens heraus. Mit vier Bullen und drei päpstlichen Breven gewährte er der Gesellschaft ihre juridische Form und überschüttete sie mit geistlichen Privilegien. Er überließ ihr die Kirche Sta. Maria della Strada. Auf Bitten von Francisco de Borja billigte er in einem Breve vom 31. Juli 1548 das Exerzitienbuch. Es war, wie P. Nadal bemerkt, »ein großes und in der Kirche seltenes Privileg«, daß ein Buch in so feierlicher Form genehmigt wurde. In dieser und in den übrigen Gunstbezeigungen für die Gesellschaft machten sich zweifellos die guten Beziehungen des Farnese-Papstes und seiner Familie zu der des Herzogs von Gandía bemerkbar. Es wurde bereits erwähnt, wie Paul III. das Angebot, das ihm die Gefährten in einem besonderen Gelübde gemacht hatten, annahm und mehrere von ihnen für verschiedene Aussendungen bestimmte, obwohl es seine ursprüngliche Absicht gewesen war, sie in Italien zu behalten.

Von Julius III.[30] ist vor allem zweierlei zu erwähnen: erstens die Bulle »Exposcit debitum« vom 21. Juli 1550, mit der die Gesellschaft neuerlich bestätigt wurde, wobei auch die neue »Formel des Instituts« eingeführt wurde, die später nicht mehr geändert wurde; zweitens die entschlossene Unterstützung, die er dem entstehenden Römischen Kolleg und dem Germanicum angedeihen ließ, indem er für materielle Hilfe sorgte. Für das Römische Kolleg unternahm er noch kurz vor seinem Tod Schritte, die seinen dauernden Bestand sichern sollten. Außerdem plante er, in Rom ein weiteres Kolleg für alle Nationen zu eröffnen, dessen Leitung er den Jesuiten anvertrauen wollte.

Ignatius betete jeden Tag für den Papst. Als er von seiner schweren Krankheit erfuhr, betete er zweimal täglich für ihn und ordnete an, daß alle übrigen Mitglieder des Hauses sich ihm anschlössen. Als der Papst starb, ließ er die Seinen neun Tage für den Verstorbenen und außerdem für die Wahl des Nachfolgers beten.

Marcellus II.[31] konnte während der 23 Tage seines Pontifikats nur wenig für die Gesellschaft tun. Seine Wahl ließ überaus viel für die ersehnte Reform der Kirche erhoffen. Diesbezüglich stimmten seine Vorstellungen mit denen von Ignatius überein. Die Wahl des neuen Papstes wurde von den Mitgliedern der Gesellschaft und im besonderen von Ignatius mit Jubel begrüßt. Das ist aus dem Brief zu sehen, den er Polanco bereits am Tag der Papstwahl, dem 9. April 1555, zu schreiben auftrug. Kaum war Marcellus II. gewählt, bat er Ignatius, er möge ihm zwei Patres senden, die in seinem Palast als Berater für die Reform leben sollten. In einem so wichtigen Punkt wollte Ignatius nicht seine Autorität geltend machen, sondern überließ die Auswahl einer Abstimmung der in Rom anwesenden Patres. Die Wahl fiel auf Laínez und Nadal. Trotzdem wollte Ignatius letzteren gern zurückhalten und schlug dem Papst an seiner Stelle andere Namen vor. Aus all dem wurde aber nichts, weil der Papst starb.

P. Orlandini berichtet, als Ignatius sich dem neuen Papst vorstellte, um ihm den Gehorsam der Gesellschaft anzubieten, habe Marcellus zu ihm gesagt: »Sammle du Soldaten, und bereite sie für den Krieg vor; wir werden sie gebrauchen.«

Es gibt eine Anekdote, die deutlich macht, wie sehr Marcellus II., als er noch Kardinal war, Ignatius schätzte. Eines Tages sprach er mit P. Martín de Olabe und erläuterte ihm, weshalb nach seiner Meinung der neue Orden kirchliche Würden nicht zurückweisen dürfe. Alle Entgegnungen des gelehrten Theologen genügten ihm nicht. Schließlich brachte Olabe als letztes Argument, daß der Gesellschaft die Autorität des Ignatius genüge. »Jetzt gebe ich mich geschlagen«, antwortete der Kardinal, »denn wenngleich mir scheint, daß die Vernunftgründe auf meiner Seite liegen, so fällt doch die Autorität des Ignatius schwerer ins Gewicht.«

Als wenige Tage nach seiner Wahl Marcellus schwer erkrankte, schickte Ignatius mehrere Jesuiten zur Wallfahrt nach Loreto, um die Heilung des Papstes zu erbitten, von dem man so viel für die Reform der Kirche und zum Besten der Gesellschaft Jesu erwartete.

Die Beziehungen zwischen Papst Paul IV.[32] und Ignatius

waren immer schwierig. Sie waren Männer, die nicht dazu geboren waren, sich zu verstehen; sie waren in Charakter und Auffassung einander entgegengesetzt. Insbesondere gingen ihre Vorstellungen vom Ordensleben auseinander, was sich schon 1536 in Venedig gezeigt hatte.

Um die Schwierigkeiten zu vergrößern, kam noch die antispanische Tendenz des neapolitanischen Papstes hinzu, die sich nach dem Tode des Ignatius noch verstärkte und zu dem unglücklichen Krieg Carafas gegen Spanien führte. Bereits bei der Wahl des Nachfolgers von Julius III. fürchtete Ignatius, sie könne auf den Kardinal Carafa fallen. P. Câmara notiert in seinem Memoriale am 6. April 1555: »1. Von der Liebe des Vaters zur Musik; und wie er den Theatiner (gemeint ist Carafa) fürchtet wegen des Gesanges. 2. Was der Vater heute sagte: Wir sollen beten, damit, wenn nur Gott in gleicher Weise gedient sei, nicht derjenige Papst würde, der den Brauch der Gesellschaft ändern wolle; denn es gebe einige Kandidaten für die Papstwahl, von denen eine solche Änderung zu befürchten sei.«

Daraus erklärt sich die erste Reaktion des Ignatius, als er am 23. Mai 1555, dem Himmelfahrtstag, erfuhr, ausgerechnet Kardinal Carafa sei zum Papst gewählt worden. P. Câmara erzählt, daß er sich gerade bei Ignatius im Zimmer aufgehalten habe, als man die Glocken hörte, die die Wahl des neuen Papstes ankündigten; nach wenigen Minuten kam die Nachricht an, daß der Theatiner-Kardinal der Gewählte sei. »Als er diese Nachricht erhielt, sah der Vater ganz verändert und erregt aus; und wie ich nachher erfuhr (ich weiß nicht mehr, ob von ihm selbst oder von den Patres, denen er es erzählte), zitterten ihm alle Knochen im Leibe.« Dann verhielt er sich wie sonst bei wichtigen Ereignissen: »Er erhob sich, ohne ein Wort zu sagen, und ging in die Kapelle, um zu beten. Nach kurzer Zeit kam er so fröhlich und zufrieden wieder, als sei die Wahl ganz nach seinem Wunsch ausgefallen.«

Vor seiner Wahl zum Papst hatte Giampietro Carafa den Wunsch geäußert, der Theatinerorden und die Gesellschaft Jesu sollten sich zu einem einzigen Institut vereinigen. Ignatius widersetzte sich hartnäckig. Wie schon angedeutet, war es seine große Angst, der neue Papst würde die Regeln der Gesellschaft in wesentlichen Punkten abändern. Diese Angst begleitete ihn bis zu seinem Tode. Zum Glück geschah nichts dergleichen, solange Ignatius lebte. Nachdem der Ordensgründer gestorben war, ordnete Paul IV. allerdings zwei wichtige Änderungen an. Er forderte die Einführung des Chorgebets und begrenzte die Amtszeit des Generals auf nur drei Jahre. Aber diese Anordnung, die nur mündlich und ohne gleichzeitige Aufhebung der durch die vorangehenden Päpste gewährten Vorrechte ausgesprochen wurde, galt nur zu Lebzeiten des Papstes, der sie aufgestellt hatte.

Aber es gab unter dem Pontifikat Pauls IV. nicht nur Ungünstiges für den Orden. Abgesehen von den Sympathiebeweisen gegenüber einigen Patres, besonders Bobadilla und Laínez – letzteren wollte er zum Kardinal erheben –, ist erwähnenswert, daß der Papst am 17. Januar 1556 dem Collegium Romanum, der späteren Gregorianischen Universität, gestattete, die akademischen Grade in Philosophie und Theologie auch den Studenten zu verleihen, die nicht der Gesellschaft Jesu angehörten.

Am Vorabend seines Todes vergaß Ignatius nicht, den Segen des Papstes zu erbitten. Beim Morgengrauen des 31. Juli 1556 begab sich Polanco deswegen eilends zum Vatikan; aber als er nach Sta. Maria della Strada zurückkam, war Ignatius schon tot. Den Segen erhielt er nicht mehr rechtzeitig, aber diese beiden Männer waren einander doch noch einmal, wenn auch nur auf Abstand, begegnet, die trotz ihrer gegensätzlichen Auffassungen ein gleiches Ziel verfolgten, nämlich den Dienst an der Kirche.

Der Gesundheitszustand

Seit seiner Verletzung bei Pamplona war die Gesundheit für Ignatius zum Problem geworden. Sein rechtes Bein verursachte ihm, außer einem leichten Hinken, ständig etwas Schmerzen. P. Laínez sagt, daß er seit Manresa, »obwohl er anfangs kräftig und von guter Konstitution gewesen war, in eine ganz entgegengesetzte körperliche Verfassung geriet«. P. Ribadeneira schreibt dazu ausführlicher, daß »er anfangs große Kraft und völlige Gesundheit besaß, aber sich durch Fasten und übertriebene Bußübungen verausgabte und von da an viele Krankheiten und heftige Magenschmerzen zu erleiden hatte, die durch sein strenges Fasten in der Anfangszeit verursacht waren«.

Der Beginn seiner Krankheiten ist also mit den Entbehrungen, denen er sich seit Manresa ausgesetzt hatte, in Zusammenhang zu sehen. Schon in der Stadt am Cardoner war er mehr als einmal schwer krank. Seit damals wechselte sein Gesundheitszustand ständig. In Barcelona ging es ihm ziemlich gut, am Ende seines Aufenthalts in Paris aber fanden die Ärzte keine bessere Lösung als die Zuflucht zur Heimatluft. Ignatius verbrachte drei Monate in Azpeitia, aber auch dort wurde er krank. Als er in Bologna ankam, um seine Studien fortzusetzen, sah er sich genötigt, Klima und Umgebung zu wechseln; deshalb begab er sich nach Venedig, wo er bis zum Jahre 1536 blieb.

In Rom wechselte sein Gesundheitszustand ständig. 1550 erkrankte er schwer; das war einer der Gründe, weshalb er seine Gefährten bat, ihn vom Amt des Generals zu entbinden. Dagegen ging es ihm 1552 ziemlich gut. Von da an wechselten die Krankheitsperioden mit denen einer relativen Besserung, bis er im Juli 1556 starb.

Es interessiert uns vor allem, an welcher Krankheit er eigentlich litt. Er sprach immer von einem Magenleiden; worum es sich aber wirklich handelte, stellte sich erst nach seinem Tode heraus. Noch am Tage seines Hinscheidens nahm Realdo Colombo, der berühmte Chirurg aus Cremona, die Autopsie vor. Dieser berühmte Arzt war Andreas Vesalius, dem Arzt Karls V. und Philipps II., auf den Lehrstuhl für Anatomie in Padua gefolgt. Er lebte jedoch in Rom im Dienst der päpstlichen Kurie. Das Ergebnis der Autopsie beschrieb er in seinem Traktat »De re anatomica«, der 1559 in Venedig herauskam: »Mit diesen meinen Händen habe ich unzählige verschieden gefärbte Steine herausgenommen, die ich in Nieren, Lunge, Leber und Pfortadern fand, wie du, Giacomo Boni, es beim ehrwürdigen Egnacio, dem Gründer der Kongregation Jesu, sehen konntest.« Mit diesem Zeugnis stimmt das eines Augenzeugen überein, des belgischen Studenten Dirk Geeraerts, der angab, der Chirurg habe bei Ignatius drei Steine in der Leber gefunden. Auf diese Daten gestützt, schrieb der römische Spezialist Alessandro Canezza 1922: »Nach diesen Angaben ist es leicht, die Krankheit von Ignatius zu diagnostizieren. Es war ein Gallensteinleiden mit besonderen Symptomen, die sich auf den Magen auswirkten. Die Schmerzanfälle hatten die Besonderheit, daß sie auf den Magen ausstrahlten, was eine Krankheit des Magens vortäuschte. Das kommt bei dieser Form von Gallenkollik vor, die wegen solcher Symptome als gastralgisch bezeichnet wird.« Er fährt fort, die Angaben der Autopsie bewiesen, daß der Heilige schlimme Schmerzen gehabt haben müsse, die er mit Gelassenheit und Stärke ertrug. Colombo fand die Steine in der Pfortader, wohin sie von der Gallenblase gekommen waren; dies löst immer heftige Schmerzen aus, die von schweren Funktionsstörungen begleitet sind. Angesichts dieser Tatsachen erscheint die Geduld von Ignatius bewundernswert; über lange Jahre mußte er also erhebliche körperliche Beschwerden charakterstark ertragen, ohne deswegen seine tägliche Arbeit zu unterbrechen.

Die Kleidung

In dieser kurzen Darstellung des täglichen Lebens von Ignatius seien noch zwei mehr äußere Punkte erwähnt: seine Art, sich zu kleiden und seine Diät.

Ignatius kleidete sich wie die Priester seiner Zeit. Er wollte nicht, daß die Mitglieder der Gesellschaft einen eigenen Habit annähmen. Nach einem Satz P. Araoz' wünschte er, daß nicht der Habit die Mitglieder der Gesellschaft heilige, sondern sie den Habit. Die Kleidung bestand in einer schwarzen Soutane aus römischem Tuch, an den Hüften mit einem Gürtel gerafft. Der Kragen der Soutane war hoch, mit einem Häkchen zusammengehalten, der des Hemdes trat nicht aus der Soutane hervor. Ein mehrfach gefaltetes Tuch schützte den Magen des Ignatius. Winters benützte er im Haus einen Mantel. Daheim trug er Hausschuhe zum Schutz seiner empfindlichen Füße. Ging er aus, zog er Schuhe an und hüllte sich in einen mantelähnlichen Umhang. Sein Hut hatte eine breite Krempe und war am Hals mit einem Band befestigt, damit ihn der Wind nicht fortblasen konnte. Statt eines Stocks benützte er ein Rohr.

Diese Einzelheiten hat P. Nikolaus Lancicius bewahrt. Er fügt noch hinzu, daß Ignatius eine große Bescheidenheit wahrte, wenn er durch die Straßen ging; er blickte weder nach der einen noch nach der anderen Seite. Dies hat er auch in den Regeln von der Bescheidenheit empfohlen. Der Heilige benützte einen Rosenkranz, aus einer Reihe von Kernen gebildet, die auf einer unverknoteten Kordel gefaßt waren. Er hatte keine Medaille. Diesen Rosenkranz trug er nicht am Gürtel, sondern er hatte ihn in seinem Zimmer und ging damit auch zu Bett. Es ist anzunehmen, daß der Heilige diesen Rosenkranz zum Beten der Ave-Maria gebrauchte, mit denen er die Lesung des Göttlichen Offiziums ersetzte, seit ihn Paul III. 1539 wegen seiner schlechten Gesundheit davon dispensiert hatte.

Ignatius speiste in einem an sein Schlafzimmer angrenzenden Raum. Er lud die Patres zu sich zu Tisch, mit denen er irgendeine Sache zu besprechen hatte, oder diejenigen, die eben in Rom angekommen waren oder von dort an verschiedene Bestimmungsorte abreisen mußten. Hin und wieder lud er Personen ein, die nicht zur Gesellschaft gehörten. Er gebrauchte dabei eine Redewendung, die auch bei Cervantes zu lesen ist: »Bleiben Euer Gnaden, wenn Sie Buße tun wollen.« In diesem Falle können wir annehmen, daß es sich nicht um eine Floskel gehandelt hat. Von den ärztlichen Diätvorschriften für Ignatius sind uns zwei Rezepte überliefert worden. Sie gehören zwei verschiedenen Lebensepochen an. Das zweite wurde 1554 aufgestellt. Es ist eine »Diätvorschrift für unseren Pater Magister Ignatius«, und darin ist verordnet: »Speisen, deren sich Eure Paternität bedienen darf, sind solche, die von magerem Gehalt sind: Hähnchen, Hühnchen, Huhn, Rebhuhn, Turteltaube, Jungtauben, Kalbfleisch im Sommer, Ochsenfleisch im Winter, gebratenes Böckchen. Für die Abstinenztage ist es gesund, frische Eier zu geben, das obere Eiweiß abgeschüttet; Gerstengrieß mit Mandelmilch. Von den Gemüsen sind zu jeder Zeit sicher Boretsch (zuerst aufkochen lassen und das Wasser abschütten, dann in Mandelmilch kochen oder in Fleischbrühe), einmal aufgekochter Salat; gekochter Fenchel. Geeignete Früchte sind stets: getrocknete Feigen, Rosinen, Mandeln; andere reicht man oder reicht man nicht, je nach dem Befinden der Person, Bratäpfel sind gut, Nougat, besonders der aus Mandeln oder kleinen Haselnüssen.«

»Der Heilige ist gestorben«

Als in den frühen Morgenstunden des 31. Juli 1556 in Rom die Nachricht vom Tode des Ignatius aufkam, sagten die Leute: »Der Heilige ist gestorben.« Das Volk pflegt sich in seinem Urteil selten zu täuschen.

Aus voller Kenntnis dachte P. Laínez ähnlich; er lag selber schwerkrank in seinem Zimmer. Als einige Patres kamen, ihn zu besuchen, wollten sie ihm die Nachricht vorenthalten, um ihn nicht zu betrüben. Doch er erriet es und fragte sie: »Ist der Heilige tot, ist er tot?« Als sie endlich sagten, es sei so, hob er die Hände und Augen zum Himmel und flehte zu Gott, er möge ihn seinen Vater begleiten lassen, damit er sich mit ihm in der ewigen Seligkeit erfreuen könne. Es kam nicht so, sondern bald danach erholte er sich und wurde zum Generalvikar der Gesellschaft gewählt.

Ignatius hatte den Tod nicht gefürchtet, er hatte ihn vielmehr herbeigesehnt, »um in der himmlischen Heimat seinen Schöpfer und Herrn zu schauen und zu preisen«, wie Polanco es ausdrückte. Schon 1550 hatte er eine sehr schwere gesundheitliche Krise durchgemacht, die nach seinem eigenen und dem Urteil vieler anderer seine letzte hätte sein können. In diesem Zustand, »empfand er, als er an den Tod dachte«, wie er es selbst in seiner Autobiographie sagte, »beim Gedanken, sterben zu müssen, eine so große Freude und so viel geistlichen Trost, daß er ganz in Tränen zerfloß. Dieser Zustand wurde schließlich so andauernd, daß er oft seine Gedanken vom Tode einfach ablenkte, nur um nicht zu viel dieses Trostes zu haben.«

Damals gesundete er, aber in den ersten Monaten des Jahres 1556 ging es ihm erneut sehr schlecht. Am 8. Februar notierte er, daß er seit einem Monat keine Messe mehr gefeiert habe und er sich damit zufriedengeben müsse, nur noch alle acht Tage zu kommunizieren. Anfang Juni schien er sich zu erholen, aber am 11. Juni kam wieder ein Rückfall. Die Gefährlichkeit dieses ständigen Auf und Ab kennzeichnete P. Diego de Eguía mit den Worten, »er lebe seit langer Zeit nur noch durch ein Wunder«, denn »mit einer solchen Leber könne man natürlicherweise nicht existieren, sondern Gott, unser Herr, ersetzte den Ausfall der körperlichen Funktionen und erhielt ihn am Leben, weil er damals für die Gesellschaft noch unentbehrlich war«.

Diese Situation konnte nicht mehr lange so bleiben. Ende Juni war Ignatius so krank, daß man hoffte, ein Luftwechsel und ruhige Umgebung würden ihm aufhelfen. Nachdem der Arzt zu Rate gezogen worden war, brachte man den Kranken am 2. Juli zum Weinberg des Collegium Romanum. Ignatius übertrug die Leitung der Gesellschaft den Patres Madrid und Polanco. Anfangs schien ihm der Luftwechsel gut zu tun, aber bald verschwanden die Hoffnungen. Darum wurde er am 27. wieder in das Haus nach Rom gebracht. Ein Zeuge der Ereignisse berichtet, daß »seine Krankheit vier Tage dauerte und nicht gefährlich schien«.

Diese Aussage erklärt das Verhalten derjenigen, die Ignatius in seinen letzten Tagen umgaben. Seine Anfälle waren so häufig, daß man dem, der schließlich zum Tode führte, nicht mehr Bedeutung beimaß als allen anderen. Niemand, nicht einmal die Ärzte erkannten, wie es wirklich um ihn stand. Dazu kam, daß es im Hause noch andere Schwerkranke gab, unter ihnen, wie schon gesagt, P. Laínez.

Zunächst besuchten ihn die Ärzte nicht einmal. Er selbst war wohl der einzige, der das nahe Ende spürte. Am 29. Juli rief er P. Polanco und bat ihn, er solle dem Arzt, P. Baltasar Torres, auftragen, wie die anderen Kranken auch ihn zu besuchen. Von da an kamen die Ärzte täglich, sowohl P. Torres als auch Dr. Alessandro Petroni.

Am Donnerstag, dem 30., ließ Ignatius nach vier Uhr nachmittags P. Polanco rufen. Er hieß den Krankenpfleger hinausgehen und bat dann Polanco, er solle in den Vatikan gehen, um den Papst zu benachrichtigen, daß er »sehr am Ende sei und fast ohne Hoffnung für das zeitliche Leben und daß er Seine Heiligkeit demütig bitte, ihm Ihren Segen zu geben, ihm und Magister Laínez, der auch in Gefahr sei«. Polanco antwortete, die Ärzte sähen keine Gefahr, und er selbst hoffe, der Herr werde ihn noch einige Jahre erhalten. Schließlich fragte er: »Fühlen Sie sich wirklich so schlecht?« Darauf antwortete Ignatius: »Ich brauche nur noch zu sterben.« Polanco versprach dem Vater, seinen Wunsch zu erfüllen, fragte aber, ob es genüge, wenn er es am folgenden Tag ausrichte; denn donnerstags ging die Post nach Spanien ab, und er hatte noch einige Briefe zu schreiben. Ignatius antwortete ihm: »Mir wäre es heute lieber als morgen oder je schneller, desto besser; aber tut, wie Ihr es für gut haltet; ich überlasse mich ganz Euch.«

Um beruhigter sein zu können, beriet sich Polanco mit Dr. Petroni. Er fragte ihn, ob er an eine akute Gefahr für den Vater glaube. Petroni antwortete: »Heute kann ich die Gefahr nicht beurteilen, morgen werde ich es Euch sagen.« Auf diese Antwort hin glaubte Polanco, er könne bis zum nächsten Tag warten, und erledigte seine Korrespondenz.

Gegen neun Uhr abends aß Ignatius mit etwas besserem Appetit als die Tage zuvor. Die Patres Polanco und Madrid waren bei ihm. Sie verblieben noch ein wenig im Gespräch, und wir wissen auch, womit sich Ignatius am letzten Abend seines Lebens befaßte: Es ging um den Ankauf eines Hauses von Julia Colonna für das Collegium Romanum. Ohne besondere Besorgnis zogen sich Polanco und Madrid zur Ruhe zurück.

Der Krankenpfleger, Bruder Tomaso Cannizzaro, blieb als Nachtwache bei dem Kranken. Er berichtete später, was er während jener Nacht beobachtet hatte. Ignatius bewegte sich unruhig, hin und wieder sprach er einige Worte. Gegen Mitternacht wurde er ruhiger und wiederholte nur immer wieder »Ay, Dios!« (Ach, Gott!). Der Name Gottes war das letzte Wort, das er aussprach, jenes Wort, das er seinem Herzen so tief eingeprägt hatte.

Am frühen Morgen fanden die Patres Ignatius in den letzten Zügen. Sofort beauftragten sie Bruder Cannizzaro, er solle P. Pedro Riera holen, bei dem Ignatius in der letzten Zeit gebeichtet hatte. Aber er fand ihn nicht. P. Riera, der nicht nur der Beichtvater des Ignatius, sondern auch der Rektor der Kirche war, sollte ihm die heilige Ölung spenden. Polanco begab sich in höchster Eile zum Vatikan, und trotz der frühen Stunde wurde er vom Papst empfangen. Paul IV. »zeigte sich sehr schmerzlich berührt und gab mit viel Liebe seinen Segen und alles, was er geben konnte«. Aber als Polanco nach Hause zurücckehrte, war Ignatius bereits ruhig und »ganz leicht« gestorben. Bei seinem Heimgang waren nur die Patres Madrid und Frusio, der Rektor des Collegium Romanum, zugegen. Nach dem Bericht von Polanco waren es »noch keine zwei Sonnenstunden«. Da die Sonne in Rom am 31. Juli um 5.03 Uhr aufgeht, ergibt sich, daß Ignatius etwas vor sieben Uhr morgens verschieden ist. Dieser 31. Juli 1556 war ein Freitag.

Dem äußeren Schein nach war dieser Tod ein gewöhnlicher Tod. Polanco selbst schreibt: »Er ging von dieser Welt in ganz gewöhnlicher Weise.« Niemand hatte beachtet, wie ernst sein Zustand war. Die Ärzte betreuten andere Kranke mehr als ihn. Er starb, ohne die Sterbesakramente empfangen zu haben, doch hatte er zwei Tage zuvor kommuniziert. Der ersehnte Segen des Papstes kam zu spät. Aber diese äußeren Umstände, die – menschlich gesprochen – so bedauerlich scheinen, nehmen der Größe jenes letzten Aktes im Leben des Heiligen nichts. Wenn der Wert eines Menschen an seinem Tod zu messen ist und wenn man die Tugenden eines Menschen erst angesichts seines Todes ganz erkennt, dann können wir nicht umhin, die Erhabenheit eines solchen Todes gerade in seiner Alltäglichkeit zu bewundern.

P. Polanco sah alles unter dem Gesichtspunkt der Demut des Heiligen, »der, obwohl er genau wußte, daß er bald sterben würde, uns nicht rufen wollte, um uns seinen Segen zu geben, noch einen Nachfolger, ja nicht einmal einen Stellvertreter bis zur Abhaltung einer Wahl ernannte, die Satzungen nicht abschloß, noch in irgendeiner Weise etwas Besonderes tun wollte, wie es manche Diener Gottes in dieser Situation zu tun pflegen. Weil er sich so gering einschätzte und nicht wollte, daß die Gesellschaft ihr Vertrauen auf einen anderen als Gott unseren Herrn setze, ging er in so alltäglicher Weise aus dieser Welt. Und wahrscheinlich hat er als Gnade von Gott unserm Herrn erhalten, dessen alleinige Ehre er suchte, daß es kein anderes Zeichen bei seinem Tod gab.«

Ein Tod, den so deutliche Beweise wahrer Demut begleiten, trägt offensichtlich die Zeichen des Geistes. Frucht des Geistes waren auch die Ruhe und Gelassenheit, die sich auf alle seine Söhne ausbreiteten. Es läßt sich dies wohl mit den Empfindungen der Apostel nach der Himmelfahrt des Herrn vergleichen. »In diesem Haus und in den Kollegien«, schreibt Polanco, »vermissen wir gewiß die liebevolle Gegenwart eines solchen Vaters, dessen wir uns beraubt sehen; aber die Trauer ist ohne Schmerz, die Tränen sind voll Andacht, und in unserem Verlust erfahren wir eine Vermehrung der Gnade und der geistlichen Freude. Es scheint uns, daß es für ihn Zeit war, daß seine ständigen Mühen zur wahren Ruhe gelangten, seine Krankheiten zu wahrer Gesundung, seine Tränen und ständigen Leiden zur Seligkeit und ewigen Freude.«

Nach den ersten schmerzlichen Augenblicken und nachdem sie seine Seele Gott empfohlen hatten, versuchten die Söhne des Ignatius mit allen Mitteln, nach Möglichkeit das Bild des Vaters zu erhalten. Gegen zwei Uhr nachmittags nahm der berühmte Chirurg Realdo Colombo die Autopsie vor, deren Ergebnis schon im Abschnitt über die Gesundheit des Ignatius mitgeteilt worden ist. Nach der Autopsie wurde er einbalsamiert. Am gleichen Tag wollte man ein Porträt von ihm malen lassen; denn alle Versuche, ihn zu Lebzeiten dafür zu gewinnen, sich porträtieren zu lassen, waren vergebens gewesen. Der Florentiner Maler Jacopino del Conte, ein Schüler von Andrea del Sarto und ein Beichtkind von Ignatius, bekam den Auftrag. Das Porträt, das so unmittelbar nach dem Tode entstand, hängt heute im Arbeitszimmer des Generals der Gesellschaft. Es ist oft kopiert worden. Die charakteristischen Züge werden darauf gut wiedergegeben. Der Geschichtsschreiber Daniello Bartoli sagt, es sei zwar nach dem Antlitz eines Toten entstanden, aber der Maler habe es nach dem Bild verbessert, das er in seinem Gedächtnis bewahrte, da er Ignatius oft gesehen habe. Er fügt noch hinzu, daß es für das beste Porträt von Ignatius gehalten werde. Diese Meinung teilen freilich nicht alle; einige ziehen das in Madrid von Alonso Sánchez Coello gemalte oder das in der flämischen Ordensprovinz aufbewahrte Gemälde vor.

Noch am Sterbetag wurde eine Maske in Stuckgips abgenommen, von der dann andere Abzüge aus Wachs oder Gips hergestellt wurden. Einen Abzug hatte P. Ribadeneira in Madrid; er diente Alonso Sánchez Coello als Modell für das Porträt, dem außerdem noch die mündlichen Hinweise Ribadeneiras zugute kamen, mit denen er die Arbeit begleitete.

Der Leichnam wurde bis zum nächsten Tag, Samstag, den 1. August, aufgebahrt. Nach der Vesper, gegen fünf Uhr nachmittags, wurde der Totengottesdienst unter großer Anteilnahme der Gläubigen gehalten. Einige küßten seine Hände, andere seine Füße oder hielten Rosenkränze an seinen Körper. Es war schwer, diejenigen fernzuhalten, die gerne eine Reliquie mitgenommen hätten. P. Benito Palmio hielt die Predigt mit »einfachen und frommen« Worten des Gedenkens. Der mit priesterlichen Gewändern bekleidete Tote wurde in einen Holzschrein eingeschlossen und zu Füßen des Hochaltars der Kirche Sta. Maria della Strada auf der Evangelienseite beigesetzt. Es sollte eine vorläufige Begräbnisstätte sein, »bis eine angemessenere gefunden würde«. In der Tat wurde das Grab mehrmals verlegt, als die heutige Kirche Il Gesù erbaut wurde, in der das Grab nunmehr in einem dem Heiligen geweihten Prachtaltar verehrt wird.

Auf das Grab wurde ein Stein mit einer lateinischen Inschrift gesetzt. Sie ist es wert, beachtet zu werden; sie besagt, daß Ignatius im Alter von 65 Jahren gestorben ist, was bedeutet, daß er im Jahre 1491 geboren wurde. Dieses Datum wurde nach ausführlicher Beratung der Patres eingesetzt. Über das Geburtsjahr von Ignatius gab es, wie bekannt, von Anfang an unterschiedliche Meinungen. Selbst Geschichtsschreiber wie Polanco und Ribadeneira, die Ignatius so gut kannten, wechselten mehr als einmal ihre Ansicht. Heute hält die Wissenschaft das Jahr für das wahrscheinlichste, das von den Patres damals für die Grabinschrift angegeben wurde.

»Er starb, als er seine Sendung vollendet hatte.« Dies schrieb P. Nadal, und die Tatsachen bestätigen es. Ignatius pflegte zu sagen, daß er drei Dinge vor seinem Tod zu sehen hoffte: erstens die Genehmigung und Bestätigung der Gesellschaft durch den Heiligen Stuhl; zweitens die Approbation der Exerzitien und drittens den Abschluß der Satzungen. Als die Patres in seiner Umgebung diese Wünsche erfüllt sahen, begannen sie zu fürchten, sein Ende sei nahe herbeigekommen.

In seiner Chronik nennt P. Nadal sieben Gnaden, die Ignatius vor seinem Tod gewährt wurden.

Erstens: Die Gesellschaft war nicht nur anerkannt, sondern von mehreren Päpsten bestätigt.

Zweitens: Dieselben Päpste hatten die weitreichenden Privilegien, Gnaden und Befugnisse gewährt.

Drittens: Die Satzungen und Regeln der Gesellschaft waren geschrieben, wurden verbreitet und befolgt, obwohl der Generalkongregation die Autorität überlassen bleiben sollte, sie endgültig anzuerkennen.

Viertens: Ignatius hinterließ viele, die ihm in der Berufung und im Institut nachfolgten. Man hat ausgerechnet, daß die Zahl der Jesuiten, als Ignatius starb, um die tausend betrug. Die Spanier, einschließlich der außerhalb Spaniens lebenden, waren kaum unter 300. Es geht zwar nicht darum, ob es viele oder wenige waren; gewiß kümmerte sich Ignatius nicht so sehr um die Zahl als um die Eigenschaften seiner Söhne. Es sei nur an sein Wort erinnert, wenn es etwas gebe, wofür er länger zu leben wünsche, sei es, um bei der Aufnahme in die Gesellschaft streng sein zu können.

Fünftens: der Erfolg, den die Gesellschaft Jesu in ihrer apostolischen Arbeit erzielte, nicht allein unter Katholiken, sondern auch unter den getrennten Christen.

Sechstens: die Autorität, die der neue Orden nicht nur bei den Päpsten und hohen geistlichen Würdenträgern, sondern auch unter weltlichen Fürsten, Völkern und Nationen besaß, nachdem er nicht wenige Verfolgungen und Anfeindungen überwunden hatte.

Siebtens: Die Gesellschaft war in verschiedenen Ländern verankert; sie zählte über hundert Häuser und Kollegien, die sich auf elf Provinzen verteilten.

Der Stand der Gesellschaft Jesu beim Tode des hl. Ignatius

Hier die Liste der Häuser und Kollegien, die bis 1556 gegründet waren. Wo nichts anderes angegeben wird, handelt es sich um Kollegien; in Klammern steht das Gründungsjahr. Es versteht sich, daß viele dieser Kollegien bescheiden waren, einige auch nur von kurzem Bestand.

Spanien: Valencia (1544); Gandía (1545; zur Universität erhoben 1547); Barcelona (1545); Valladolid (1545); Alcalá de Henares (1546); Salamanca (1548); Burgos (1550); Medina del Campo (1551); Oñate (1551); Córdoba (1553), Noviziat (1555, nach Granada verlegt 1556); Avila (1554); Cuenca (1554); Plasencia (1554); Granada (1554); Sevilla (1554); Simanca – Noviziat (1554); Murcia (1555); Zaragoza (1555); Monterrey (1556).

Portugal: Lissabon – Profeßhaus (1542), Kolleg (1553); Coimbra (1542) mit Noviziat (1553); Colégio das Artes (1555); Evora (1551).

Italien: Rom – Profeßhaus (1540); Padua (1542); Bologna (1546); Messina (1548), Noviziat (1550); Palermo (1549), Noviziat (1551); Tivoli (1550); Venedig (1551); Collegium Romanum (1551); Ferrara (1551); Florenz (1552); Collegium Germanicum in Rom (1552); Neapel (1552); Perugia (1552); Modena (1552); Monreale (1553); Argenta (1554); Genua (1554); Loreto (1555); Syrakus (1555); Bivona (1556); Catania (1556); Siena (1556).

Frankreich: Paris (1540); Billom (1556).

Germania inferior: Löwen (1542); Köln (1544); Tournai – Haus (1554).

Germania superior: Wien (1551, mit Noviziat 1554, später vom Kolleg getrennt); Prag (1556); Ingolstadt (1556).

Indien: Goa – zwei Kollegien, eines für Jesuiten, das andere für einheimische Kinder (1543), Noviziat (1552); Bassein (1548); Cochin (1549); Quilon (1549).

Brasilien: São Vicente (1553); Piratininga, heute São Paulo (1554); Salvador de Bahía (1555).

Japan: Bungo (Oita) – Haus; Yamaguchi – Haus, bis Mai 1556. In anderen Orten des Ostens arbeiteten Jesuiten ohne festen Wohnsitz: Malakka, Ormuz, Molukkische Inseln (Ternate, Amboino, Insel Moro).

Diese Häuser und Kollegien waren auf 11 Ordensprovinzen verteilt, wenn man Äthiopien mitrechnete, wo sich die Gesellchaft jedoch zu Lebzeiten des hl. Ignatius noch nicht festsetzen konnte, wären es zwölf.

Die Ordnung der Provinzen nach Gründungsjahr mit dem Namen des ersten Provinzials:
1. Portugal: 26. Oktober 1546. Simon Rodrigues.
2. Spanien: 1. September 1547. Antonio de Araoz.
3. Indien: 10. Oktober 1549. Franz Xaver.
4. Italien (ohne Rom): 5. Dezember 1551. Paschase Broët.
5. Sizilien: März 1553. Jerónimo Doménech.
6. Brasilien: 9. Juli 1553. Manuel de Nóbrega.

Am 7. Januar 1554 wurde die spanische Provinz in drei Provinzen aufgeteilt:
7. Aragón: Francisco Estrada.
8. Bética: Miguel de Torres.
9. Castilla: Antonio de Araoz.
10. Frankreich: 1555. Paschase Broët.
11. Germania inferior: 1556. Bernard Olivier.
12. Germania superior: 7. Juni 1556. Petrus Canisius.

Wir können annehmen, daß Ignatius in der Nacht vor seinem Tod einen Blick auf die Vergangenheit und die Gegenwart der Gesellschaft und auch auf die Pläne für ihre Zukunft geworfen hat. Das Versprechen, das ihm Jesus in der Vision von La Storta gegeben hatte, »Ich werde euch geneigt sein«, oder »Ich werde mit euch sein«, hatte sich erfüllt, oft auch gegen große Schwierigkeiten. Im Blick auf die Zukunft der Gesellschaft hatte Ignatius gelegentlich gesagt, daß die künftigen Jesuiten besser sein würden und Größeres leisten werden. Wir können glauben, daß diese seine Voraussage mehr als auf menschlicher Überlegung auf seinem Glauben an die Vorsehung Gottes beruhte. Einmal schrieb er an Francisco de Borja über eines der schwierigsten Probleme, das er zu behandeln hatte, die Finanzierung des Collegium Romanum: »Für den Hoffnungsschatz, den wir haben, ist alles gering. Gott, der diese Hoffnung gegeben hat, wird sie nicht beschämen.«

Anmerkungen

1 Iñigos Namenspatron wurde damit der 1068 gestorbene hl. Abt des Benediktinerklosters von Oña in der Provinz Burgos. Der Name Iñigo ist vorromanisch, im Lateinischen heißt er Enneco, und im modernen Baskisch hieße er Eneko. Zu dem Namen Ignatius besteht keine Beziehung. Der vollständige Name des Heiligen lautete Iñigo López de Loyola. López war ein im Baskenland häufiger, ursprünglich auf den Vater hinweisender Name, etwa den Vaternamen mancher Sprachen vergleichbar. Im Laufe der Zeit jedoch ging diese Bedeutung verloren, und in der Familie Loyola gab es viele Pérez, López und Ibáñez, ohne daß sie immer Söhne eines Pedro, Lope oder Juan gewesen wären.

Loyola war der Name des Stammsitzes. Unter den Vorfahren des hl. Ignatius tauchen immer wieder zwei Namen auf, de Oñaz und de Loyola: 1261 vermählte sich ein Lope García de Oñaz mit Inés de Loyola. Oñaz war das ältere Geschlecht, und seine Burg wurde deshalb als der Stammsitz der neuen Familie angesehen. Sie erhob sich auf einem Hügel nahe der Stadt Azpeitia. Sie selbst steht nicht mehr, doch eine Einsiedelei zum hl. Johannes dem Täufer hat sich bis zum heutigen Tage erhalten. 1536 führte Martín García de Oñaz, der ältere Bruder des hl. Ignatius, das »Majorat« ein, d. h. das Gesamterbrecht des Ältesten, und verfügte, daß jeder Erbe dieses Majorats gehalten sei, »sich gemäß meinem Namen und meiner Abstammung de Oñaz zu nennen«. Dem entsprechend nannte sich sein Erstgeborener und Nachfolger Beltrán »de Oñaz«, dem er für gewöhnlich noch den Namen »de Loyola« hinzufügte.

2 Der kastilische Jesuitenpater Antonio Arana beginnt um die Mitte des 17. Jahrhunderts seinen »Bericht über die Ahnen und Abkömmlinge des Hauses Loyola« mit dem Satz: »Im Jahre 1218 der spanischen Zeitrechnung, d. h. im Jahre 1180 nach Christus, wird ein Lope de Oñaz, Herr derer von Oñaz, urkundlich erwähnt« (die »spanische Zeitrechnung« begann 38 Jahre vor der christlichen). Obwohl er seine Quellen nicht angibt, darf er als glaubwürdig gelten, da er im Familienarchiv noch Dokumente einsehen konnte, die inzwischen verlorengegangen sind. So stützen sich die Wissenschaftler bei ihren Untersuchungen über das Haus Loyola auf ihn und beginnen mit dem Namen

Lope de Oñaz aus dem 12. Jahrhundert. Auf Lope folgte García López de Oñaz, der um 1221 bezeugt ist. Um 1261 heiratete ein Lope García de Oñaz die Herrin von Loyola, Inés de Loyola. Der schon erwähnte Antonio Arana bemerkt dazu: »Durch diese Heirat verband sich das ältere Haus Oñaz mit dem nur wenig jüngeren Hause Loyola, das aber über größere Einkünfte und Besitzungen verfügte.« Aus dieser Ehe stammte Inés de Loyola, die spätere Herrin der Familie. Sie heiratete einen Verwandten namens Juan Pérez; beide lebten bis ca. 1300. Von ihren sieben Söhnen wurde der älteste Juan Pérez de Loyola »jaun« (Herr) des Hauses genannt. Mit seinem Bruder Gil de Oñaz und den anderen fünf namentlich nicht aufgeführten Brüdern nahm er am 19. September 1321 an der Schlacht von Beotíbar teil. Dort schlugen die wenigen Guipúzcoaner die Truppen der Navarreser und Gascogner, deren Anführer der Statthalter von Navarra, Ponce de Morentain, war. König Alfons XI. soll den Brüdern zum Dank die sieben roten Bänder auf goldenem Grund für das Wappen derer von Oñaz verliehen haben. Einer dieser sieben Brüder hat der Überlieferung nach eine Familie Loyola in Placencia begründet.

Bis hierher mögen die Angaben noch legendenhaft anmuten. Belegbare Geschichte der Oñaz-Loyola aber beginnt mit Beltrán Ibáñez de Loyola, dem Sohn des »jaun«, des Herrn, Juan Pérez. Diese Belege finden sich bei dem alten Historiker Lope García de Salazar aus der Bizcaya in seinem Werk »Erfolge und Geschicke«. Dort berichten zwei Schriftstücke aus den Jahren 1377 und 1378 von jenem Herrn Beltrán Ibáñez. Dies sind die ältesten bekannten Dokumente: Am 15. März 1377 gewährte Johann I. von Kastilien dem Herrn Beltrán de Loyola »2000 Maravedís, die im Hafen von Zumaya als Abgaben von den Eisenhütten eingehen«, als Erbrecht. Es handelte sich dabei um die Hütten von Barrenola und Aranaz, die im Gebiet von Azpeitia lagen. In dem Schriftstück von 1378 lädt der Amtmann von Guipúzcoa, Ruy Díaz de Rojas, auf Drängen einiger Ortschaften die »Anführer der Bünde von Gamboa und Oñaz« nach Mondragón ein. Er forderte von ihnen ein Verzeichnis ihrer Söldner, die als »Kriegsleute herumzögen und Übeltaten verübten«. Damit sollte verhindert werden, daß sie den Städten und Dörfern weitere Verluste zufügten. Unter diesen Vorgeladenen befanden sich Beltrán Ibáñez de Loyola, einer der »Kriegsleute des Oñaz-Bundes«, und Juan López de Balda, »Kriegsmann des Gamboa-Bundes«. Die Vorgeladenen versicherten, sie würden gehorchen »gemäß ihrer Dienstpflicht gegenüber besagtem Herrn König und zu Nutz und Frommen für besagtes Land des besagten Herrn Königs«.

Juan Pérez de Loyola, der Erstgeborene des Beltrán Ibáñez starb – nach dem Zeugnis des oben erwähnten Lope García de Salazar – »im Jünglingsalter in Kastilien an den Kräutern, die ihm ein böses Weib im Hause des Diego López de Stúñiga gegeben hatte«. Als Herrin der Familie Loyola folgte ihm die älteste Schwester Sancha Ibáñez. Sie heiratete 1413 Herrn Lope Garcia de Lazcano, einen Nachfahren des Martín López de Murúa. Durch diese Heirat verbanden sich zwei wichtige Familien des Oñaz-Bundes. Lope García de Lazcano wurde Herr von Loyola. Er kaufte 1419 den Brüdern Iñigo und López de Berrasoeta, Nachbarn in Guetaria, alles Land mit den Nuß- und Apfelhainen ab, das ihnen in der Nähe des Loyolaschen Besitzes gehört hatte. Aus dem Testament Lope Garcías von 1441 und dem seiner Gemahlin Sancha Ibáñez von 1464 haben wir genaue Kenntnis der Besitzungen, die das Familienerbe ausmachten. In diesen Testamenten sind auch die Namen der Kinder angegeben: der beiden Söhne, Juan Pérez und Beltrán, und der sechs Töchter, Ochanda, María Beraiza, Inés, Teresa, María López und Marina. Der älteste Sohn und Erbe, Juan Pérez, war der Großvater des hl. Ignatius. Er vermählte sich mit Sancha Pérez de Iraeta. Iraeta war ein »alter und bedeutender Herrensitz« und gehörte zum Gamboa-Bund.

Den Großvater des hl. Ignatius finden wir in die Kämpfe verwickelt, die den Frieden zwischen dem Adel und den einzelnen Ortschaften von Guipúzcoa störten. Berüchtigt wurde ein Fehdebrief, den Juan Pérez und die anderen Anführer seines Bundes am 31. Juli 1456 an den Toren von Azcoitia anschlugen und der sich gegen acht Orte in Guipúzcoa richtete, darunter gegen Azpeitia und Azcoitia. Die Ursachen seien »zahlreich und altbekannt« gewesen, vor allem aber hätten sich die Orte untereinander »verbrüdert und Bündnisse geschlossen«, hätten »Machenschaften gegen sie unternommen«, hätten »die Befestigungsanlagen zerstören lassen und ihre Angehörigen getötet«, hätten »ihr Eigentum gestohlen und sie beim König verklagt«. Die Bruderschaft, gegen die sich der Fehdebrief richtete, war ein Städtebund gegen die Übermacht des herrschenden Adels. Er war zwar unzulänglich organisiert und besaß nur geringe Verteidigungskraft, stand aber unter dem Schutze des Königs.

Die Behauptung, die Bruderschaft habe befestigte Adelssitze schleifen lassen, berechtigt zu der Annahme, daß sie wenigstens für einen Teil der Schäden verantwortlich ist, deren Spuren noch heute am Schloß Loyola sichtbar sind. Der Sitz de Oñaz muß damals heftig in Mitleidenschaft gezogen worden sein. Da er stark befestigt war und in strategisch wichtiger Lage die Täler von Loyola, Landeta und Aratzerreka beherrschte, stellte er für den Städtebund eine große Gefahr dar.

Wir wissen freilich nicht genau, ob diese Zerstörungen ein Werk der

Bruderschaften waren oder auf Veranlassung Heinrichs IV. vorgenommen wurden, der damit Übergriffe der Herren bestrafen wollte. Fest steht, daß der König das Gebiet von Guipúzcoa selbst besucht und am 21. April 1457 ein Urteil gegen die Herausforderer und ihre Verbündeten erlassen hat. Die Strafe lautete auf Verbannung in die Ortschaften Estepona und Jimena in Andalusien, damals Grenzgebiet gegen das noch von den Mauren beherrschte Land. Juan Pérez de Loyola wurde für vier Jahre nach Jimena de la Frontera in der heutigen Provinz Cádiz verbannt. Der König verkürzte jedoch durch eine Amnestie vom 26. Juli 1460 die Verbannungszeit und erlaubte den Adligen zugleich, ihre Wohnsitze wieder auszubauen, doch nicht am gleichen Ort und nur unter der Bedingung, daß sie »niedrig, ohne Türme und ohne jegliche Befestigungen seien«. Was Loyola betrifft, so wurde zum mindesten die zweite Bedingung erfüllt: Der Großvater des hl. Ignatius baute das Schloß so wieder auf, wie es heute noch zu sehen ist, die beiden oberen Stockwerke aus Ziegeln und ohne jegliche Befestigung.

Dem Ehepaar Juan Pérez de Loyola und Sancha Pérez de Iraeta wurden ein Sohn namens Beltrán und zwei Töchter, María López und Catalina, geboren. María López vermählte sich mit Pedro Olózaga, Catalina mit Juan Pérez de Emparan, dem Angehörigen einer bedeutenden Adelsfamilie in Azpeitia. Eine Tochter aus dieser Ehe, Maria López de Emparan, wurde Klausnerin der Einsiedelei San Pedro in Elormendi. Zusammen mit Ana de Uranga, einer anderen jungen Frau aus Azpeitia, nahm sie 1496 die Regeln des 3. Ordens des hl. Franziskus an und legte so den Grundstein für den späteren Konvent der Unbefleckten Empfängnis in Azpeitia, der heute noch besteht. Über den Großvater von Ignatius wissen wir noch, daß er plötzlich und ohne ein Testament hinterlassen zu haben, in Tolosa (Guipúzcoa) gestorben ist. Sein Sterbedatum ist unbekannt. – Während wir über die Vorfahren des Vaters klare und genaue Angaben besitzen, ist über die Familie der Mutter nur wenig bekannt. Der Großvater mütterlicherseits war Martín García de Licona. Er wurde, nach dem Namen einer Ortschaft in der Vizcaya, »der Doktor Ondárroa« genannt. Die Familie war 1414 von ihrem Stammsitz Lequeitio nach Ondárroa gezogen. Dort steht heute noch der Wohnturm derer von Licona.

Martín war der Sohn von Juan García de Licona und der María Yáñez de Azterrica. Er studierte Jura und wurde als Mitglied des »Königlichen Hofrats königlicher Audienzanwalt und Herr von Balda«, so zu lesen im Heiratsvertrag seiner Tochter Marina, der Mutter des Ignatius. Herr von Balda wurde er 1459 durch den Erwerb dieses azcoitischen Sitzes, den er Pedro, einem illegitimen Sohn des Ladrón de Balda, abkaufte. Letzterer war in Andalusien in der Verbannung gestorben, die Heinrich IV. im Jahre 1457 über ihn verhängt hatte. Drei Jahre später, 1460, vergab der gleiche König das Patronat der Kirche von Azcoitia an Martín; 1462 wurde Martín Anwalt an der königlichen Kanzlei von Valladolid mit einem Gehalt von 30 000 Maravedís und 8 Escudos. Da er sich wegen seiner Ämter oft in Valladolid aufhalten mußte, blieb er für die Einwohner von Azcoitia stets ein Fremder, wenngleich er nach dem Kauf der Besitzung Balda vermutlich seinen Wohnsitz dorthin verlegte. Marina, die Mutter des Ignatius, ist noch vor der Übersiedlung geboren. 1470 starb Marinas Vater und hinterließ als Nachfolger seinen Sohn Juan García de Balda, der sich mit María Ortiz de Gamboa vermählte.

Nicht geklärt ist, wer Martín Garcia de Liconas Frau war, die Großmutter mütterlicherseits des hl. Ignatius also. Sicher war sie schon tot, als ihre Tochter Marina 1467 Beltrán de Oñaz, den Herrn von Loyola, heiratete. Die verbreitetste Ansicht, die sich auf so zuverlässige Autoren wie Lope García de Salazar, Esteban de Garibay und Gabriel de Henao stützen kann, ist, daß sie eine Tochter des Fortuno de Balda war, also zur Familie Balda gehörte. Ihr Vorname wird mit Marina, Marquesa (der weiblichen Form von Markus) und von anderen mit Gracia angegeben.

Dieser Ansicht widerspricht jedoch die ausdrückliche Erklärung von vier 1561 vernommenen Zeugen, die behaupteten, María de Zarauz sei die Gemahlin von Martín García de Licona gewesen. Demnach wäre die Großmutter mütterlicherseits keine Balda, sondern eine Zarauz gewesen. Für beide Annahmen gibt es, wie gesagt, Gründe, und die Frage muß vorerst ungelöst bleiben.

3 Dem Vater des hl. Ignatius verdanken wir die Erhaltung aufschlußreicher Familiendokumente. Am 10. September 1172 bat er den Bürgermeister von Azpeitia, Juan Pérez de Eizaguirre, durch den Notar Iñigo Sánchez de Goyaz sieben Schriftstücke aus den Jahren 1431 bis 1440 kopieren zu lassen. Besonders interessant ist, daß der Herr von Loyola andere Bewohner von Azpeitia in sein Verteidigungsbündnis aufnahm. Sie verpflichteten sich »mit allem, was sie besitzen, dem Herrn oder den Herren von Loyola im Krieg und im Frieden beizustehen und diesen Pakt nie zu brechen«. Damit verhielt sich der Herr von Loyola wie viele seiner Standesgenossen, die sich der Unterstützung durch Nachbarn und Untergebene versicherten, ausgenommen war lediglich Untreue gegenüber dem König.

4 Der Erstgeborene, Juan Pérez, beteiligte sich mit seinem eigenen Schiff am Krieg von Neapel. Er starb 1496, als in der Schlacht von Atella der Großhauptmann Gonzalo Fernández de Córdoba die erste

Phase des Krieges für sich entschied. Vermutlich starb er in Neapel, und zwar im Hause des spanischen Schneiders Juan de Segura, wo er am 21. Juni 1496 sein Testament aufsetzte. Später wird er nicht mehr erwähnt. Er hinterließ zwei Söhne, Andrés und Beltrán. Ersterer wurde als Nachfolger seines Onkels Pero López Rektor von Azpeitia.

Erbe des Hauses Loyola wurde der zweite Sohn, Martín García de Oñaz. Er nahm an den Kriegen von Navarra teil. In der Schlacht von Belate kämpfte er 1512 für die Angliederung von Navarra an das Königreich Kastilien. 1521 machte er sich mit 50 oder 60 Leuten auf, die Verteidiger von Pamplona, unter denen sich sein dort verwundeter Bruder Iñigo befand, zu unterstützen. Da sich jedoch die Hauptleute nicht über die Kampfführung einigen konnten, zog er sich wieder zurück. Nach der Rückeroberung von Pamplona kämpfte er bei der Verteidigung von Fuenterrabía mit. Heftig widersetzte er sich der Übergabe der Festung an die Franzosen, ohne jedoch die Entscheidung des Hauptmanns Diego de Vera beeinflussen zu können, der am 28. Oktober 1521 die Übergabe verfügte.

In der Inventarliste von Martín García, die 1539, bald nach seinem Tod, aufgestellt wurde, werden zwar an hervorragender Stelle seine Waffen und sonstiges Kriegsgerät aufgezählt, aber die meiste Zeit seines Lebens widmete er nicht dem Kriegsdienst, sondern der Verwaltung des väterlichen Erbes Loyola und seinem Patronat über die Kirche von Azpeitia. 1518 hatte er Magdalena de Araoz geheiratet, die Tochter des Vogts von San Sebastián, Pedro de Araoz, geboren in Vergara. Um den Familienbesitz ganz und ungeteilt seinen Nachkommen erhalten zu können, führte er 1536 zugunsten seines ältesten Sohnes Beltrán das Majorat ein, das Gesamterbrecht für den Erstgeborenen. Als Schutzherr der Kirche von Azpeitia verteidigte er deren Interessen und sorgte für regelmäßige Gottesdienste. Für die Arbeit der Priester in seiner Pfarrei stellte er 1526 gemeinsam mit ihnen Richtlinien auf, die er dem König und dem Bischof von Pamplona zur Bestätigung vorlegte. Er starb am 29. November 1538 auf seinem Sitze Loyola, nachdem er im gleichen Monat sein Testament mit fünf Zusätzen aufgestellt hatte.

Von den anderen Brüdern des Ignatius wurde Beltrán Bakkalaureus, d.h. er schloß höhere Studien ab. Vermutlich fiel er gleich Juan Pérez, dem ältesten Bruder, im Krieg um das Königreich Neapel. Über Ochoa Pérez wissen wir aus seinem Testament von 1508, daß er im Dienst der Königin Johanna in Flandern und Spanien die Wagen geführt hat. Hernando entsagte dem väterlichen Erbe und schiffte sich 1510 nach Amerika ein. Er starb im damaligen Darién, dem Küstengebiet des heutigen Panama und Kolumbien. Von Pero López wurde schon erwähnt, daß er

Geistlicher wurde. Ab 1518 war er Rektor der Pfarrei von Azpeitia. Um die Interessen seiner Familie zu verteidigen, fuhr er dreimal nach Rom. Bei der Rückkehr von seiner dritten Reise starb er 1529 unterwegs in Barcelona.

5 Die älteste Schwester, Juaneiza, heiratete den Notar von Azpeitia, Juan Martínez de Alzaga. Magdalena vermählte sich mit dem Notar von Anzuola, Juan López de Gallaiztegui, dem Herrn der Adelsfamilien Gallaiztegui und Echeandía. Petronilla verheiratete sich mit Pedro Ochoa de Arriola aus Elgóibar. Die illegitime Tochter María Beltrán wurde Klausnerin der Einsiedelei San Miguel, nahm später ihr Versprechen, ehelos zu bleiben, zurück und heiratete Domingo de Arravo.

6 Guipúzcoa ist Teil des Baskenlandes.

7 Unter den etwa 20 baskischen Hauptfamilien gab es zwei Bünde: die Oñacinos und die Gamboinos, benannt nach den Häusern Oñaz und Gamboa. Die Familie de Oñaz war neben der de Lazcano die mächtigste im Bund der Oñacinos.

8 Die Geschichte des Patronats von Azpeitia ist lang und verwickelt. König Ferdinand IV. hatte es 1311 der Stadt verliehen. Als das Amt des Rektors durch den Tod eines gewissen Juan Pérez vakant wurde, ernannte der Bischof von Pamplona, Martín de Zabala, mit Pelegrin Gómez einen ortsfremden Offizialen aus San Sebastián zum Nachfolger. Die Stadt widersetzte sich von Anfang an dieser Ernennung, die im Widerspruch zu ihrem Recht stand. Die Angelegenheit kam bis nach Avignon vor Papst Clemens VII., zu dessen Obödienz die Diözese von Pamplona und das ganze Königreich Navarra gehörten. Der Papst befahl, den Fall zu untersuchen, und billigte schließlich die Ernennung von Pelegrín Gómez durch den Bischof, der zu seinen entschiedensten Verteidigern gehörte. Das war 1388. Da sich die Stadt nicht unterwarf, wurde 1394 die Exkommunikation über die Bewohner ausgesprochen und das Interdikt über die Kirche verhängt. Dieser unerträgliche Zustand dauerte 20 Jahre. Danach beugte sich die Stadt Azpeitia.

König Heinrich III., der die Kirche als Kronbesitz ansah, war über die Vorgänge verärgert und beschloß 1394, die Patronatsrechte dem Herrn Beltrán Ibáñez de Loyola und seinen Nachfolgern zu übertragen. 1414 kam es zur Einigung zwischen dem Administrator der Diözese Pamplona, Lanciloto de Navarra, und den Loyolas: Sancha Ibáñez de Loyola und ihr Mann Lope García de Lazcano erklärten sich mit dem vom Bischof ernannten Rektor Martín de Erquicia einverstanden, und der Administrator erkannte die Patronatsrechte der Herren von Loyola an. Dieses Abkommen wurde am 20. September 1415 von Papst Benedikt XIII. bestätigt.

Nun aber zweifelte die Stadtbevölkerung an der Rechtmäßigkeit des Vertrags und focht die Übertragung des Patronats an das Haus Loyola in einem allerdings erfolglosen Prozeß an.

9   Einige der kirchlichen Aktivitäten der Herren von Loyola wurden schon erwähnt, als vom Vater und vom Bruder des hl. Ignatius die Rede war. Von einer unerquicklichen Auseinandersetzung zwischen Schirmherr und Geistlichkeit einerseits und den »frommen Frauen« des Klosters der Unbefleckten Empfängnis andererseits soll noch kurz die Rede sein. Da viele Dokumente darüber vorhanden sind, sind wir relativ gut informiert. Die Beweggründe für den Streit scheinen uns heute fast lächerlich, waren es aber in jener Zeit nicht: Der Konvent lag an der Straße de Emparan, wenige Meter von der Pfarrkirche entfernt. Dadurch ergaben sich Kompetenzstreitigkeiten bezüglich der Meßzeiten, der Kleriker, der Beerdigungen usw. Die Angelegenheit ging bis nach Rom, wo letztlich zugunsten des Schirmherrn und der Geistlichkeit entschieden wurde. Aber erst mit der Unterzeichnung eines Abkommens im Jahre 1535 waren die Streitigkeiten beigelegt. Ignatius unterschrieb als erster, und ohne Zweifel hatte er engagiert am Zustandekommen der Vereinbarung mitgewirkt. Es war dies einer der Punkte gewesen, die Ignatius bei seinem Besuch in Azpeitia hatte klären wollen. Er konnte nicht mit ansehen, daß sein Bruder noch länger in einen Streit verwickelt blieb, der den religiösen Frieden des Ortes störte. Der Text des Einigungsvertrages ist aufschlußreich, da er einige wesentliche Gesichtspunkte der religiösen Praxis im Azpeitia des 16. Jahrhunderts beleuchtet. Wie auch bei anderen Gelegenheiten zeigte sich Ignatius hier als gewandter Vermittler.

Wenig Interesse brachte Ignatius verständlicherweise den irdischen Angelegenheiten seiner Verwandten und Mitbürger entgegen; dafür aber tat er alles, was in seinen Kräften stand, um ihr geistliches Wohl zu fördern. Ganz besonders deutlich wurde das während seines dreimonatigen Aufenthaltes 1535 in Azpeitia. Aber auch von Rom aus bemühte er sich stets um dasjenige, was für ihn das Wichtigste war.

10   Da die Taufregister der Pfarrkirche von Azpeitia erst 1537 beginnen, sind wir hinsichtlich Iñigos Geburtsjahr auf Vermutungen angewiesen, zumal da auch Ignatius selbst keine ausdrücklichen oder übereinstimmenden Angaben hinterließ. Hier soll nicht die ganze Frage noch einmal aufgerollt werden. Nur so viel sei erwähnt: Beim Tod des Heiligen mußten die in Rom anwesenden Patres der Gesellschaft eine Entscheidung bezüglich des Geburtsdatums treffen, weil es für die Grabinschrift gebraucht wurde. In einer Beratung entschieden sie sich für die Angabe, Ignatius sei im 65. Lebensjahr gestorben. Vom Todesdatum 1556 her er-

gab sich also 1491 als Geburtsjahr. Dasselbe Jahr gab auch die Amme des Heiligen, María de Garín, an, die ihn auf dem Gutshof Eguíbar, nahe bei Loyola, aufgezogen hatte. Daneben gibt es noch andere Gründe für diese Annahme; sie sollen hier nicht im einzelnen ausgebreitet werden.

11   Wir möchten an dieser Stelle auf das Wort »sich auszeichnen« (señalarse) hinweisen, das für Ignatius nicht weniger charakteristisch ist als sein »mehr« (más, lateinisch: magis). Er gebraucht beide Ausdrücke unter anderem in der entscheidenden Betrachtung über das Reich Christi, wo er diejenigen, »die mehr danach verlangen und sich in jeglichem Dienst für ihren ewigen König und den Herrn des Alls auszeichnen wollen«, auffordert, Opfer »von größerem Wert und von größerer Bedeutung darzubringen«.

12   Wie diese Einladung des Großschatzmeisters von Kastilien an das Haus Loyola zustande gekommen ist, wissen wir nicht. Vielleicht waren Velázquez de Cuéllar oder seine Frau María de Velasco mit den Loyolas befreundet. Auf alle Fälle bestand eine entfernte Verwandtschaft zwischen María de Guevara, der Mutter María de Velascos, und der Familie von Iñigos Mutter. Soweit wiederholen dies auch die Biographen des Heiligen; sie stützen sich dabei auf den bekannten Genealogen P. Gabriel de Henao, der sogar behauptet, María de Guevara sei eine Tante Iñigos gewesen. Diese Tante habe auch die Zukunft Iñigos vorausgesehen und dem übermütigen Kind prophezeit: »Iñigo, du nimmst weder Vernunft an, noch wirst du klug, ehe man dir nicht ein Bein bricht.«

Wenn wir den verwandtschaftlichen Beziehungen der Familien de Guevara und de Bala gründlicher nachgehen, finden wir bei dem schon erwähnten Geschichtsschreiber Lope García de Salazar einen Ladrón de Guevara als Urgroßvater von Iñigos Großmutter Marquesa (oder Gracia) de Balda. Lope García de Salazar läßt die Möglichkeit offen, daß eine noch engere Verwandtschaft bestand: »Diese Herren de Guevara hatten noch andere eheliche und uneheliche Söhne und Töchter, die wiederum viele Nachkommen hatten.« Er wolle »aber nur die wichtigsten« aufzählen, zu denen María de Guevara, die Mutter von María de Velasco und Schwiegermutter des Großschatzmeisters, gehört.

13   Die Königin Germaine, zweite Frau Ferdinands des Katholischen, konnte ohne Juan Velázquez' Frau nicht leben, und María hinwieder tat nichts eifriger, als ihr zu dienen und sie kostspieligst zu bewirten. Pedro Mártir de Anghiera bezeichnete die Königin in seinen »Episteln« als »pinguis et bene pota«, also »feist und versoffen«.

1517 verließ María ihr Haus in Arévalo und begab sich unter den Schutz der Marquisa de Denia. 1524 begleitete sie die Schwester

Karls V., Catalina, als sie nach Portugal reiste, um sich mit König Johann III. zu vermählen. Als erste Hofdame der Königin blieb sie dort bis zu ihrem Tode 1540.

14 Dieses Vorgehen Karls I. verstieß gegen die Gesetze des Königreichs und gegen die Privilegien der betroffenen Orte (was der Köng vier Jahre später selbst eingestehen mußte). Deshalb riet der damalige Regent, Kardinal Cisneros, dem König auch davon ab, diese Entscheidung durchzusetzen. Da Karl I. bei seinem Entschluß blieb, mußte Cisneros ihn annehmen und von Velázquez seine Befolgung verlangen. Der Schatzmeister aber gab nicht nach: Im November 1516 zog er sich nach Madrid zurück und versetzte Arévalo in Verteidigungsbereitschaft. Schließlich jedoch mußte er sich beugen. Auch die Königin Germaine hatte sich gegen ihn und gegen ihre ehemalige Freundin María de Velasco gestellt.

15 Unter den »weltlichen Dingen« beschäftigte Iñigo eines immer wieder, und er wurde nicht müde, es sich drei bis vier Stunden hintereinander bis in alle Einzelheiten auszumalen: »die Heldentaten, die er im Dienste einer Dame vollbringen, und die Worte, die er an sie richten wollte, um ihre Gunst zu erlangen«. Er stellte sich vor, wie er die Waffen für sie gebrauchen wollte. Iñigos Träume waren völlig unrealistisch, »denn die Dame war nicht von gewöhnlichem Adel, keine Gräfin und keine Herzogin, sondern ihr Stand war höher als beides«. Es sind verschiedene Vermutungen darüber angestellt worden, wer diese Dame aus den Träumen des kranken Iñigo gewesen sein könnte. Vielleicht handelte es sich auch gar nicht um eine wirklich lebende Person, sondern lediglich um eine Phantasiegestalt. Falls es sie aber doch gegeben hat, ist es am wahrscheinlichsten, daß es Catalina, die Schwester Karls V., war. Iñigo konnte sie in Valladolid oder in Tordesillas gesehen haben, wo sie sich in Begleitung ihrer unglücklichen Mutter, Königin Johanna der Verrückten, aufgehalten hatte. 1525 heiratete sie Johann III. von Portugal.

16 Über den Ort, wo sich diese »einzigartige Erleuchtung« zugetragen hat, sagt uns Ignatius nur, daß sie ihm auf dem Weg zur Kirche widerfahren sei. Zu dieser Kirche konnte man sowohl am Flußufer als auch auf der Berghöhe gelangen. Es scheint, daß es sich um letzteren Weg gehandelt hat, denn von ihm aus kann man in der Tat, wenn man stehenbleibt und hinabschaut, sagen, daß der Fluß »tief unten fließt«. An diesem Weg befindet sich auch das Kreuz del Tort, von dem der Heilige folgendes schreibt: »Und nachdem dies (die Erleuchtung) eine gute Weile gedauert hatte, ging er zu einem Kreuz, das dort in der Nähe stand, kniete

nieder und dankte Gott.« Von dieser Stelle hat man eine herrliche und faszinierende Aussicht mit der Silhouette des Montserrat am Horizont.

17 P. da Câmara, dem Ignatius sein Leben erzählt hat, kommentiert die Bemerkung auf die Frage nach dem neuen Orden mit dem Hinweis, daß Gott ihm in Manresa vieles von dem kundgetan habe, was er später in seinem Orden verwirklicht habe. Daraus entstand die verbreitete Ansicht, Ignatius habe bei dieser Gelegenheit ein Vorauswissen von der Gesellschaft Jesu empfangen. Der weitere Verlauf von Iñigos Leben bestätigt diese Auffassung jedoch nicht; noch viele Jahre nach Manresa sehen wir Ignatius in Ungewißheit über seine Zukunft. P. Nadal stellt fest: »Er wurde sanft geführt, ohne daß er selbst gewußt hätte, wohin«, nämlich zur Gründung eines neuen Ordens. Erst nachdem der Plan, mit seinen Pariser Gefährten nach Jerusalem zu gehen, gescheitert war und nach langen Überlegungen der ganzen Gruppe, entschied er sich zur Gründung des Ordens.

18 Erinnern wir uns bei Ignatius' Erfahrungen über die Verschiedenheit der Geister der einander abwechselnden Empfindungen, die der Heilige erlebte, als er sich sowohl zu den weltlichen Idealen hingezogen fühlte wie auch zur Nachahmung der Heiligen, deren Leben er las.

19 Angesichts der Erfahrung bei der Unterscheidung der Geister, die Ignatius seit Loyola besaß und die sich in Manresa bestätigte, entstammen die entsprechenden moralischen Grundsätze wohl ebenfalls dieser Zeit. Sie gehören ungefähr in die erste Woche der Exerzitien. Sowohl das Exerzitienbüchlein als auch die Gewissenserforschung befanden sich jetzt in der Form, in der er sie wenige Jahre später in Salamanca dem Bakkalaureus Sancho Gómez de Frías aushändigte, »alle seine Papiere, auf denen die Exerzitien geschrieben standen«.

20 Über Iñigos ersten Gang durch Barcelona sind wir genau informiert: Vom Neuen Tor nahm er den Weg durch die Neutor- und Cordersstraße zum Marcúsplatz. Nach dem Gebet ging er weiter durch die Cordersstraße, über den Wollplatz und die La-Boria-Straße, bog links ab zur Febrersstraße (der heutigen Ignatiusstraße), wo Inés Pascual wohnte. Ihr Haus wurde 1853 beim Durchbrechen der Prinzessinstraße abgerissen.

21 Kontakte zu den Hieronymitinnen, die in die Zeit vor seiner Pilgerfahrt zurückreichen, hatten wir schon erwähnt. Dem Konvent der hl. Klara war Ignatius sehr zugetan. Deshalb verdient dieser Konvent besondere Aufmerksamkeit. Mit der Feststellung, daß die Schwestern Benediktinerinnen waren, haben wir eigentlich ein ganzes Drama angespro-

chen. Der Konvent des hl. Antonius und der hl. Klara lag im Vorort Ribera, nahe dem Stadttor San Daniel. Er hatte seit seiner Gründung im Jahr 1237 dem Orden der hl. Klara angehört. Von ihm waren 1326 Nonnen ausgezogen, um das Kloster Pedralbes zu gründen. Das ganze 15. und das beginnende 16. Jahrhundert hindurch verfochten die Nonnen von St. Klara ihre Vorrechte. Die franziskanischen Vorgesetzten, die observanten wie die konventualen, waren nicht fähig, die von ihnen für gerecht und notwendig erachtete Reform durchzusetzen. Auch die Katholischen Könige hatten mit der von ihnen 1493 angeordneten Visitation des Konvents keinen Erfolg. Endlich entschlossen sich die Nonnen zu einer radikalen Lösung. Sie gaben die Regel der hl. Klara auf und übernahmen die des hl. Benedikt. Ein Breve von Leo X. vom 25. Januar 1513 besiegelte diese Umwandlung; im Jahre 1518 war sie abgeschlossen. Nach wechselvoller Geschichte, aus der die Brandstiftung und andere Ereignisse der »tragischen Woche« von 1909 herausragen, besteht das Kloster nunmehr unter dem Namen San Benito noch heute auf der Höhe des Montserrat, drei Kilometer vom Marienheiligtum entfernt, nahe dem Weg nach Ministrol. Als Iñigo sein Studium in Barcelona begann, waren erst sechs Jahre vergangen, seit der Konvent die Benediktinerregel übernommen hatte. Diese Tatsache muß beachtet werden, wenn man die Briefe des Heiligen an eine der Nonnen von St. Klara, Teresa Rejadell, liest. Diese Briefe an die fromme Ordensfrau, die mit Recht als das beste Beispiel für die geistliche Leitung des hl. Ignatius in bezug auf die Unterscheidung der Geister gelten, kann man nur in dem historischen Zusammenhang verstehen, in dem sie geschrieben wurden. In der Klostergemeinschaft dauerten die heftigen Spannungen noch an. Die Übernahme einer anderen Regel hatte die Gemüter nicht befriedet; die ersehnte Reform kam nicht zustande. Eine Gruppe von Schwestern, darunter besonders Teresa, setzte sich entschieden für die Reform ein. Doch sie sahen sich dem erbitterten Widerstand einiger ihrer Mitschwestern gegenüber. Es kam so weit, daß Teresa und sogar die Priorin Jerónima Oluja vorschlugen, sich unter den Gehorsam von Ignatius zu stellen. Der Heilige, der bereits 1547 die unangenehme Erfahrung mit dem Fall von Frau Roser gemacht hatte, nahm den Vorschlag nicht an. Doch bemühte er sich sein ganzes Leben lang, die Reform zu fördern, die er für den Dienst Gottes als notwendig ansah, und zwar sowohl für das St.-Klara-Kloster als auch für alle Frauenklöster in Barcelona.

Die eben beschriebenen Ereignisse gehen über die Zeit hinaus, während der sich Iñigo in Barcelona zum Studium aufhielt. Doch schien uns hier die geeignetste Stelle zu sein, sie zu erwähnen. Zur Vervollständigung des Gesagten sei noch hinzugefügt, daß der Heilige alle erreichbaren Mittel und Personen zur Ausführung seiner Absicht einsetzte: seine

Untergebenen in Barcelona, den Vizekönig von Katalonien, den Bischof von Barcelona, den Gesandten in Rom, den Prinzen Don Felipe. Alle sollten dazu beitragen, die Sache dem Papst vorzutragen, der als einziger ein endgültiges Wort in dieser Angelegenheit sprechen konnte. Die erwünschte Reform kam aber noch lange nicht zustande. Noch 1559 berichtete P. Miguel Gobierno, der Rektor des Kollegs in Barcelona, an P. Diego Laínez, den Nachfolger des hl. Ignatius in der Leitung der Gesellschaft, über den Stand dieser Sache. Als beste Lösung schien es, daß keine neuen Novizinnen mehr aufgenommen würden und diejenigen nach Hause zurückkehrten, die noch keine Profeß abgelegt hätten. Man rechnete damit, in vier oder fünf Jahren alles auf den rechten Weg bringen zu können. In Barcelona ging das Gerücht um, es sei ein päpstliches Breve eingetroffen, mit dem der Konvent St. Klara aufgehoben werden sollte. Die Aufregung war groß, aber das Ergebnis positiv, da – wie P. Gobierno hinzufügt – »nie zuvor der Konvent so friedlich sich dem Gehorsam unterwarf«. Die Äbtissin war nun die erste, die eine Reform wünschte.

22 Die beiden Inquisitoren kamen nicht aus eigener Veranlassung. Sie hatten im selben Jahr vom Präsidenten der Inquisition, Alonso Manrique, und von deren Berater, Fernando de Valdés, den Auftrag erhalten, die Städte Toledo und Guadalajara und die Dörfer Pastrana und Escalona zu besuchen. Sie mußten alle Leute befragen, die ihnen über die Alumbrados der Gegend Auskunft geben könnten. Das Ergebnis ihrer Untersuchung sollten sie in einer Akte über die Alumbrados zusammenfassen, die aber, falls sie existiert hat, verlorengegangen ist.

23 Hinter diesen knappen Worten verbirgt sich ein Drama, über das wir heute gut unterrichtet sind. Jene fromme Frau, mit der Calixto nach Amerika ging, hieß Catalina Hernández, und sie zählte zu den »Frommen« oder Terziaren des hl. Franziskus, die nach Mexiko entsandt wurden, damit sie sich der Katechese für die Neugetauften annähmen. Calixto pflegte mit ihr anscheinend so häufigen Umgang, daß es auffiel und am Gerichtshof von Mexiko angezeigt wurde. Die Richter verlangten vergebens von ihm, diesen Umgang aufzugeben. Schließlich stellten sie ihn vor die Entscheidung, entweder diese Freundschaft abzubrechen oder nach Spanien zurückzukehren. Calixto wählte den zweiten Weg. Offensichtlich war er inzwischen Kaufmann geworden. So erklärt sich, daß er reich nach Salamanca zurückkam. Die Ausrichtung seines Lebens war völlig geändert.

24 Die Gründung des Klosters von der hl. Empfängnis ging auf María López de Emparan und ihre Gefährtin Ana de Uranga zurück. Erstere war die Tochter von Catalina, einer Tante des Ignatius, also seine Cousine.

25 Nebenbei sei bemerkt, daß die Familie de Anchieta, die ihren Wohnsitz in Urrestilla hatte und aus der der Apostel Brasiliens, José de Anchieta hervorging, in ständigem Streit mit den Familien Loyola und Emparan lag. Als Juan de Anchieta Rektor von Azpeitia war, wollte er zugunsten seines Neffen García de Anchieta auf sein Amt verzichten; er überging dabei das Vorschlagsrecht bei der Neubesetzung, das dem Schutzherrn zustand. García de Anchieta wurde am 15. September 1518 von Pedro de Oñaz und Juan Martínez de Lasao ermordet.

26 Das sogenannte »Examen generale« ist Teil der Satzungen der Gesellschaft.

27 »ins Haus von Trana ging«: gemeint ist Kardinal Domingo de Cupis, Bischof von Trana.

28 Die Herausgabe von Briefen, die Ignatius an Frauen sandte (Ignatius v. Loyola, Briefwechsel mit Frauen, herausgegeben von Hugo Rahner, Freiburg i. Br. 1956), wurde ohne Zweifel deshalb ein Erfolg, weil sie uns eine wenig bekannte und wohl auch unerwartete Seite seines Charakters offenbaren, seine Sensibilität für Probleme der Frauen.

29 Alexander Farnese war als Paul III. vom 13. 10. 1534 bis zum 10. 11. 1549 Papst.

30 Giovanni Maria Ciochi del Monte war als Julius III. vom 7. 2. 1550 bis zum 23. 3. 1555 Papst.

31 Marcello Cervini war als Marcellus II. nur vom 9. 4. 1555 bis zum 1. 5. 1555 Papst.

32 Giampietro Carafa war als Paul IV. vom 23. 5. 1555 bis zum 18. 8. 1559 Papst.

Inhalt

Vorwort ... 5

Sohn des Herrn von Loyola ... 9
Im Dienste eines irdischen Königs ... 19
Pilger in Montserrat ... 34
Manresa, die Urkirche des Ignatius ... 38
Auf den Spuren Jesu ... 52
Als Student in Barcelona (1524–1526) ... 65
Als Student in Alcalá und Salamanca (1526–1527) ... 69
Studienjahre in Paris (1528–1535) ... 81
Apostel der Heimat ... 100
Jüngerleben in Italien (1535–1538) ... 110
Die Gesellschaft Jesu entsteht ... 128
Der Apostel Roms ... 148
Die Verteidigung des Glaubens ... 159
„Geht hinaus in alle Welt!" – Europa ... 173
„Geht hinaus in alle Welt!" – Die Missionen ... 185
Ignatius und die Kirchen des Ostens ... 193
Die Satzungen der Gesellschaft Jesu ... 199
Geistliche und väterliche Leitung ... 216
Der Alltag in Sta. Maria della Strada ... 229
„Der Heilige ist gestorben" ... 253

Der Stand der Gesellschaft Jesu
beim Tode des hl. Ignatius ... 261
Anmerkungen ... 263

Carlo Maria Martini
ABRAHAM
Der Weg eines Suchenden

176 Seiten, kart.
ISBN 3-87996-173-5

Der bekannte Mailänder Kardinal Carlo Maria Martini skizziert in diesem Buch das Leben und den Glauben des Abraham. Er deutet ihn als Symbolgestalt eines jeden Menschen, der auf der Suche ist nach Gott. Die umfassende Kenntnis der Heiligen Schrift des Autors, verbunden mit einer tiefen persönlichen Lebenserfahrung, machen dieses Buch zu einem wertvollen Wegbegleiter für Christen unserer Zeit.

Céline Martin
DIE KLEINE THERESE VON LISIEUX
Aufzeichnungen und Erinnerungen ihrer Schwester

152 Seiten, kartoniert. ISBN 3-87996-165-4

Die Aufzeichnungen und Erinnerungen ihrer vier Jahre älteren leiblichen Schwester, die auch im Karmel von Lisieux ihre Mitschwester war, sind ein Vermächtnis besonderer Art. „Für Leser, die Worte der Besinnung und Hilfe auf dem ‚kleinen Weg‘ des menschlichen Alltags suchen."
Das neue Buch

Gérard Rossé
DER PFARRER VON ARS AN SEINE GEMEINDE
Ausgewählte Gedanken und Predigten

136 Seiten, kartoniert, 5. Auflage. ISBN 3-87996-078-X

„Wie hier Lebensbild, charakteristische Gedanken und Auszüge aus den Predigten des Pfarrer von Ars zusammengestellt sind, kann als vorbildlich gelten. Kein wissenschaftliches Werk, aber in aller Bescheidenheit ein Meditationsbuch, das zum entschiedeneren Christsein anleitet."
Bonifatiusbote

VERLAG NEUE STADT MÜNCHEN · ZÜRICH · WIEN

Augustinus
MEINE MUTTER MONIKA
112 Seiten, kartoniert, 2. Auflage. ISBN 3-87996-162-X

„Ein einmaliges Buch, weil hier authentisch nach den Schriften des heiligen Augustinus die Lebensgeschichte seiner Mutter Monika dargestellt wird. Das Werk verdanken wir P. Agostino Trapé, einem der besten Kenner der Werke des großen Kirchenlehrers. In dieser Lebendigkeit, Originalität und Geschlossenheit ist diese Biographie bisher noch nicht vorgelegen."

Katholisches Apostolat

Johannes Paul I.
IHR ERGEBENER . . . ALBINO LUCIANI
Briefe an Persönlichkeiten

272 Seiten, geb.
ISBN 3-87996-076-3

„Es liegt ein Zauber über diesen Briefen. Man weiß nicht, was mehr zu bewundern ist: die umfassende Bildung, die Fähigkeit, schwierige Probleme einfach auszudrücken, die Heiterkeit der Sprache oder die Selbstverständlichkeit, mit der das Evangelium ins Leben eingeht."

Rheinischer Merkur

André Frossard
„FÜRCHTET EUCH NICHT!"
Im Gespräch mit Johannes Paul II.

336 Seiten
ISBN 3-87996-145-X (geb.)
ISBN 3-87996-168-9 (kart.)

„Erstmals gibt in diesem Buch Johannes Paul II. ein ausführliches persönliches Interview und nimmt Stellung zu aktuellen Fragen, die ihm der französische Publizist Frossard stellt. Die ausführlichen Dialoge umfassen fünf Themenbereiche: Seine Person – Der Glaube – Die sittliche Ordnung – Die Kirche – Die Welt."

Innsbrucker Kirchenzeitung

VERLAG NEUE STADT   MÜNCHEN · ZÜRICH · WIEN